公共行政与公共管理
经  典  译  丛

"十三五"国家重点出版物出版规划项目

PUBLIC ADMINISTRATION AND PUBLIC MANAGEMENT CLASSICS

公 共 行 政 与 公 共 管 理 经 典 译 丛

# 政府绩效管理
## 创建政府改革的
## 持续动力机制

[美] 唐纳德·P. 莫伊尼汗（Donald P. Moynihan）/ 著

尚虎平　杨娟　孟陶 / 译

孟陶 / 校

# THE DYNAMICS OF
# PERFORMANCE MANAGEMENT
## CONSTRUCTING INFORMATION AND REFORM

中国人民大学出版社
·北京·

# "公共行政与公共管理经典译丛"
# 编辑委员会

◆

# 总　　序

　　在当今社会，政府行政体系与市场体系成为控制社会、影响社会的最大的两股力量。理论研究和实践经验表明，政府公共行政与公共管理体系在创造和提升国家竞争优势方面具有不可替代的作用。一个民主的、负责任的、有能力的、高效率的、透明的政府行政管理体系，无论是对经济的发展还是对整个社会的可持续发展都是不可或缺的。

　　公共行政与公共管理作为一门学科，诞生于20世纪初发达的资本主义国家，现已有上百年的历史。在中国，公共行政与公共管理仍是一个正在发展中的新兴学科，公共行政与公共管理的教育也处在探索和发展阶段。我国公共行政与公共管理教育和学科的发展与繁荣，固然取决于多方面的努力，但一个重要的方面在于，我们要以开放的态度，了解、研究、学习和借鉴国外发达国家研究和实践的成果。另一方面，我国正在进行大规模的政府行政改革，致力于建立与社会主义市场经济相适应的公共行政与公共管理体制，这同样需要了解、研究、学习和借鉴发达国家在公共行政与公共管理方面的经验和教训。因此，无论是从我国公共行政与公共管理教育发展和学科建设的需要来看，还是从我国政府改革实践层面的需要来看，全面系统地引进公共行政与公共管理经典著作都是时代赋予我们的职责。

　　出于上述几方面的考虑，我们于世纪之交开启了大型丛书“公共行政与公共管理经典译丛”的翻译出版工作。自2001年9月本译丛首部著作《公共管理导论》出版以来，十几年间出版著作逾百种，影响了国内公共行政与公共管理领域无数的学习者和研究者，也得到了学界的广泛认可，先后被评为“十五”“十一五”“十二五”“十三五”国家重点图书出版规划项目，成为国内公共行政与公共管理出版领域的知名品牌。

　　本译丛主要选取国际公共行政与公共管理学界代表性人物的代表性作品，并持续介绍学科发展的最新研究成果。总的来看，本译丛体现了三个特点：第一，系统性，基本涵盖了公共行政与公共管理学科的主要研究领域。第二，权威性，所选著作均是国外公共行政与公共管理大师或极具影响力的学者的代表作。第三，前沿性，反映了公共行政与公共管理研究领域最新的理论和学术主张。

　　在半个多世纪以前，公共行政大师罗伯特·达尔（Robert Dahl）在《公共行政学的三个问题》中曾这样讲道：“从某一个国家的行政环境归纳出来的概论，不能立刻予以普遍化，或应用到另一个不同环境的行政管理上去。一个理论是否适用于另一个不同的场合，必须先把那个特殊场合加以研究之后才可以判定。”的确，在公共行政与公共管理领域，事实上并不存在放之四海而皆准的行政准则。立足于对中国特殊行政生态的了解，以开放的思想对待国际的经验，通过比较、鉴别和有选择的吸收，来发展中国自己的公共行政与公共管理理论，并积极致力于实践，探索具有中国特色的公共行政体制与公共管理模式，是中国公共行政与公共管理学科发展的现实选择。

本译丛的组织策划工作始于 1999 年底，我们成立了由国内外数十位知名专家学者组成的编辑委员会。当年 10 月，美国公共行政学会时任会长，同时也是本译丛编委的马克·霍哲教授访问中国行政管理学会，两国学会签署了交流合作协议，其中一项协议就是美国公共行政与公共管理领域著作在中国的翻译出版。2001 年，中国行政管理学会时任会长郭济先生率团参加美国公共行政学会第 61 届年会，其间，两国学会签署了新的合作协议，并再次提及已经启动的美国公共行政与公共管理领域知名学者代表作品在中国的翻译出版。可以说，本译丛是中美两国行政管理（公共行政）学会与公共管理学术界的交流合作在新阶段的重要成果。

　　在译丛的组织策划和翻译出版过程中，中国人民大学政府管理与改革研究中心、国务院发展研究中心东方公共管理综合研究所给予了大力的支持和帮助。我国的一些留美学者和国内外有关方面的专家学者参与了外文原著的推荐工作。中国人民大学、北京大学、清华大学、中山大学、复旦大学、厦门大学、武汉大学等高校许多该领域的专家学者参与了本译丛的翻译工作。在此，谨向他们表示敬意和衷心的感谢。

**"公共行政与公共管理经典译丛"编辑委员会**

# 译者前言

　　政府绩效是政府工作所取得的实际结果与成效，故而追求绩效就成为政府管理的不变主题。就政府管理规律而言，追求绩效，甚至追求绩效的最大化是任何一个积极向上、为人民服务的政府的天职。政府绩效管理是保证这种"天职"得以履行的工具，它引导着政府管理的方向，起着控制、干预、矫正政府运行方向的作用。可以说，不追求绩效的政府，是"纯消费型政府"；追求绩效却不推进绩效管理的政府，是"失控的政府"。习近平总书记在党的十九大报告中提出，要"全面实施绩效管理"，这既是对政府管理规律的深刻洞察，也是对我国今后政府管理工作方向的科学规划。

　　要通过绩效管理来保证政府"不失控"，就需要以信息为媒介来判断政府管理的绩效，这种承载了绩效实现状况的信息即为"绩效信息"。绩效信息之于政府绩效，就如同中医中脉象与健康的关系。一个人健康不健康，健康到什么程度，通过切脉便可知。然而，如果病人讳疾忌医，故意让医生在一个不能反映其身体真实情况的部位切脉，则可能得出完全相反的结论。绩效信息与此一样，如果被评估的政府要隐瞒自己的过错，或者取悦评估者，它完全可以通过"技术手段"制造有利于自己的绩效信息。我国一些政绩观扭曲的地方干部就曾经热衷于"制造"各类有利于自己的绩效信息。

　　从客观规律来说，政府绩效信息的生产是一个不以人的意志为转移的客观过程，一旦政府将人、财、物等资源投入到某项具体事务以开展公共管理与公共服务工作，在此过程中自然会形成一系列承载了政府绩效状况的信息。然而，虽然政府绩效信息的形成是客观的，但政府绩效信息的使用、使用的程度、使用的途径、使用的方向却具备极高的主观性，甚至从某种程度上来说完全主观。这种主观性使得政府绩效成了一个任人打扮的小姑娘，如果为其穿上客观存在的亮眼外衣（正面的绩效信息），"政府绩效"就会非常喜人，呈现出一片欣欣向荣的景象；而如果为其穿上客观存在的丑陋外衣（负面的绩效信息），则"政府绩效"就会黯淡无光，呈现出一片凄惨的景象。

由于绩效信息使用中主观性的存在，绩效评估与绩效管理风险丛生，一旦用错了绩效信息，绩效结果就会谬以千里，至少不能真实地反映政府的工作成效。若因为信息失真而高估了绩效评估结果，则可能依据虚假的"高绩效"将投机钻营的干部晋升到不恰当的职位，造成"德不配位"的问题，以致在政府中形成错误的政绩观。若由于全部采集了政府工作表现欠佳的绩效信息，则可能低估政府应有的绩效状态，毕竟政府工作与人的生活一样，存在着"金无足赤，人无完人"的可能，或许在某些方面由于服务对象不配合、财政支持尚未到位、上级文件出台不及时等各种因素，形成了管理中的"暗斑"，但这并不是政府绩效的主流状态，如果将此绩效信息作为判断政府绩效的依据，就可能严重低估特定政府的贡献，挫伤了政府中大批兢兢业业工作的干部的积极性，使他们对政府绩效评估的公正性失去信心，更有甚者可能会在今后的工作中"破罐子破摔"，毕竟从绩效评估的结果来看，辛勤工作与浑浑噩噩上班并无太大区别。

要避免绩效评估出现重大偏离，就需要科学、合理地采集并使用政府绩效数据，以便能够科学、客观地呈现政府管理的现实状况，将政府公共管理与公共服务的真实状态呈现出来，确保工作卓越的干部与部门获得应得的认可，而工作不佳的干部与部门也能心悦诚服地认识到自身的不足，这样就可以实现绩效评估的激励与导向价值。然而，科学、合理地使用政府绩效信息并非易事，它需要有确定的机制模式作为支撑。本书（《政府绩效管理：创建政府改革的持续动力机制》）即为唐纳德·P. 莫伊尼汗教授解决政府绩效信息科学使用机制问题的尝试性探索。

本书第1章首先界定了何谓"绩效管理"，即通过战略规划、绩效测评来收集、归纳绩效信息，并将其同决定场域、地点、理想状态以及其他可能影响决定的信息联系起来的一个系统。在此基础上，作者提出了一个绩效管理的理论模型，它以绩效信息为中介，反映了投入、过程到结果的全过程。在第2章中，作者提出了绩效管理所应遵循的"宗旨"，即通过创造、传播并使用绩效信息以促进政府更优地决策，从而使问责制、效率和预算发挥出更多的优势。在作者看来，绩效管理的广泛实施反映出绩效管理的宗旨是成功的、可行的，作者在第3章中以美国州政府的绩效管理实践为例，详细阐述了这一观点。从决策理论出发，第4章认为，"一次正式的政府绩效管理改革是中央机构——改革的推动角色和民选官员两者共同作用的结果"；"一旦改革实施者创建了正式的官方绩效改革范本，具体如何进行操作就完全取决于各机构的管理者了"。在第5章中，作者运用执行理论进一步解释了这种预设是如何成立的。经过这些章节的奠基，作者在第6章至第9章中，以案例实践为出发点，详细阐述了一个解决政府绩效信息使用难题的理论模型，这就是"交互式对话模型"（interactive dialogue model）。"交互式对话模型"是本书最大的理论贡献，也是唐纳德·P. 莫伊尼汗教授后来当选美国国家行政科学院院士、美国公共管理研究学会会长的最大学术资本。

莫伊尼汗教授开发的交互式对话模型认为：

> 绩效信息并不具备客观性，所谓的绩效信息都是发起绩效管理的改革者选择并呈现出来试图说服他人的目的性的信息。绩效信息通过书面或者口头形式，如报告、会议、演示、备忘录以及拨款提案等，呈现出来供人们思考。呈现出来的内容代表了改革者的目标，他们努力通过绩效信息向人们展示他们取得的成果。一个人对绩效数据的看法取决于他的个人背景、信仰，以及他在官僚体制中所扮演的角色。不同的管理人员研究同一个项目的绩效信息，往往会形成大相径庭的观点。这是因为他们只是从自身利益出发选择并使用不同的绩效信息。另外，由于大部分绩效信息具有内在的模糊性，同一数据也许会展露出不同的信息。

这种交互式对话模型可以看作一种新型的公共行政理论，它着力于解决政府绩效信息使用中的主观选择问题。莫伊尼汗认为，"绩效信息并不具备客观性"，这是值得商榷的。当然，通读本书，我们也会发现，这并非他不懂政府绩效信息的生产是不以人的意志为转移的客观过程，而是他想特别强调政府绩效信息使用中存在的主观性。不同的人看待相同的绩效信息，往往会因为职位、利益、党派、地域而有差异，但这些差异并不能证明绩效信息无用。恰恰相反，这些差异体现了它的有用性、可用性，只是这种使用需要立足于不同利益主体的对话，在对话中寻求对绩效信息的共通性理解，或者寻找一种理解绩效信息的前提，并在这种前提下开展绩效评估与绩效管理。也就是说，只要不同利益主体共同认可某种理解绩效信息的前提，或者不同利益主体都针对特定绩效信息进行了对话交流且达成了共识，那么以这种前提和共识来收集、使用绩效信息，并根据绩效信息获得绩效评估结果，就是一种良好、有用的政府绩效管理活动。比如，所有地方政府都认为，采用全国统计年鉴的数据信息来评估地方政府绩效是可以接受的前提，或者所有地方政府一起谈判决定将南开大学中国政府绩效管理研究中心采集的各类数据作为地方政府绩效评估的信息来源，那么无论根据前者还是后者展开的绩效评估与管理活动，都是有用且有意义的。

在我国全面实施绩效管理的当口，"交互式对话模型"为我们甄别、使用绩效信息提供了一种思路。通过对话，我们可以让被评估的地方政府就评估中所使用的绩效信息来源进行对话，最后确定一个所有政府都认可的"公约数数据"，这样，之后展开的绩效评估与绩效问责工作就有了"合法性依据"，也就解决了绩效评估结果公布后不同地方政府对数据源的质疑，进而提升了绩效评估在被评估对象中的接受度。

　　以上所写，可以算作是本人，或者说本编译团队对唐纳德·P. 莫伊尼汗教授的《政府绩效管理：创建政府改革的持续动力机制》一书粗浅的理解，很多地方可能存在着误读、误解。如果理解对了，那是莫伊尼汗教授的睿智所致；如果理解错了，那是我们的粗陋所致，与本书本身并无关系。

　　另外，为了保证译者前言的可读性，本人并未将莫伊尼汗在本书中提到的观点附上注释或者参考文献，而是采用了直接引语或者异体字型的模式。

　　权且将此充作译者前言。

尚虎平

2020 年 4 月 5 日

# 中文版序

  针对中国读者，本书对绩效管理的动力进行了新的阐释。概而言之，本书主要阐述了绩效信息的模糊性以及不同的公务人员使用绩效信息时存在的差异性。绩效信息的模糊性与多元主休使用的差异性是本书的核心内容与主要观点，具有社会建构主义的特征。本书挑战了几乎所有我们内心视为客观化的数字。我花了15年的时间来研究如何创造、选择、解释与运用绩效信息，最终有了自己独特的发现。谚语有云："手握铁锤之人，视万物为钉子。"通过社会建构的方法来研究绩效信息，我发现四处都布满着它的"钉子"。

  本书前半部分阐述了绩效信息系统在美国联邦政府和各州的使用情况。绩效测评系统已经成为一种精练的社会治理工具，有助于解决政府绩效低下、透明度不足、问责不力、公信力下降等"政府病"。虽然所有的管理过程都与环境密切相关，但对地方政府而言，美国几十年的绩效评估与管理经验仍具有示范指导性价值。到目前为止，美国的政府绩效管理一直处于世界领头羊的位置，在绩效信息的使用上已经积累了丰富的经验。本书在描述美国经验的基础上，解释了美国政府绩效管理系统产生的混合效应。本书后半部分以美国为例，阐述了如何运用绩效信息，并在此基础上总结了绩效信息应用的普适性理论。我认为，绩效信息的创造、选择、解释以及呈现既非自发也非客观存在的过程，其本质上是政治过程与行政过程共同作用的结果。

　　本书不支持拆分绩效信息系统的观点，也未暗示绩效信息无法使用，本书的主要观点即为，只有充分理解绩效信息运用的动力机制的重要性，才能走得更远，发展得更棒。

**唐纳德·P. 莫伊尼汗**

2013 年 9 月 25 日

# 致　谢

　　本书肇始于我在雪城大学麦克斯韦尔公民与公共事务学院
(The Maxwell School of Citizenship and Public Affairs at Syracuse
University) 攻读博士学位期间的探索, 迄今已有 15 个年头。在
这期间, 对我帮助最大的要数英格拉哈姆 (Patricia Ingraham)
了, 是她促使我开始关注政府绩效管理。随着研究的不断深入,
她提出了一系列富有洞察力的指导。她是一名心地善良、睿智
超群的导师。推而广之, 我要感谢麦克斯韦尔学院所有热心帮
助过我的老师, 尤其是阿拉斯代尔·罗伯茨 (Alasdair Ro-
berts)、斯图·布雷特施耐德 (Stu Bretschneider)、杰夫·斯特
劳斯曼 (Jeff Straussman)、艾伦·梅热 (Allan Mazur)、斯科
特·阿拉德 (Scott Allard) 和乔迪·桑福特 (Jodi Sandfort)。

　　我很幸运, 曾经和得州农工大学布什公共事务管理学院
(The Bush School at Texas A&M University) 以及威斯康星大学麦
迪逊分校拉福莱特公共事务学院 (The La Follette School of Public
Affairs at University of Wisconsin-Madison) 的优秀研究生共事。
他们对绩效测评的含义进行了激烈的讨论, 这些解释对我理解绩
效信息的社会结构性质获益良多。同时, 我也非常感激所有我采
访过的州以及联邦政府公务员。虽然他们对绩效定义的理解各不
相同, 但在任务艰巨、资源有限的环境下, 他们对成功的渴望,
令我印象深刻。

　　非常感谢鲍勃·杜兰特 (Bob Durant) 和美国政治科学协会保

2

罗·A. 沃尔克基金评选委员会（The Selection Committee of the American Political Science Association's Paul A. Volcker Endowment）中的其他成员。沃尔克基金评选委员会倾力支持青年公共行政学者，在我调查联邦政府官员如何使用绩效信息时，它提供了充实的资金支持。

需要感谢的人太多太多，再次感谢麦克斯韦尔学院的博士们，以及得州农工大学和威斯康星大学麦迪逊分校一起共事的伙伴们，他们所创造的学术氛围使我对政府绩效管理的发展有了更深入的了解。

对我而言，大家的帮助弥足珍贵。当然，书中若有任何差错，皆系本人疏漏所致。最后，我要感谢我的妻子帕梅拉·赫德（Pamela Herd），感谢她一直以来对我的支持和鼓励。

# 缩略词

DOC     Department of Corrections 惩教署

GAO     Government Accountability Office 美国政府问责署

GPP     Government Performance Project 政府绩效项目

GPRA     Government Performance and Results Act《政府绩效与结果法案》

HR     Human Resource 人力资源

NASA     National Aeronautics and Space Administration 美国国家航空航天局

NPM     New Public Management 新公共管理

OLM     Organizational Learning Mechanisms 组织学习机制

OMB     Office of Management and Budget 管理与预算办公室

PARA     Program Assessment and Results Act《项目评估与结果法案》

PART     Program Assessment Rating Tool 项目分级评估工具

PMA     President's Management Agenda《总统管理议程》

SES     Senior Executive Services 高级执行官

ZBB     Zero-Based Budgeting 零基预算

# 目　录

第1章　绩效管理治理时代 ······················································· 1
　1.1　一次理论革新? 定义绩效管理与绩效预算 ······ 3
　1.2　反思绩效管理 ························································· 6
　1.3　内容概要 ································································· 9
　1.4　数据收集 ······························································· 15
　1.5　结论 ········································································ 18
第2章　宗旨性质的绩效管理 ················································· 19
　2.1　绩效管理宗旨 ······················································· 20
　2.2　结论 ········································································ 28
第3章　州政府绩效管理改革的部分推行 ····························· 29
　3.1　绩效信息系统的产生 ··········································· 29
　3.2　管理灵活性: 财政控制 ········································ 32
　3.3　人力资源管理控制 ··············································· 33
　3.4　结果聚焦与权威限制: 对公共管理的影响 ······ 37
　3.5　结论 ········································································ 43
第4章　部分推行绩效管理改革的因由际会 ························· 44
　4.1　推行绩效管理的因由际会 ··································· 44
　4.2　结论 ········································································ 56
第5章　实施绩效管理改革的因由际会 ································· 57
　5.1　实施绩效管理的因由际会 ··································· 58
　5.2　结论 ········································································ 71

**第6章 绩效信息运用中的交互式对话模型** ······························· 73
  6.1 绩效预算理论的缺失 ·················································· 75
  6.2 州政府证据 ·························································· 77
  6.3 交互式对话模型的基本假设 ······································· 79
  6.4 结论 ································································· 89

**第7章 乔治·布什政府的绩效管理** ·································· 91
  7.1 总统管理议程 ······················································ 91
  7.2 预算意见书中纳入绩效数据 ······································ 93
  7.3 项目分级评估工具的发展 ········································ 96
  7.4 项目分级评估工具会对预算决策造成影响吗？ ·············· 98
  7.5 国会对绩效的探讨 ················································ 100
  7.6 什么是项目分级评估工具的党派属性？ ····················· 104
  7.7 结论 ································································· 106

**第8章 项目分级评估工具与交互式对话模型** ·················· 107
  8.1 基于实证的对话 ·················································· 107
  8.2 项目分级评估工具的歧义性 ····································· 109
  8.3 项目分级评估工具的主观性 ····································· 111
  8.4 交互式对话模型的试点实验 ····································· 116
  8.5 结论 ································································· 128

**第9章 对话惯例与学习论坛** ······································ 130
  9.1 管理中的交互式对话模型 ········································ 131
  9.2 对话惯例的学习类型 ············································· 132
  9.3 学习的文化方法与结构方法 ····································· 133
  9.4 弗吉尼亚州的单环学习 ·········································· 134
  9.5 佛蒙特州的双环学习 ············································· 136
  9.6 绩效管理塑造组织环境 ·········································· 140
  9.7 学习论坛中的对话 ··············································· 142
  9.8 学习型政府？《GPRA 现代化法案》 ······················· 147
  9.9 结论 ································································· 147

**第10章 绩效管理的十项反思** ····································· 149
  10.1 绩效信息体系并非绩效管理 ···································· 150
  10.2 绩效管理的象征性动机不一定会招致厄运 ················· 151
  10.3 绩效信息并不完全客观 ········································· 152
  10.4 绩效管理面临的挑战在于如何使用绩效信息 ·············· 153
  10.5 改变对绩效管理如何取得成功的期望 ······················ 155
  10.6 地方机构对绩效信息的运用 ···································· 156
  10.7 建立以地方机构为核心的绩效管理体系 ··················· 157
  10.8 绩效管理是地方机构参与政治变革的工具 ················· 158

10.9　绩效管理对绩效的影响有限 ················· 159

10.10　绩效管理的成功离不开其他组织要素················ 163

10.11　结论················ 164

**附录 A　州政府开展采访的访谈协议** ················ 166

**附录 B　有关项目分级评估工具的问题** ················ 169

**参考文献** ················ 172

**译后记** ················ 193

# 第 1 章

# 绩效管理治理时代

21 世纪是一个通过绩效管理来实现社会治理的时代。根据每个时期表现出的不同管理特征，弗雷德里克·莫舍（Frederick Mosher）将 20 世纪的美国政府划分为效率（1906—1937 年）和管理（1937 年以后）两个阶段[①]。近几十年来，绩效的概念成为公共管理改革的核心议题，这一现象也反映出效率和管理的价值在逐渐走向融合。就目前来看，绩效的概念既包含了效率也包含了管理[②]。

在这一时期，公共管理者的行为评估标准既涉及效率也涵盖了管理的产出结果。公共管理者不仅需要完成绩效指标，少花钱多办事，同时还需要解释其所承担项目的绩效结果。公共部门不仅要阐述绩效具有的价值，还必须不断寻找新的方法以提高项目绩效。在过去的 30 年里，与绩效概念相关的政府改革实施频度最高，涉及范围最广。绩效工资（pay-for-performance）、全面质量管理（total quality management）、战略规划（strategic planning）、绩效测评（performance measurement）、标杆管理（benchmarking）、合同外包（contracting out）等公共部门改革均瞄准了灵活性、去中心化以及提高绩效这一终极目标。这些改革的前提假设几乎一样，即能够通过巩固绩效的方式来管理系统。

---

① Mosher，*Democracy and the Public Service.*
② Ingraham and Moynihan，"Evolving Dimensions of Performance."

　　绩效管理语义的多样性，彰显出了其在全球的兴盛状况。早些时候，政府官员只是简单地将其自身进行的绩效管理改革称为"绩效测评"，最近几十年，一些州政府的事务性行政官员试图将它称为"绩效预算"。除了前面这些称谓，也有人将绩效管理称为"结果管理"（managing for results）、"结果导向的改革"（results-based reforms）、"企业预算"（entrepreneurial budgeting）等。毫无疑问，将来还会出现其他的说法，然后慢慢地衍生出一种最好的、最能全面表达其核心观念的新说法。在我看来，无论如何称呼它，这些说法的逻辑共同点都是希望政府机构能够提供绩效信息并将其运用到政府决策中去。

　　本书主要阐述绩效治理时代的相关内容。它涉及绩效管理的原理、运行机制，以及绩效信息的使用是否有助于提升决策质量等内容。通过廓清这些内容，进一步探索绩效管理的目的与管理者期望实现的程度。

　　随着绩效管理改革如火如荼地展开，该项改革赢得了大量忠实的"粉丝"，在他们眼里，绩效管理是拯救政府的有效工具。但是，在改革过程中也出现了一些抨击者，正如雷丁（Radin）所言，绩效管理改革就像一只"多头怪兽"，尽管失败连连，但它每隔几年就会出现一次，绩效管理改革扮演着强制公共事业去专业化、促进公共政策公平化的角色①。本书不仅探讨了绩效管理的弱点，还研究了绩效管理的潜在优势，以使我们能够重新认识绩效管理。本书的核心观点是，虽然绩效管理未像预期那样发挥作用，但却在许多方面产生了很多实实在在的影响。掌握绩效管理何时取得成功的关键在于，熟悉并了解机构执行者所处的环境以及绩效使用信息的本质。实际上，美国的绩效管理改革是一项十分复杂的任务，在改革执行过程中无法严丝合缝地遵循改革者所预设的步骤，也无法完全实现改革者的所有预期。尽管实施过程中存在诸多问题，但在政府机构内部实施绩效管理的各种好处却是显而易见的。本书介绍了一种交互式对话模型（interactive dialogue model），以使我们更好地理解绩效信息的使用情况，对话模式揭示了绩效信息固有的模糊性。一般而言，进行独立的角色定位，追求政府效率的执行者会与其他类似的执行者进行沟通，因此，交互式对话模型预测，跨机构对话将导致出现盲目夸大绩效信息的情况。然而，就机构内部的对话模式而言，因其具有大量同质性的利益和信仰，所以，绩效信息有助于克服盲目鼓吹与相持争论不下情况的出现，有助于深入了解机构内部问题。

　　当前，绩效治理时期的理念与反官僚刺激时期的理念不谋而合。在绩效管理推崇者眼中，绩效管理之所以重要不仅是因为它能够提高效率，还因为它是提高政府公信力的必要环节，当然，这种说法可能有点夸大其词。公信力的衰减，本质上源于政府谎言迟早要穿帮和政治承诺最终会失败的规律，从而导致公众逐渐对政府失去信任，这是一条基本规律。而政府也一直在探索如何通过改进管理人员的绩效评

　　① Radin, "The Government Performance and Results Act (GPRA): Hydra-Headed Monster or Flexible Management Tool?" Soss, Fording and Schram, "The Organization of Discipline: From Performance Management to Perversity and Punishment."

估方式来阻止政府的失败，以提升政府公信力。虽然这一做法显得有点奇怪，但各政府官员却乐此不疲。但在这个人民不信任政府的时代，有节奏地进行改革前景依然可观，有些国家甚至还将此项改革写进了法律条文。

绩效管理改革对政府实际管理而言到底有多重要？现在打赌说政府将来会使用绩效信息进行社会治理显得有点夸大其词。当前改革的主流形式仍是采用新的政府结构形式和管理控制方式，如网络管理、服务外包，以赋予管理者更多灵活性。如果政府采取新的结构形式和管理控制方式，则又会衍生出许多难以解决的新问题。比如，如何进行协调、如何管理、如何操控、如何执行问责机制、如何提升效率以及如何招录公职人员等等。而面对这些困境，绩效信息就无用武之地了。今后，可以通过绩效信息来选举政府官员，设定政策目标，推进政府问责制，激励公务人员积极上进，推进政府创新，合理分配有限的公共资源，反馈公共服务效率，等等。如果绩效信息不能成为未来政府治理的核心，那么我们就依然要纠结于那些老生常谈的问题。

尽管绩效信息对未来的政府治理至关重要，但在实践中如何及为何使用绩效信息，我们却知之甚少。政府机构从未像现在这样，到处充斥着绩效数据，但大量的数据却与低效的使用效率形成了鲜明对比，运用绩效信息相关的理论也严重缺乏。现在人们所了解的只是一些绩效管理的常识，一些成功的故事。绩效管理改革的操作性理论表明，绩效管理必将给政府治理带来实实在在的收益，因此，推进绩效管理改革势在必行。另外，绩效管理改革还能够激发政府做出更为明智的决策，有利于改善政府治理。当前，绩效信息理论的特点可以概括为，"有付出就有收获"。大家都认为，高质量的绩效数据不仅是使用绩效信息的必要条件，也是充分条件。

## 1.1　一次理论革新？定义绩效管理与绩效预算

在绩效管理的表述范围内，我们总结了绩效管理理念，了解了绩效管理和绩效预算的定义，这一切将有助于我们更好地实施改革。绩效管理是指：通过战略规划、绩效测评来收集、归纳绩效信息，并将其同决定场域、地点、理想状态以及其他可能影响决定的信息联系起来的一个系统。图 1-1 通过一个简单的模型阐述了绩效管理系统是如何提高政府决策和绩效的。

在这一模型中，绩效信息反映了投入、过程到结果的全过程。从绩效信息的产生到高层次的传播，绩效管理必须设定政府官员所共同追求的目标，同时让他们知道为达到目标，他们应该如何调整当前的机构以提高决策能力。图 1-1 描述了绩效管理过程的生命血液。绩效管理系统通过与公众、股东及公众代表进行交流，从各个环境中获取信息，同时分析战略规划阶段的外部环境状况，以达成预设目标。由于外部情境过于宽泛，为了更好地了解和掌握这些环境，政府官员需要对

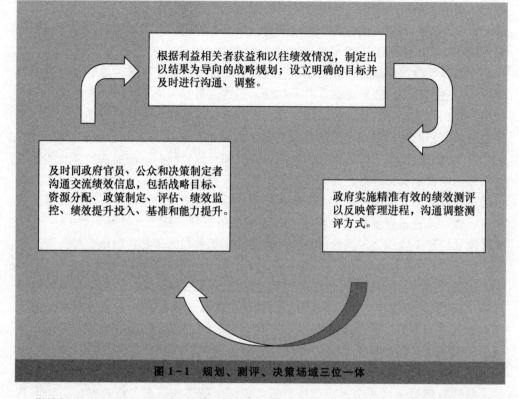

**图 1-1　规划、测评、决策场域三位一体**

资料来源：Ingraham and Moynihan，"Beyond Measurement：Managing for Results in State Government."

外部环境进行分类①。绩效管理系统通过编码、翻译的方式，从外部环境和内部股东之间提取信息，再将其分类为战略、目标、绩效测评标准；决策者在制定决策时也可以参考相关的绩效信息②。绩效信息可以转化为一种同外部环境进行交流的语言，并通过公共文件、演讲、政府网站等其他形式来宣传战略目标和绩效方法的落实情况。

图 1-1 也指出了战略规划同绩效测评之间的联系，并指出有效的绩效管理应该是两者的综合运用③。如果这两者之间缺乏联系，将会产生目标冲突、混乱以及测评异化等一系列潜在的问题④。没有绩效测评的战略规划不但不能将行动转化为目标，也不能正确定位实际操作过程中出现的问题，还会引发利益相关者的不信任⑤。没有经过广泛战略指导的绩效测评则会缺乏全局意识。而出于习惯性的技术行为或者服从管理行为，与决策制定者之间并没有什么实际联系。

---

① Gawthrop, *Public Sector Management：Systems and Ethics*, 45.

② Katz and Kahn, *The Social Psychology of Organizations*.

③ 规划与管理相分离的风险参见：Ansoff, Declerck and Hayes, eds., *From Strategic Planning to Strategic Management*；Toft, "Synoptic (One Best Way) Approaches to Strategic Management".

④ Heinrich, "Do Government Bureaucrats Make Effective Use of Performance Management Information?"

⑤ Wildavsky, "If Planning is Everything, Maybe It's Nothing."

　　结果导向的改革到底因何而生？一种说法认为，它源于建立面向外部环境和民选官员的问责机制①。然而公共管理者坚称，实施结果导向的改革源于改进内部决策和公共绩效的需要②。对于短期目标和更广泛的问责目标来说，获取高质量的信息并及时有效地将其运用到正确的政策制定场域，结果导向是必不可少的③。沟通交流绩效信息的基本目标便是刺激决策过程，诱导、获取信息并提高决策质量④。

　　预算过程算是运用绩效信息最为显著的决策场域了。绩效预算严格意义上的定义为："把从资源增量到产出增量或者其他结果方面之间清晰联系起来的预算。"⑤这种定义反映了绩效预算应该如何运作的平等简易原理。在此之前，政府官员只需明确需要何种层次的绩效，然后投入预算即可。在此过程中，执行较好的项目会继续获得预算资金，而执行失败的项目将停止资金投入。实际上，预算过程是在模仿一种自由市场，在这个市场里，各机构为了获得资源而互相竞争，为了获取预算奖励而提高绩效。

　　绩效预算理论简单易懂，但现实操作却很难做到完全符合其理论规则，这就给人们理解现实带来了困境。立法者不希望预算决策与任何一种因素联系过于密切，因为这样将会降低决策的谨慎度，同时也会忽略公共项目的其他方面。美国政府问责署（Government Accountability Office，GAO）的保罗·波斯纳（Paul Posner）指出：

　　　　绩效预算并非机械地将绩效发展趋势和预算决策连接在一起。如果一个项目非常重要但执行情况不理想，这并不意味着就必须减少对这个项目的投资，实际上，你也许还会寻找增加投资的理由。假若滥用药品导致死亡率上升，解决此问题的方法便是加大对它的资金投入。绩效强制决策者明白，理论阐述不到位就需要投入更多的精力。如果询问相关的其他问题，你将无法获知答案，因为预算决策所涉及的因素太多了。⑥

　　如果绩效预算的这一定义不理想、不切实际，那么关于绩效预算的其他定义又是怎样的呢？实际上绩效预算通常被定义为绩效信息与资源分配之间存在的一种松散联系，决策制定者并未详细计划将如何运用绩效信息。艾伦·希克（Allen Schick）认为："绩效预算是指所有代表机构作为信息的预算或针对提供的资金，机构期望有所作为的预算。"⑦ 这一定义虽与前面绩效管理所提供的定义只有些许不同，但与严格意义上绩效预算的定义却存在着显著的差异。

---

①　Gormley and Weimer, *Organizational Report Cards*.

②　Melkers and Willoughby, "Budgeters' Views of State Performance-Budgeting Systems."

③　Macintosh, *Management Accounting and Control Systems*.

④　Scott, "Organization Theory: An Overview and an Appraisal."

⑤　Schick, "The Performing State," 101.

⑥　Subcommittee on Government Efficiency and Financial Management, *Should We PART Ways with GPRA*, 66.

⑦　Schick, "The Performing State."

## 1.2 反思绩效管理

反思意味着对原有的主导模式或一系列假设发起挑战，并从一个全新的角度来思考问题。科林·塔尔博特（Colin Talbot）在回顾绩效管理研究时这样写道："与大部分的行政学观点一样，每一个原则宗旨（doctrine）及其解释都存在着与之相对的观点，对这些观点的记录同样重要。令人惊讶的是，相对来说，关于'绩效'的学术批判运动有点过于沉寂。"① 无处不在的绩效管理改革正一步一步地挑战绩效管理的信念。

现实中，一些挑战已经开始了。越来越多的作品阐述了绩效测评会引发行为偏执，包括目标错位以及博弈的问题②。本书整合了各种说法，集中解释了实施绩效管理改革的动因，以及改革是如何影响整个绩效管理实施过程的。我认为，绩效管理在特定的条件下更易成功，比如推进机构层次的多样性。

很大程度上，在绩效管理的各环节中，我更关注人们是如何解释并运用绩效信息的。就概念而言，本书的主要贡献在于提出了绩效信息运用的交互式对话模型。这一模型检验了社会是如何形成绩效信息的。塔尔博特指出，与绩效管理相关的文献作品中，严重缺乏社会建构主义视角。社会建构主义观点可以指导人们"尽量避免采用建构主义方法，从结构方面来说，应采用基于对话的绩效方法"③。与近来政策过程中更强调对话角色定位的文献作品④一致，本书更推崇后一种方法。虽然绩效测评反映的是客观不变的数字，但事实上这些数字仍然存在模糊性；不同的执行者通过不同的方法来挑选、解释、运用绩效信息，而这一切都与其自身利益息息相关。这一模式表明，相对于机构内部对话而言，跨机构对话可能会产生更多对立的解释和争论。

本书不仅考察了联邦政府层面的绩效管理改革，也研究了州政府层面的绩效管理改革。虽然绩效管理大多数倾向于对同一政府级别进行分析，但州与联邦之间的相似性表明，在考察绩效管理运行时，同时对这两个层次进行考察是大有裨益的。一方面，政府的这两个层级具有相同的政治体制；另一方面，这两个层级也奉行极其相似的绩效管理方式。每个州政府都有它自己的《政府绩效与结果法案》（Government Performance and Results Act, GPRA），在法律规定的预算程序中，一个关键步骤就是要求州政府收集并向中央预算办公室汇报绩效信息。州政府与联邦政府之间的改革理念是一个互动发展的过程，联邦政府中类似于项目分级评估工具

---

① Talbot，"Performance Management," 502.

② Talbot，"Executive Agencies"；Heinrich and Marschke，"Incentives and their Dynamics in Public Sector Performance Systems"；Hood，"Gaming in Targetworld"；Van Thiel and Leeuw，"The Performance Paradox."

③ 同①510.

④ 例如，参见：Fischer and Forrester, eds.，*The Argumentative Turn in Policy Analysis and Planning*；Majone，*Evidence, Argument and Persuasion in the Policy Process*.

(Program Assessment Rating Tool，PART) 这类形式的革新，也许会演变为州政府下一轮的改革趋势。本书的关注点在于：绩效管理调整及运用绩效管理的原因，绩效信息的模糊性及主观性。我从联邦政府与州政府的独特因素上对此做了探讨。

鉴于本书主要集中于研究联邦政府和州政府，因此，在将结论运用到地方政府和其他国家时应谨慎为之。就目前来看，世界各城市、郡县都认可并积极推广绩效管理的常规操作程序。本书所提到的一些基本的理论，如绩效管理盛行的因由以及如何运用绩效信息，不受任何政治体制和政治倾向的限制，然而为什么地方政府绩效管理会不同于其他层次的绩效管理？一个重要原因就在于政府官员、行政人员与他们所提供服务之间的距离较近。虽然联邦政府甚至州政府提供的服务非常宽泛，但直接提供的服务其实很少。另外，地方政府领导和行政人员更易与一线员工沟通绩效信息，且地方政府提供的服务更易被公众感知。因此，地方政府的绩效管理行为所产生的影响更大，大量的研究也证实了这一观点[1]。

与其他国家相比，由于政治体制和政治官僚关系本质的不同，美国的绩效管理表现出许多不同之处。其中最显著的区别在于，美国政治体制的分散化限制了绩效管理模式的威力，这也体现在绩效信息的模式化上，比如缺乏各地公认的绩效信息以及公认的绩效信息使用规范。还有一个区别是，美国传统的官僚政治任命形式似乎并不鼓励政府同其他追随绩效管理的国家（见第3章）一样分解原有的公务员系统。整体而言，与新公共管理（New Public Management，NPM）改革所倡导的规范标准相比，美国政府绩效管理所采用的方法并不特别偏向于任何特定的理论规范，也就是说，美国在实施绩效改革时并未试图找寻那些与决策相关联的绩效信息。

我们将在第2章探讨绩效管理的主导范式以及我所认为的绩效管理宗旨。绩效管理的宗旨在于，通过创造、传播并使用绩效信息以促进政府更优的决策，从而使问责制、效率和预算发挥出更多的优势。绩效管理宗旨还强调，将政府管理人员从传统控制中解放出来有利于创建绩效信息。

绩效管理宗旨也承诺，绩效管理将改变问责制度的本质。对于公众而言，可以通过绩效信息来了解政府的工作效率；而对于当选的政府官员而言，通过绩效信息可以减少信息不对称并实施监督，同时，还可以通过设置绩效目标来对政策进行调控[2]。

如果以更高的结果问责标准来约束管理人员，那么绩效宗旨可以给予他们更多的自由，以促使他们达成目标。简言之，绩效管理的宗旨不仅要求管理人员完成目标任务，同时也会赋予他们一定程度的自由度和灵活性。绩效管理并不预测绩效信

① 相关的研究参见：Ammons，"Raising the Performance Bar Locally"；Andrews and Moynihan，"Why Reforms Don't Always Have to Work to Succeed"；deHaven-Smith and Jenne，"Management by Inquiry"；Edwards and Thomas，"Developing a Municipal Performance-Measurement System"；Melkers and Willoughby，"Models of Performance-Measurement Use in Local Governments"；Poister and Streib，"Elements of Strategic Planning and Management in Municipal Government"；Tat-Kei Ho，"Accounting for the Value of Performance Measurement"；Wang，"Performance Measurement in Budgeting"。

② 应该注意，政府官员对绩效问责宗旨的理解有一定的偏差，他们不仅忽略了问责制能够带来的积极影响，同时也忽略了问责制能够带来的消极影响，比如政治、法律或者职业规范等方面，具体内容参见罗姆泽克（Romzek）和杜布尼克（Dubnick）的《公共部门问责制研究》。

息是否有用，也不倡导以一种违背客观决策理念的方式使用绩效信息。这一内容在随后的章节里会进一步阐明。

与绩效管理的乐观主义相对，悲观主义者认为，绩效管理注定会失败。这一批判性观点指向了在绩效管理历史发展过程中所存在的诸多问题，尤其强调了试图重构预算过程时的徒劳无功，例如 20 世纪 60 年代的规划计划预算制度以及 20 世纪 70 年代的零基预算都以失败告终。有太多理由可以合乎逻辑地解释这些失败。一个最基本的解释就是信息超载。瓦尔达夫斯基（Aaron Wildavsky）指出，绩效信息系统将会产生大量无人关心的信息，并且这些信息超过了任何人的认知处理能力范围①。另一个原因在于，政府的政治运行过程将会产生许多与绩效无关的信息。过度的政治偏好会使绩效信息失去原有的价值。相关的党派目标、意识形态偏见、利益相关者压力以及选民需求都会降低绩效信息的影响力度。另外，绩效信息不仅能够帮助民选官员简化政治决策，实际上，绩效信息是另一种形式的信息融合。

绩效管理改革经常借鉴私人部门或者议会体系的经验，但因其与美国政治体系分权系统相对立而遭到批评②。这一改革将政府行政机关视为关键决策者。立法者不可能允许任何可能会削减他们在目标设置和资源分配上拥有的自由裁量权的绩效管理模式蔓延。

另一个被批评的原因在于，公共管理改革，往往都是为了实现一些象征性目的，实实在在的绩效极少。这种改革逐渐发展出极大的相似性，主要是交流传达政治价值观，而很少涉及实实在在的事务③。这正好解释了为什么以前改革频繁但效果却乏善可陈④。这也揭示了过去的改革并未重视改革的可完善性，而只重视它的象征性。当公共管理人员意识到改革的象征性本质时，他们就顺从改革，并将改革视为绩效体制中偶发的赌博⑤。

总而言之，这些问题现在仍然未能解决，本书中提出的证据也印证了这些论断。绩效管理改革只是民选官员表达其对官僚体制不满的一种象征性工具。立法机构对行政部门实施绩效管理的初衷持怀疑态度，公共雇员也对最新的绩效管理模式持嘲讽态度。

即使存在这些问题，我坚持认为绩效管理改革将会改变管理行为，绩效信息也终将被使用。乔伊斯（Joyce）和汤普金斯（Tompkins）指出，绩效改革大部分的消极评价都缘于人们仅仅关注了民选官员以及预算过程⑥。而我所观察到的绩效管理改革的效益都是发生在各级机构之间，因它们远离资源分配与决策，故而取得了

① Wildavsky, *Budgeting: A Comparative Theory of Budgeting Processes*.
② Radin, "The Government Performance and Results Act and the Tradition of Federal Management Reform."
③ 与公共管理改革的象征性本质和目的相关的研究参见：DiMaggio and Powell, "The Iron Cage Revisited"; and March and Olsen, "Organizing Political Life". 与绩效管理相关的研究参见：Roy and Seguin, "The Institutionalization of Efficiency-Oriented Approaches"; and Carlin and Guthrie, "Accrual Output—Based Budgeting Systems in Australia."
④ Downs and Larkey, *The Search for Government Efficiency*.
⑤ Van Thiel and Leeuw, "The Performance Paradox."
⑥ Joyce and Tompkins, "Using Performance Information for Budgeting."

成功。

## 1.3 内容概要

本章余下的内容对后面几章的大纲进行了简要概括，并提供了一种反思绩效管理的思路。第 2 章详细阐述了绩效管理的宗旨。绩效管理的广泛实施反映出绩效管理是成功的、可行的，第 3 章将详细阐述这一观点。20 世纪 90 年代以来，美国各州政府以及联邦政府都在实施绩效管理上投入了大量时间、精力和资源。实际上，这一切意味着，各级政府为各机构创立了绩效汇报的具体方式，并要求鼓励各机构生产绩效信息，这些汇报的方式包括使命陈述、战略目标、绩效目标以及结果测量等。政府绩效项目（Government Performance Project，GPP）对 1999 年和 2001 年所做的绩效管理进行了等级划分，又对 2005 年绩效管理以及修正后称为信息大类的信息技术进行了划分。这些分类的依据为州政府是否达成目标、是否建立了被广泛接受的公共管理标准。我们还分析了州政府官员已经完成的调查，通过公共文件内容以及他们在《治理》（Governing）杂志上的采访日志来收集绩效管理信息。对政府绩效项目而言，当以调查回应为基础时，所涉及的绩效信息量将大大扩展，但是最后等级划分的主要依据是记者和学者所提供的一定数量和质量的证据[1]。具体等级划分如表 1-1 所示：

表 1-1　　　　结果与信息分类管理的政府绩效等级划分

| 州名 | 1999 MFR 等级 | 2001 MFR 等级 | 2005 信息等级 | 2008 信息等级 | 州名 | 1999 MFR 等级 | 2001 MFR 等级 | 2005 信息等级 | 2008 信息等级 |
|---|---|---|---|---|---|---|---|---|---|
| 亚拉巴马州 | F | D+ | C | C | 蒙大拿州 | C | C | C | C+ |
| 阿拉斯加州 | C- | C- | C | B- | 内布拉斯加州 | B- | B- | C+ | B- |
| 亚利桑那州 | B- | C+ | B- | B- | 内华达州 | C | C | B- | B- |
| 阿肯色州 | D | C- | C+ | C- | 新罕布什尔州 | D+ | D | C | D+ |
| 加利福尼亚州 | C- | C | C | C+ | 新泽西州 | B- | C- | C | C |
| 科罗拉多州 | C | C+ | C+ | C | 新墨西哥州 | D+ | C | B | B |
| 康涅狄格州 | D+ | C- | C- | B- | 纽约州 | D+ | C- | C+ | C+ |
| 特拉华州 | B | B | B | B- | 北卡罗来纳州 | B- | B | C+ | B- |
| 佛罗里达州 | B | C+ | B | B- | 北达科他州 | D | C- | C | C+ |

---

① 关于政府绩效项目标准划分的更多内容，参见英格拉哈姆在《追寻绩效》一文中收集整理的项目与等级划分信息。

续前表

| 州名 | 1999 MFR等级 | 2001 MFR等级 | 2005 信息等级 | 2008 信息等级 | 州名 | 1999 MFR等级 | 2001 MFR等级 | 2005 信息等级 | 2008 信息等级 |
|---|---|---|---|---|---|---|---|---|---|
| 佐治亚州 | C+ | B− | B− | B+ | 俄亥俄州 | C+ | B | C+ | B− |
| 夏威夷州 | C− | C | D | C− | 俄克拉何马州 | D+ | D+ | C | C |
| 爱达荷州 | C− | C− | C+ | C+ | 俄勒冈州 | B+ | B | B | B− |
| 伊利诺伊州 | C | B− | C+ | C+ | 宾夕法尼亚州 | B− | B | B | B |
| 印第安纳州 | C | B− | C | B− | 罗得岛州 | C | C | C+ | C |
| 艾奥瓦州 | B+ | A− | B | B+ | 南卡罗来纳州 | B− | B | B | B |
| 堪萨斯州 | C | C+ | B− | B− | 南达科他州 | D | D | D | D+ |
| 肯塔基州 | B | B+ | B | B | 田纳西州 | C | B− | C+ | B |
| 路易斯安那州 | B | B+ | A− | B+ | 得克萨斯州 | B+ | A− | B | A− |
| 缅因州 | C | C+ | C+ | C | 犹他州 | B+ | B+ | A− | A |
| 马里兰州 | B− | B | C+ | B− | 佛蒙特州 | B− | B | B | C− |
| 马萨诸塞州 | C | C | C+ | C | 弗吉尼亚州 | A− | A− | A | A |
| 密歇根州 | B | B+ | B+ | A | 华盛顿州 | B+ | A− | A | A |
| 明尼苏达州 | B | B | B+ | B | 西弗吉尼亚州 | C | C | C+ | C |
| 密西西比州 | C | D+ | C+ | C | 威斯康星州 | C | C | B− | C+ |
| 密苏里州 | A− | A− | A− | A | 怀俄明州 | C | C+ | C | C+ |

资料来源：Government Performance Project，Pew Charitable Trusts.

　　第3章提出的数据反映了州政府绩效管理的一个交叉缩影。从分析可以看出，州政府要求各机构创建并汇报其战略目标与常用的绩效测量方法，以此来建立绩效信息体制。虽然各个州政府都产生了某种形式的绩效信息，但这些信息的细节、性质以及可用性之间存在着很大的差异。州政府制定的汇报方式要求并没有太关注绩效管理的使命。该使命指出，对于绩效的重新关注应该包括传统的人力和财力资源的限制问题。实际上，州政府已经根据绩效管理使命所倡导的模式对绩效信息制度进行了调整，但却忽略了管理自由权方面的问题。这些交叉状态引发了一系列的问题：为什么绩效管理改革如此盛行？为什么绩效管理改革的重点集中在绩效信息使用上而非管理自主性上？

　　回答这些问题，或者说至少开始尝试去回答这些问题，对于理解绩效管理运转以及所取得的成就来说是至关重要的。为了便于对绩效管理进行反思，我选取了在绩效管理文献中不常用到的理论方法（决策和执行文献资料），并发展出了一种新的绩效信息运用理论，我把这一新的理论称为绩效信息使用的交互式对话模型。

## 为什么实施绩效管理改革？为什么采取始终如一的方式？

　　从决策理论出发，第4章认为，一次正式的政府绩效管理改革是中央机构——改革的推动角色和民选官员两者共同作用的结果。民选官员既要考虑改革基础设施的成本，同时也要计算改革所带来的收益。对民选官员而言绩效管理改革所具备的象征性价值，以及对中央机构执行者而言绩效管理改革所具备的专业性价值，共同推动了绩效管理改革的实施。

绩效管理受到公众认可的原因在于，其不仅向公众分享了民选官员在低效的官僚制度中所遭遇的困境，同时还展现了民选官员对公众负责的态度以及为纳税人省钱并不断提升自身绩效的一种形象。这些象征性的利益在官员的竞选游说道路上发挥着重要作用，尤其对那些承诺将对政府进行改革的竞选者而言更为有利。一旦竞选成功，绩效管理改革将成为一项必然的政策选择，至少可以在表面上兑现竞选的承诺。绩效管理改革也可以用来向公众证明政府的效率和能力，以使现任官员再次当选，在这种情况下，公众还会积极主动纳税。民选官员还可以通过使用绩效信息来设置对公众负责的目标，并控制政策的潜在利益。

绩效管理宗旨假定，民选官员都会设法最小化绩效管理成本。然而实际上，由于政府对各机构的绩效报告有特定的要求，所以忽略了对传统管理的控制。对于民选官员来说，对绩效管理报告提出要求是一种零成本的做法。他们并不需要多少额外的资金，这一负担将直接落在收集和传播信息的官僚机构肩上。而减少对财政和人事的控制，则需要承担一定的成本，尤其对于立法机构而言，这些传统上对官僚机构的控制仍然具有独特价值，但公共服务联合体依然会担心政府官员因滥用权力而损害其利益。对于构思公共管理政策理念的中央机构执行人员来说，只要符合预算过程，他们就会同意额外的报告机制，但对待放松管制，一直以来他们都坚决抵制。

## 如何运用政府绩效管理改革？

与之前对绩效改革的批判一致，各种案例证明，改革所具备的象征性意义是非常重要的。这些案例也表明，一次绩效改革实施完成之后，并不会终止改革的步伐，改革的象征性本质并不一定会与改革的工具性利益保持一致。尽管美国政府实施改革的方法与绩效管理的宗旨并不一致，但机构管理人员却总能发现让这些改革产生积极效益的方法，尽管这些方法并非总如绩效管理宗旨所预设的那样。

一旦改革实施者创建了正式的官方绩效改革范本，具体如何进行操作就完全取决于各机构的管理者了。第 5 章运用了执行理论来解释随后发生的事情。机构做出的选择，既有被动遵从改革的范本，也有积极运用绩效管理以推动组织变革的做法。各层政府机构对绩效管理的推动与使用是落实改革范本、领导动机、管理权限以及资源约束共同作用的结果。

在了解了改革实施背后的象征性动机之后，我们就能想象出机构管理人员对绩效管理持有的轻蔑态度了。虽然存在着嘲讽主义，但州政府各机构领导仍然把绩效管理视作增加其组织利益的难得机会。这需要部分利益与绩效管理宗旨保持一致——创建明确的战略目标并提升管理过程。然而，现实中多数情况却是，部分利益与绩效管理宗旨（例如，重构政策的可替代性战略目标、塑造组织文化、改善内外沟通以及培养并促进领导力的发展等等）无法保持一致。领导者追求这些利益不仅可以提高组织绩效，也可以提升组织能力。机构官员与民选官员一样，虽然会考虑改革的成本和效益，但他们更关心从绩效管理中获取实质性的利益。在这个过程中，每个领导者都有他们自己所希望达成的财务清单，但也都会受到组织环境的影响和限制。

在绩效管理的实施过程中，州政府机构中的机构领导者是最重要的影响因素，然而他们改革的能力往往源于自身拥有的管理权力。虽然在绩效管理的改革过程中，这些领导者并未获得额外的自由裁量权，但他们依然能够在既有权力范围内发现运用绩效管理的方法。在改革实施过程中，资源是另一个重要的影响因素。众多案例显示，资源是绩效管理充分发挥作用的一个必要条件。缺乏相应的资源，就难以负担足够的人员去收集、传播和使用绩效数据。资金缺乏的机构，更可能是条件反射式而非系统性地去完成规定的计划。只有资源而非战略思维才能缓解不断出现的各种情况，在资源不足的情况下，绩效管理只不过是一种干扰罢了。

## 如何运用绩效信息？

绩效管理改革是基于绩效信息一旦被运用，就会被广泛推广并产生更优决策这一假设之上的，因为绩效信息可以促使达成共识，同时使得决策更具客观性。然而，由于运用绩效信息的证据有限，故而现实情况与理想预期并不一致，相反，决策与绩效信息使用的交互式对话模型却正好一致。

交互式对话模型认为，绩效信息并不具备客观性，所谓的绩效信息都是发起绩效管理的改革者选择并呈现出来试图说服他人的具有目的性的信息。绩效信息通过书面或者口头形式，如报告、会议、演示、备忘录以及拨款提案等，呈现出来供人们思考。呈现出来的内容代表了改革者的目标，他们努力通过绩效信息向人们展示他们取得的成果。一个人对绩效数据的看法取决于他的个人背景、信仰，以及他在官僚体制中所扮演的角色。不同的管理人员研究同一个项目的绩效信息，往往会形成大相径庭的观点。这是因为他们只是从自身利益出发选择并使用不同的绩效信息。另外，由于大部分绩效信息具有内在的模糊性，同一数据也许会展露出不同的信息。绩效信息无法直接反映特定绩效管理项目的具体内容、实施情况。如果管理人员不认同绩效信息所显示出的绩效现状，不认同预算或管理变革，那么绩效信息未必有助于优化决策。正是由于实施人员所扮演的角色各不相同，其阐述绩效信息的动机也就不尽相同，在这种情况下，他们就会充分利用绩效信息的内在模糊性，以达到自身目标。

第6章到第9章从案例出发，详细阐述了交互式对话模型。第6章阐述了交互式对话模型的基本逻辑思路，并对州政府一级的案例做出了基于对话理论的解释。在预算会议上，州政府机构设法选择那些对己有利的绩效数据进行阐释。它们认为，在现有的资源条件下，它们无论当前还是未来都可以做得很好。在预算过程中，有很多这样类似的说法，然而，现在的政府机构官员也可以用对己有利的方式来使用绩效信息，因此，不同的政府机构阐述绩效信息的标准是多样化的，比如资源紧张的机构可能会指出由于缺乏资金使得绩效信息难以保障。各机构也通过提供新项目比旧项目收益更大的绩效信息来促使当前政策做出对己有利的转变。各个实施人员在政策制定过程中都希望绩效信息的使用能够与自身的利益保持一致。在对话过程中，机构管理人员都会设法保护自身的利益和预算。因此，中央机构官员就需要确认各种说法的可信度，力争做到兼顾公共利益与各机构利益。而立法委员会一般只支持那些有利于其监督各机构以及有利于预算决策的信息。

　　从批判的视角出发，我获得了一些不同于前人的观点和看法，它们共同促使我形成了绩效信息使用的交互式对话模型。从对话模型来看，实施人员并不会遭遇信息超载这一难题，因为他们根本就不会处理所有的信息而只是选取对其有用的信息。在机构层面，也几乎不会存在信息超载这一问题，因为实施人员面对的程序数量有限。机构管理人员所选取的信息要么用于支持政策的外部环境，要么用于提升内部管理。因此，交互式对话模型认为，政治偏好将会主导政治决策，但这并不意味着绩效数据不可用。因为在实施人员中，有人甚至老早就已经把绩效信息视作决策选择的标准，并试图以此说服他人。虽然宣传绩效信息与绩效管理宗旨并不相符，但它仍不失为一种使用绩效信息的方法。

　　乔治·布什总统和奥巴马总统治下的管理与预算办公室（Office of Management and Budget，OMB），都试图改变联邦层级绩效对话的频率和性质。布什总统在位期间，由于存在一个强大的研究机构，因此，我对这方面的关注较多。第 7 章将从管理与预算办公室的角度出发来阐述绩效管理改革。自 20 世纪 90 年代末以来，联邦机构与州政府机构一样，需要遵循《政府绩效与结果法案》来报告政府绩效进展。布什政府声称，《政府绩效与结果法案》是失败的，充其量也只能算是后续绩效管理战略的一个开端。为实现高效的绩效管理，管理与预算办公室要求各机构向国会提交的预算必须与自身的年度绩效规划密切挂钩。另外，管理与预算办公室运用项目分级评估工具这一评估机制来对项目绩效进行评估，并发布项目等级以及预算建议评估报告。

　　布什政府推行改革的目的在于通过多种途径变革绩效对话模式，这一点将在第 8 章进行详细的阐述。管理与预算办公室希望国会议员能够更便捷地使用绩效数据。然而，国会拨款委员会却抱怨这些绩效数据里与有价值的投入产出挂钩的绩效信息非常少，且这些信息很难发挥作用。他们对这些几乎毫无价值的信息没有任何兴趣。这些绩效信息对项目分级评估工具评估结果所发挥的作用也非常有限。在构建对话模型中，权力扮演着重要的角色，项目分级评估工具的经验凸显了权力主导对话时的各种风险。虽然管理与预算办公室认为项目分级评估工具是透明的、系统的，但其他人却认为它带有浓厚的主观色彩，认为它只反映了管理与预算办公室、白宫以及共和党的观点。布什执政时期的实证分析表明，在这个保守的总统的治理之下，机构自主项目得分较低，在项目分级评估工具评价结果之下，这些项目更容易被削减预算支出。如果洞察这一事实，保守机构的雇员就会加大对绩效信息的使用，但自由机构的雇员不会这样做，他们只会尽最大努力去满足项目分级评估工具的要求。

虽然存在一些缺点，但项目分级评估工具在评估过程中还是比较成功地促进了机构中的对话，提供了第三方审查意见，据此可以判断项目取得的成效。这就提升了项目绩效对话的讨论层次，并迫使各机构达成基本的绩效水准。

在预算讨论过程中，项目分级评估工具的影响有限。项目分级评估工具的评估和预算拨款之间的关系并不紧密。就目前而言，虽然无效项目不少，但国会也未根据评估结果对其进行预算削减。绩效信息与预算拨款之间之所以不具备严密的配对关系是因为：其一，评估时必须考虑一些额外的信息，因为绩效信息自身也具有模糊性；其二，大量的政治偏好性程序也会影响对项目的客观评价。在制定政策过程中并不能轻易使用公共预算的绩效信息，因为制定政策过程需要利用绩效信息达成共识。相反，绩效信息更像是一种互动对话，各类群体都只使用那些对自己有利的信息来说服他人。

即使行政人员都认可绩效的含义，但是绩效信息并不会告诉我们接下来该怎么做。最简单的例子就是，当一个程序运行得很差劲时，有人也许会认为这个程序是失败的、浪费公共资源的，应该废止它；但也有人会说，它提供了一项有价值的公共服务，如果投入更多的资源，会更加成功；第三个人也许会说，为了更好地管理，在做任何投资决定之前，应该重新组织这一程序。虽然说法大相径庭，但这些说法却都基于相同的数据。

当涉及更多行政人员时，互相冲突的解释也会随之增加。即使是同一机构中的同类个体，也会产生不同的解释。尽管管理与预算办公室付出了巨大的努力，但我们依然发现预算审计员用不同的方式来解释绩效数据，用不同的标准来检测绩效数据。第8章中呈现了一项实验结果，以进一步阐述因绩效信息的模糊性而导致的不同理解。该实验以两组公共事务项目的研究生为实验主体，对项目分级评估工具的评估结果进行了再分析，结果显示管理与预算办公室的评价结果和最终的投资决策并不相同。不同实验主体得出的结论不同，主要是因为其担任的机构角色不同，以及绩效数据内在的模糊性。实验还展现了政府如何呈现绩效数据，这为对话理论提供了额外的证据。

绩效对话也可以发生在机构内部。同一机构的人员具有同质性，都关注实施的实际情况，对绩效数据的意义更容易产生共鸣。这就有助于创建一种大家共享的话语体系，并最终转化为组织文化的一部分。在当前政治形势下，几乎不可能去破坏或者分离绩效信息的含义。绩效的对话形式也可以转化为一种学习机会，这一点将在第9章进行详细的阐述。学习的目的和内容多种多样，可以是为了改变现有组织过程以提高绩效而学习，也可以学习提高组织能力的方法，或者挑战并改变现有的组织目标。这种对话模式在促进学习的同时还可以创建为一个学习论坛。学习论坛可以成为鼓励管理人员密切检查绩效信息、思索绩效信息意义、决定绩效信息影响未来行动的一种常规方式。因为论坛中的对话参与者都在同一平台上展示各自不同类型的知识技能，这有利于学习的提升。这些条件挑战了传统机构中的一些基本做法——管理者既无法阻止和检查绩效信息，也无法对绩效信息进行分类排位，只能稀里糊涂地使用组织中的各类信息。然而，绩效对话及学习论坛仅仅是简单地提供绩效数据，并不能创造使用绩效信息的需求。各机构面临的最关键的挑战则是找到鼓励管理人员检验绩效信息、提高机构运转的方法。在这一方面，奥巴马政府和国会已经意识到了项目分级评估工具存在的问题，并于 2010 年通过了《GPRA 现代化法案》（GPRA Modernization Act），它强调提高组织学习能力的绩效目标。虽然《GPRA 现代化法案》的基础是绩效结果而非当前的状况，但它所包含的各项具体内容能够促进各类政府去实现目标。

第 10 章反思了绩效管理的经验与教训。不难发现，在这个过程中，我们对绩效管理的期望正处在一个转折点上。对于州政府和联邦政府而言，业已存在前所未有的创造和传播绩效信息的机制。虽然这种机制的建立源于以简易的方式改变既有决策模式这种不切实际的设想，但它却在发挥着一些作用。政府可以提供大量其偶尔运用绩效数据的事实证据，但却没几个政府敢说对绩效信息进行了系统化的使用。随着绩效管理使命缺点的不断显现，很有必要对其进行重新评估。如果依据绩效管理使命做出的承诺来检验绩效信息，那么绩效管理实际上取得的成就就会小得多。

重新思考绩效管理就意味着承认它的缺点，承认对改革设置过高期望是失败的。重新理解为什么要进行改革，重新思考管理人员改革的动机，这是一个好的开端。运用这种对话模型来阐述绩效信息如何形成决策，有助于提供一种更具公信力的解释。这些理论进展表明，绩效管理促进预算与政府行政过程的优化是一种渐进的过程，期望过高、操之过急都是无益的。即使绩效数据出现在公共管理人员参与的对话之中，它也只是与其他因素共同影响决策，最终还是决策者在自身利益的基础上来理解和使用绩效信息。由于绩效信息具有模糊性与不确定性，因此在政策过程中使用绩效信息可能存在争议，这使得决策更不容易。

上述对绩效管理的理解与绩效管理所追求的理想目标之间相去甚远，绩效管理的理想目标模式认为，绩效信息是解决政府问责和政府办事效率的关键所在。但同时，本书也提出了一种消极的观点以挑战绩效管理，这一观点认为，绩效信息从未被真正使用，对于决策而言，绩效信息只是一种附带发生的信息。另外，绩效管理完完全全是一种象征性改革形式。绩效信息可能不会主导决策，但是却越来越频繁地出现在决策对话之中，越来越多的证据也显示了绩效信息和决策之间存在某种联系。虽然实施绩效管理改革确实存在着象征性的一面，但这些改革的实施以及绩效信息的使用才应该是重点关注的对象。

## 1.4　数据收集

评估绩效治理时代，需要在对比的基础上深入分析政治和管理过程是如何与绩效管理发生互动的。因此，很有必要对本书收集到的数据进行初步的讨论。本书通过多种途径来展示绩效管理改革的进程与绩效信息的使用。收集数据的方式既有开放式和封闭式的调查，也有采访、实验以及内容分析。表 1 - 2 呈现了本书所涉及的方法。

**表 1 - 2**　　　　　　　　　　　　　　　**数据来源**

| 数据来源 | 书中相应运用位置 |
|---|---|
| 2000 年政府绩效项目，针对绩效管理、财务管理和人力资源管理的跨州调查。 | 第 2、3 章 |
| 针对州战略规划、州绩效报告、预算文件、机构战略计划和绩效报告的跨州内容分析。 | 第 3 章 |
| 基于文件和采访，对亚拉巴马州、佛蒙特州和弗吉尼亚州的案例分析研究；对州预算官员、惩教署高级及直属管理人员的采访；所有转录采访；采访记录和运用定性软件编码的州政府文件。 | 第 4、5、6、9 章 |
| 联邦一级项目分级评估工具案例研究，对管理与预算办公室和政府问责署官员的采访，对政府问责署调查数据和政府未来服务调查的定量分析。 | 第 7、8、9 章 |
| 分析联邦一级绩效的法规内容。 | 第 7 章 |
| 公共事务研究生参与实验以检测绩效信息的模糊性。 | 第 8 章 |

　　这些收集到的数据有助于解答本书所涉及的一些核心问题：州政府实施的绩效管理改革是否遵循了绩效管理宗旨的要求？各政府实施绩效管理背后的动机是什么？机构层面的绩效管理改革是如何进行的，为什么？执行人员是如何使用绩效信息的？表 1 - 2 总结了每一个数据的来源以及在书中的使用位置。

　　为了更好地了解现实中的绩效管理是否遵循了绩效管理宗旨的要求，我使用了在雪城大学麦克斯韦尔学院进行的政府绩效管理项目的前两轮数据。州政府从深层次描述了绩效管理系统及其应用。另外，政府绩效项目的工作人员也审查了相关的公共文件来检验绩效管理，尤其对战略规划预算和绩效报告的内容进行了分析，以此来评估绩效信息的使用范围。同时，还对州际的政府管理问题进行了调查。第 3 章将进行详细叙述。

　　这些跨州管理的现象展现了不同的州是如何开展绩效管理改革的，这些现象自然而然地引出了两个问题：为什么要改革？改革是如何进行的？本书试图通过对三个州（亚拉巴马州、佛蒙特州和弗吉尼亚州）的绩效管理进行深度案例研究，同时通过分析当前联邦政府在绩效管理方面的努力，得出这两个问题的答案。为了完善理论的普适性，同时也为了更好地推进研究，本书按各州的实践经验和绩效管理的能力水平将这三个州划分为高（弗吉尼亚州）、中（佛蒙特州）、低（亚拉巴马州）三类①。这一分类与各州政府绩效评价的结果是一致的。

　　第 4 章主要涉及州政府提供的各类与改革实施相关的证据。第 5 章和第 9 章主要是州政府提供的与绩效管理执行相关的证据。为了审视实施情况，本书主要集中关注了这三个州政府中惩教署的相关情况。从控制绩效管理功能的完整性来看，惩

---

① 关于理论研究参见：Yin, *Case Study Research* 2nd ed. 关于实践研究参见：Overman and Boyd, "Best Practice Research."

教署正好适合作为"深剖"的对象①。惩教署涉及的服务范围较广——监禁、教育、行为改变、监护、生产产品及服务，这些性质各异的服务代表着不同类型的机构职能②。我与每个州在绩效管理过程中涉及的参与者进行了深层次的访谈：a) 惩教署各机构执行管理人员；b) 惩教署高级管理人员；c) 国家管理与预算办公室管理人员。实施这一采样调查有助于发现相同机构中不同部门成员的不同观点③。另外，为了获取政务官和事务官的观点，我做了充足的准备。针对每一位受访者，我都提炼出了关键的、有针对性的问题，并以滚雪球的方式不断增加额外的受访者，有些人甚至可能已经受到过多次采访。采访通常是半结构化的，并以标准的采访协议与访谈提纲（参见附录 A 的州政府开展采访的访谈协议）为基础④。

除了跨州的数据以及对上述三个州的案例研究，本书还审视了联邦层面的政府绩效管理状况，我的关注点在于——布什政府对所有联邦项目进行绩效评估的倡议是否落实、各机构的预算是否与预算结构相符。这些努力为研究绩效管理改革提供了生动的案例，不仅展示了预算办公室在推进绩效预算过程中举步维艰，还凸显了预算办公室创建绩效评估机制时所遭遇到的重重困境。通过采访政府官员，尤其是管理与预算办公室中发起并实施绩效管理改革的官员，本书重新审视了各种改革变迁⑤。我们还用布什任职期间对联邦管理人员调查的定量分析，对定性研究的不足进行了补充。第 7、8 章详细阐述了早期的改革经验和后续改革的具体实施情况。

本书研究的最后一个重要问题，即人们如何理解并使用绩效信息。本书采取了多种方法来检验这一问题。我询问过州层面和联邦层面的受访人员，了解他们何时、如何使用绩效信息，从而积累一些绩效信息使用的例子。另外，我也想了解立法人员在公共决策场域中是如何运用绩效信息的，为此我分析了绩效预算预案和国会听证会中所涉及的绩效内容。第 7 章将呈现具体的数据，以展示绩效信息使用的成就与争议。大部分与绩效信息运用相关的数据都显示，制度观念会对绩效信息的使用产生一定的影响。而我想知道的是，如果没有机制上的隶属关系，管理人员是否依然会否定绩效信息。为此，我对两组公共事业项目的研究生进行了实验，以检测绩效信息与绩效信息含义的模糊程度之间是否存在联系，详见第 8 章。

为了防止犯经验主义错误，本书力争谨慎处理好推论与概括的问题，所有的概

---

① DiIulio, *Governing Prisons*.

② Wilson, *Bureaucracy*.

③ Ban, *How Do Public Managers Manage?*

④ 受访者的回答均有录音备份，并抄录、储存在 QSR NUDIST 软件中。QSR NUDIST 是一种专为质性研究而设计的软件程序，且能够通过分层编码系统对数据进行分析。QSR NUDIST 还能同时对编码进行演绎、归纳，并改变编码结构，以促使观点与证据之间相互作用。QSR NUDIST 在新建编码的同时，也会附带解释各类编码的具体含义，并描述个别编码可能会出现的新趋势。因此，QSR NUDIST 完全符合我们研究的需要，它能够建立多个代码以对案例详情进行描述，同时还能建立一些在绩效管理预期效益内的演绎代码，还可以在案例证据中建立归纳代码。

⑤ 我采访了 10 位在管理与预算办公室工作的政府官员。这 10 位受访者既包括政务官也包括事务官，既有曾经在项目评估小组（小组成员负责设计并修改 PART 原始问卷，经理负责监督 PART 的具体实施）工作过的政府官员，也有曾运用 PART 对项目预算进行审核的政府官员。除此之外，我还采访了 7 位来自美国政府问责署与国会研究服务局的成员，他们主要负责监督联邦预算以及与国会绩效管理相关的问题。这些个人采访大部分是在 2005 年 5 月进行并完成的，而其中一部分采访是后来通过电话采访的形式完成的。

括归纳都应谨慎而为之。对州层面的研究主要集中在惩教署方面。另外，因为每个州都具有自身独特的历史文化，这会影响到各州的治理结果，本书也力争能够将这些因素的影响控制在学科的范围内。

## 1.5　结 论

本书就绩效管理提出了一些新的观点和看法，但这并不表明已经完完全全吃透了绩效管理各方面的内容。这些新观点对那些已有的认知提出了挑战，并提供了完整理解绩效管理的新解释。

绩效管理不能（也不可能）像那些人所倡导的那样，成为一种解决"所有"政府问题的万能工具，但它确实提供了一种改进政府绩效的思路。如果以结果为导向的一项改革几十年都不能达到预定的目标，那就说明这一改革脱离了实际。在这种情况下，民选官员以及高级行政官僚应该改变原有的决策方式，公民应该积极回应绩效数据，公共管理者应以不同的方式管理公共组织。要实现这些改变，需要的不仅仅是管理上的改变，更为重要的是治理体制上的改变。

本书的焦点主要集中在公共管理人员上，因为他们对绩效管理的贡献最大，也最有可能使用绩效信息。通常情况下，绩效数据并不会像绩效管理宗旨所预测的那样激励公共管理人员，但它偶尔也可以通过结果导向式的改革来增加政府的组织价值。下面几章将厘清绩效管理实践背后隐含的逻辑，并反思未来应如何改进结果导向式改革，尤其需要关注绩效信息是如何影响并改变管理对话的。

# 第 2 章

# 宗旨性质的绩效管理

绩效管理到底意味着什么，它希望实现什么样的目标？本章主要考察绩效管理宗旨提出的基本主张。绩效管理宗旨提出的主张实际上是理论性、理想化的标准，即通过检验现实中的绩效管理以达成理想化状态。在绩效管理宗旨看来，政府组织应同时实施两种相互依赖的改革：在人力资源及预算管理方面，赋予管理人员更多自主权；在问责制实施方面，以大量的绩效标准为依托。

在人类知识发展过程中，公共行政（public administration）的定义一直存在争议，公共行政究竟是一门社会科学，还是一种在高度政治化环境下进行的专业性活动呢？一般而言，公共组织决策的制定是基于克里斯托弗·胡德（Christopher Hood）和迈克尔·杰克逊（Michael Jackson）所描述的"行政条例"（administrative arguments）和"宗旨"而展开的[1]。在政治背景下，从理论上来看，这一"宗旨"属于政策选择。"宗旨"是一种包含原因及结果的理论性解释，它总是以一种广泛运用的事实的形式呈现出来，同时又回到理论解释上去。从社会事实上看，拥护公共行政的人认为公共行政充满了矛盾[2]。然而，他们也承认，在公共行政的历史中也存在着大量符合理论宗旨的例子，这些例子在本质上都十分相似[3]。理论宗旨的拥护者，成了改造政府的

---

① Hood and Jackson, *Administrative Argument*.

② Simon, *Administrative Behavior*.

③ Downs and Larkey, *The Search for Government Efficiency*.

推动力。他们坚持改革，部分原因在于公共部门确有改革的需要。实践人员和民选官员在不断地寻求改善公共组织的思想和方法，另外，社会科学所呈现的知识观与争议在本质上其实并无太大差异①。

绩效管理宗旨非常符合管理宗旨要义，绩效管理宗旨使用了大量管理宗旨中的修辞工具②。绩效管理宗旨不仅能够针对传统公共组织的弱点提供普适性的解决办法，还可以为如何运行公共组织提供规范性的因果解释，从而形成一系列政策选择方案。通常而言，人们将传统的公共组织定位为一种低效、无效只重视最大化投入以及表面性服从的组织，因此，许多管理体制因公共组织表现出的不理想状态而遭到人们指责。然而，绩效管理宗旨却承诺，将打造出一个更高效的以结果为导向的公共部门。

宗旨主张的可信度，取决于在这些主张下所形成的事实证据的可信度③。绩效管理宗旨吸纳了各个学派的思想观点，主要包括新公共管理的思想观点，以及战略管理、管理预算与控制的思想观点。同时，绩效管理宗旨也吸纳并学习了州政府的政治修辞技巧。宗旨的内容也反映了公共部门将会变得更加高效、高产这一假设。

## 2.1  绩效管理宗旨

绩效管理宗旨的基本假设如下：
- 政府低效性；
- 政府可以提高其工作效率；
- 政府绩效低下的主要原因是财政状况不佳及公众的低信任度；
- 政府应该且能够出台更多理性化的决策；
- 绩效信息可以改善政府决策，亦能促进问责制度的发展。

每一位呼吁结果导向型政府的政客，都在他们的演讲中明确提出或暗示过这些假设，改革者的每一次提案也都是奔着这些目标而去的。暂且不论这一系列广泛的假设对于所有人甚至大部分公共机构而言是否准确，对那些试图对政府进行改革的人而言，这些假设却是极具说服力的。例如，《政府绩效与结果法案》中的"结果与目的"部分（见表 2-1）就赢得了各党派的支持和认可，并成为州政府绩效管理的模型典范。

正如我们大多数人对政府持有的态度一样，《政府绩效与结果法案》的内容也认为，尽管缺乏对政府进行系统性评估的证据，但对政府进行评估本身就是一种信仰，甚至是一种超越信仰的事情。这一说法使得对政府的评估更具说服力，因为目

---

① Forrester and Adams，"Budgetary Reform through Organizational Learning."
② Hood and Jackson，"Key for Locks in Administrative Argument."
③ Barzelay，"How to Argue About the New Public Management."

**表 2－1**　　　　　　　　　　　　　《政府绩效与结果法案》第二部分

（a）结果发现——国会调查结果发现——

（1）联邦项目的浪费与低效降低了美国民众对政府的信任，削弱了联邦政府满足公众需求的能力；

（2）由于项目目标不明确以及与项目绩效相关的信息缺乏，限制了联邦管理人员努力提升项目效率及其有效性的能力；

（3）由于对项目绩效与结果的忽视，导致国会的政策制定、支出决定以及项目监督严重受阻。

（b）目的——此法案的目的——

（1）通过对联邦机构的问责制度进行系统化的调整以实现项目目标，提高美国民众对联邦政府能力的信任度；

（2）通过对一系列试点项目设定相应的目标，在此基础上测评项目绩效，公开汇报项目的进展情况，以实施项目绩效改革；

（3）通过重视结果、服务质量以及民众满意度来提升联邦项目效率，并实施公共问责制；

（4）通过要求联邦管理人员制定实现项目目标的规划，并提供项目结果与服务质量的相关信息，以改善联邦管理人员所提供服务的扩散效应；

（5）通过提供更多实现法定目标的客观信息，以提高国会的政策制定能力、联邦项目及支出的相对有效性和效率；

（6）提高联邦政府的内部管理。

资料来源：Congressional Record.

前还找不到能够反驳它的证据。持有这些信仰的改革理念并不在意那些改革受挫的证据，因此才会一次又一次地实施绩效管理改革[1]。

虽然这些假设如同信仰一般存在，但这并不意味着它们与理论或思想观念之间毫无关联。学术研究者与实践工作者在绩效管理方面所形成的一系列理论和观点，都有助于我们更好地理解绩效管理宗旨。这些观点简单明了地描述了传统公共组织存在的问题、需要的补救措施以及补救措施可能带来的后续问题。由于这些观点的来源各不相同，这就使得不同的观点对宗旨的阐述存在一定的差异，但这并不影响我们对宗旨的理解。下面我们将依次检视这些观点。

### 传统公共管理组织的观点

关于传统公共组织的理论主张可以概括如下。传统公共管理体制仅提供了几种特定类型的信息，不利于提高组织的有效性。管理人员缺乏关注组织绩效的动机，同时组织内部也缺少基本目标以及能够吸引管理人员注意力的数据信息。相反，政府会给予管理人员一份投入清单与预算拨款清单，而他们的义务则是花掉这笔钱。财政控制以控制这些投入为中心，同时确保资金花费符合分配目的。管理人员缺少对已分配资金进行再分配的权力，哪怕这种分配可以更高效地实现既定目标，也是不允许的。人事控制是对财政控制的加强，以限制管理人员对人力资源干预的权力。

公共管理人员本能地重视遵循规则而不是遵循目标，关注短期性问题[2]。科廷

[1]　Downs and Larkey, *The Search for Government Efficiency*.

[2]　Moore, *Creating Public Value*.

（Koteen）认为，忽视结果是因为现存的公共管理制度僵化："政府及其他非营利性的管理过程大都集中于遵循适当且一致的程序而非实现目标……重视投入而非产出。"①

在任何情况下都不存在一种能使个人或组织偏离现有控制，进而转向更高绩效的工作方式，正相反，现实中却存在着一些非激励性的因素。例如，各机构并不能保留因有效执行预算而节省下来的资金，这些节省的资金必须返还政府，然后进行重新分配。因此，在制定预算提案时，行政机构都试图获取高于实际需求的费用，并在绩效周期结束前花掉那些可能剩余的资金，以免丧失剩余资金，进而在未来的财政拨款中吃亏。当前的问责着眼于控制体系、遵从法律规范、保持廉洁、避免错误，而非实现目标、提高技术效率或项目有效性②。语言和符号等组织文化产物所折射出的非正式制度，也不断强化了这些价值观念③。简而言之，公共部门设法寻求管理技巧，但不管是在正式的管理控制中，还是在围绕这些控制发展出来的非正式文化中，都对自由裁量权的使用设置了一定的限制。

## 寻求变化的主张：建立绩效信息系统

由于传统管理制度饱受批评，就改变这些制度而言，绩效管理宗旨告诉了我们什么？要从循规蹈矩、避免错误、默认低效的文化转向一个更重视效率、高效的公共服务文化，在一定程度上，需要修改既存的规范化制度。首先，需要建立一个绩效信息系统。创建绩效信息并不是一项新的改革，美国公共管理的绩效测评至少有一百多年的历史了④。从这个角度来看，绩效管理概念不同于简单的绩效测评，其差别主要在于绩效管理设法将测评与具体的战略计划归入一个单一的关联系统，如图1-1所示。通过一些正式的战略计划使行政目标具体化，使组织短期的战略目标与长期战略规划保持一致。这些短期的目标是民选官员与高级行政人员之间达成行政合同的基础。另外，目标应该由一些可量化的项目构成，这样就能将事后绩效同事前的目标进行对比。行政人员负责实现这些绩效目标，并根据事实情况，给予相应的奖励。战略规划的运用可直接将注意力引向结果、外部环境以及利益相关者的需求。资源分配也可以从长远规划出发，从而使它具备很强的战略性。战略目标将转化为绩效标准，同时这也是进行控制和评价的基础。

图1-1展示了一个绩效管理系统如何提升政府决策和绩效的简单模型。美国州政府的实证数据证明，这一模型得到了广泛的社会认可（虽然未必会被执行）。在对政府绩效项目进行汇报的过程中，各州一再强调，为了培养多元决策场域、提高决策质量，战略规划与绩效测评是必不可少的。例如，弗吉尼亚州把绩效管理系统描述为"由四部分组成的系统过程：战略规划、绩效测评、项目评估和绩效预

① Koteen, *Strategic Management in Public and Nonprofit Organizations*, 15.
② Stewart, "The Role of Information in Public Accountability."
③ Miller, Rabin, and Hilldreth, "Strategy, Values and Productivity."
④ Williams, "Measuring Government in the Early Twentieth Century."

算……只有各个环节协同合作才能更好地管理州政府绩效"。佛罗里达州将绩效问责体制解释为，"这一体制是保证战略计划、预算和绩效测评之间密切联系的框架"。路易斯安那州的管理流程从"规划到预算到执行到评估（或者问责），再返回到规划等，所有的流程都是相关联的，每一部分都是建立在前一部分的基础上并推进后一部分的运行。不管你何时进入这个圈子，你最终都会经历所有的过程"。得克萨斯州把绩效系统描述为"一个全州范围内的全面性综合机制，包括机构战略规划、绩效测评、绩效预算，以及绩效报告、评估、评价和审计"。

　　如图 1-1 所示，虽然很少存在能长久执行下去的模式，但有限的实践经验并不妨碍各州对绩效模式的追求。例如，亚拉巴马州用与其他州类似的方式来描述自身的体制。它们的战略规划与绩效测评体制"通过各机构将战略目标与具体的行为和绩效测评联系在一起"，"加强沟通以明确战略目标，将目标与年度预算联系在一起，从而为所有机构的绩效努力提供一个通用的方法和框架"。华盛顿州阐述了其将绩效数据与决策场域相联系的愿望："在华盛顿州，我们希望建立一个除传统因素，如竞争优先权、组织能力、经济财政实力以及利益相关者和公众意见等以外，所有决策都可以通过绩效与规划信息来达成的制度体系。"

## 寻求变化的主张：管理权力

　　如果说绩效管理宗旨的第一个建议是建立绩效信息系统，那么第二个建议则是鼓励运用绩效信息，尽管这将扩大管理权限的范围。在以前的绩效管理条例中，绩效管理宗旨提出的第二个建议总是被忽视，例如，早在 1949 年，胡佛委员会（Hoover Commission）就曾呼吁实施绩效预算，同时增加促进绩效管理的技术性条款[1]，或者在私人部门的绩效管理条款中给予私人部门更多的自由裁量权。但直到最近几年，尤其是新公共管理时期，这一主张才出现在公共管理条款之中[2]。这一主张背后的核心逻辑是：传统的公共组织遭到的各种限制，阻碍了管理人员寻求积极变化的能力。即使他们掌握了与行动相关联的完备信息，拥有提高绩效的强烈愿望，但他们重新组织人才以及财政资源的能力依然受到传统管理控制的限制。因此，应放宽对投入的控制，同时支持产出调控，只有这样，管理人员才会表现得更加出色。

　　在英国、新西兰、澳大利亚这些以新公共管理为基准的国家，财政管理与人力资源系统都采取了分散化的形式，以实现管理权力的不断增长[3]。按照合同约定的方法，行政动机必须以明确的责任为基础，同时要将实现目标、货币激励、工作安

---

① Bouckaert, "Measurement and Meaningful Management"; Hatry, *Performance Measurement*.

② 相关的研究参见：Cothran, "Entrepreneurial Budgeting"; Gruening, "Origin and Theoretical Basis of New Public Management"; Keating and Holmes, "Australia's Budgetary and Financial Management Reforms"; Osborne and Gaebler, *Reinventing Government*; Thompson, "Mission-Driven, Results-Oriented Budgeting"; Schick, "Opportunity, Strategy, and Tactics in Reforming Public Management."

③ Barzelay, *The New Public Management*.

全性相互联系起来。这就要求取消集中化的公共服务规则，包括终身任职、晋升和薪酬。管理人员应拥有与私人企业类似的管理权力。绩效合同上的经费拨款、服务价格等都应该集中合并。资源使用方面的限制应该立足于拨款的额度而非具体的项目，且管理人员应该拥有支配其未使用资金的权力，以消除其在预算年度末突击花钱的动力。

希克（Schick）总结了新公共管理时期的观点，提出了绩效改革的重点，他的假设条件有：

- 管理人员目标明确，用目标检验结果；
- 管理人员拥有资源使用的自主权；
- 中央机构下放管理权力，机构总部掌控运作水平及单位；
- 政府决策与控制集中于产出与结果而非投入与生产程序；
- 管理人员对资源使用及产出结果负责[1]。

希克认为，在新公共管理时期，各种思想的特征是相互影响、彼此依赖、相互作用的，而不是一个独立的菜单。基于结果的问责制度，不仅增加了管理的灵活性，还扩大了操作权限。新公共管理时期的这些观点与绩效管理宗旨具有内在的一致性。绩效管理宗旨认为，管理权力以及以结果为基础的绩效信息的存在是构成管理体制的两个关键变量。这两个变量的不同配置结构将在表 2-2 进行详细的阐述。绩效管理宗旨认为，公共管理的历史是一个渐进的、逻辑转换的过程，经历了从前官僚分肥体制（prebureaucratic spoils systems）（栏目 1）到官僚体制（bureaucratic systems）（栏目 2）再到绩效导向体制（performance-oriented systems）（栏目 3）的演进。栏目 4 代表的是受限的绩效体制（constrained performance system），它虽然限制管理权限，但却希望达到预计的生产目标。第 3 章将会指出，这种构造最接近美国公共管理人员的现实情况。然而，接下来我们将关注的是表 2-2 中的其他栏目，因为它们代表着绩效管理宗旨的逻辑思路。

表 2-2　　　　　　　　管理权限与是否重视结果创建不同的管理体制

| | 忽视结果 | 重视结果 |
|---|---|---|
| 管理权限大 | 栏目 1：前官僚分肥体制<br>重视目标而非绩效或规则遵循（政治腐败，私人谋利）。 | 栏目 3：绩效导向体制<br>管理人员目标明确，拥有实现目标所需的相应权力；利于高效实现项目，利用技术能力与结果问责。 |
| 管理权限小 | 栏目 2：官僚体制<br>高度重视投入，忽略提高技术效能的激励机制和权限。 | 栏目 4：受限的绩效体制<br>重视结果，但缺乏变革的管理权力，阻碍绩效提升及结果问责制的建立。 |

表 2-2 中的栏目 1 代表的是前官僚分肥体制。在这个体制中，与高层管理权力相伴的是对结果的忽视，这就导致公共官员滥用公共组织权力以实现那些无效的

---

[1] Schick, "Opportunity, Strategy, and Tactics."

目标，例如，维护政治权力，回馈政治拥戴者及亲朋好友，或者增加自己的腰包，美国政府的官僚分肥体制就是最好的案例。引入限制公共官员支配人力和财力资源的规则，恰好回应了这一分肥体制。通过限制管理权力，政府创建了传统的官僚体制，正如表 2-2 中栏目 2 所显示的那样。

依据绩效管理宗旨，官僚模型的不足在于对效率不够重视，同时缺乏改善服务供给应具备的权力。绩效管理宗旨认为，下一阶段应该取缔对投入或管理权限的过程控制，同时，绩效信息系统的进一步发展应能够促使管理人员对结果负责。表 2-2 中的栏目 3 代表的是绩效管理的理想状态。在这个体制中，对目标而言，组织责任的一部分就是定义组织目标①，这将有利于权威激励机制以及项目人才责任机制的建立。而诊断控制系统将负责检测结果并确保不同层次目标的内在一致性，这一点尤为重要。这些系统将促使员工设法思考如何有效掌控投入与过程之间的关系，使得产出结果达到系统要求②。弗雷德·汤普森（Fred Thompson）认为，新公共管理推崇的私人组织与公共组织之间的主要差别在于控制体制性质不同③。成功的私人组织控制体制主要是为了促进结果目标的实现，而避免不法行为则是需要考虑的次要因素，在这一点上，私人部门与公共部门正好相反。两个部门的预算差别在于：

　　联邦政府的操作型预算业务必须高度详细地列出支出或资源采购计划，同时严格执行所提交的计划。相比之下，私人组织的预算管理并不像联邦政府那样过度重视细节，它只重视少数的绩效量化标准。这种差异反映了私人组织为将权力和责任下放到组织内部而做的努力。权力下放意味着将赋予部门管理者最大限度的自由权力以确保生产，换句话说就是最小化约束限制。④

私人组织的目标是使操作型预算转化为责任型预算，管理人员主要负责实现特定的绩效标准。相比之下，公共预算所强调的则是投入而非目标结果的实现：

　　换句话说，操作管理人员无权获取或使用资产。但是，如果没有权力，管理人员就不能对其名义上所属的行政单位的绩效负责。⑤

美国的公共管理作家有时会对新公共管理思想进行重新包装，最常见的有"政府再造"（reinvention）或者预算过程改革（reforms to the budgeting process），但就绩效管理而言，仍然坚持新公共管理的主张。例如，奥斯本（Osborne）和盖布勒（Gaebler）所写的，被广为传阅的政府改革宣言书——《政府再造》（*Reinventing Government*），一直被视为新公共管理的指导手册⑥。

---

① Hongren, Sundem, and Stratton, *Introduction to Management Accounting*, 10th ed.
② Simons, *Levers of Control*, 165.
③ Thompson, "Mission-Driven, Results-Oriented Budgeting."
④ 同③94.
⑤ 同③95.
⑥ Osborne and Gaebler, *Reinventing Government*.

● 掌舵而非划桨：这一观点表明，设定目标的公共管理者不应该仍是这些目标的执行者。这一观点的核心是假设政府有设定战略目标的权力，同时保证目标清晰，并能有效检测这些目标的完成情况，指导其他管理者执行目标。这一假设在其他再造条例中也很明确，例如，将竞争机制引入公共服务提供过程之中，即使是在准市场配置领域也可以这样做。在新公共管理的信仰中，公共组织可以同私人部门竞争，公共组织内部也可以展开竞争。

● 转变规则型驱动组织：奥斯本和盖布勒观察到传统公共组织的精力主要集中在遵循规则和把控它所掌握的有限资源上。他们呼吁组织和雇员应以组织任务和目标为指导而不是规则和预算，要求增加管理的灵活性和用以调整工作任务的自由裁量权，同时消除阻碍任务改进的规则和行为，运用任务和战略目标激励员工而非仅仅服从规则。

● 为产出集资而非投入：为鼓励重视组织目标，要做到预算、工资、奖金等货币报酬体系与绩效挂钩。

● 从层级制度到参与和团队合作：传统的官僚制度层级太多，应将决策权从高层转换到对管理问题及过程知识拥有丰富经验的层级。决策过程中应赋予管理者一定的自由裁量权，以分散权力。

显然，上述规则都呼吁将战略规划和绩效测评作为设定组织目标、激励、评判和回馈绩效的关键方法。增加管理权力的需求也反映在呼吁给予雇员更多的灵活性、决策权去中心化、减少对正式规则的依赖上。随着雇员做出更明智的决策，并为现存的管理过程注入新鲜血液，管理权限的增加将大大改善政府绩效。

## 绩效管理发展前景：改进措施

政府如果根据绩效管理宗旨进行改革，能够产生哪些效益？绩效管理宗旨声称，实施绩效管理改革将产生诸多积极的效益，包括改进资源分配、完善民选官员的官僚问责制、加强公众问责制、提升效率[1]。本节将在表2-3中详细阐述这些内容。第3章和第5章将再次回到这些内容上，并检验它们在实际操作中取得的成效。

配置效率（*allocative efficiency*）是指"为了实现战略目标，政府基于公共项目效率的资源分配能力"[2]，其本质是通过分配资源以追求更好的决策，因此，它特别适用于预算人员和民选官员。绩效管理宗旨提出，可以通过展示目标战略规划信息的生成过程、绩效测评所得的绩效水准来提高配置效率。由于项目绩效和项目进展包含大量的信息，这就需要及时了解相关的分配决策。然而，预算人员和民选官员较少关注资金的具体流向，他们的时间和精力主要集中在根据战略目标提供分

① Aristigueta, *Managing for Results in State Government*; Poister and Streib, "Strategic Management in the Public Sector."

② Schick, *A Contemporary Approach to Public Expenditure Management*, 89.

配方案上，他们还关注战略目标的实现情况，并要求管理人员对结果负责①。

表 2-3　　　　　　　　　　　　绩效管理主张的理论性效益

| 效益 | 效益形式 |
| --- | --- |
| 配置效率 | ● 预算人员将结合绩效信息做出更好的预算决策，主要体现在资源分配中配置效率的提高。 |
| 基于公众的政府问责制 | ● 绩效信息可利用性。<br>● 公共机构绩效可及时了解性。<br>● 设定目标及绩效评估的公众可参与性。 |
| 基于官员的官僚问责制 | ● 政府官员的政策目标，转化为可直接指导机构雇员的更低层次目标。<br>● 绩效信息促使项目绩效透明化。<br>● 官僚机构控制目标，绩效信息的引入使得民选官员对绩效负责。 |
| 技术效率 | ● 绩效信息使生产力透明化，政府官员难以推卸责任，同时在实际操作过程中产生了一种自上而下的压力。<br>● 决策者掌握项目绩效与项目进程中的相关信息，这种单一循环的反馈方式体现了流程再造决策。<br>● 赋予管理者更大的权力，他们可以获得运用专业知识推动更多的流程再造与提升绩效的机会。 |

　　绩效管理宗旨声称，绩效管理能够在公共部门生成一种新的问责方式，但这些公共部门的成果都必须是可测量的结果。人们常提及的绩效管理的积极效益中就包含结果导向的问责制度，但目前对这方面的探索还很少，我们可以通过以下两种方式来考察绩效管理是如何改变问责制度的。一种是政府的外部公众问责（external accountability of the government to the public），这种方式能够改变问责，是因为当前公众可以多方面发挥政府绩效的作用，公众通过参与战略规划制定或者参与服务评估就可以实现问责。另外，绩效管理也可以为公众提供影响公共目标的机会。

　　第二种问责方式是民选官员的内部官僚问责（internal accountability of bureaucrats to elected officials）。当绩效信息缺乏时，相对于民选官员，官僚机构可以通过多种方式来利用信息上的优势为自己开脱，推卸回应性差、工作绩效不佳和预算最大化的责任。绩效信息系统使得民选官员可以具体化他们期望实现的目标，随着时间的推移，公共组织的成功与失败也会逐渐公之于众。另外，民选官员还可以提高公共服务质量，确保官僚绩效，做出最终的决策。

　　内部问责可能仅仅意味着，利用绩效信息使得民选官员提升绩效并实现监督问责。有的内部问责是指民选官员通过设定战略目标、官僚政策和活动来直接指导或者控制政策。绩效信息主要通过创建透明且受上级控制的目标设定过程，来实现内部问责。政策控制本质上是基于民选官员、任命官员和官僚之间存在自上而下的关系。对这种自上而下关系的解释是以民主化控制规范为基础的，尤其体现在公共组织的经济理论上，该理论强调政府官员对官僚的控制应集中在绩效目标而非投入上。

---

① Grizzle, "Linking Performance to Decisions."

需要继续改进以结果为导向的内部问责制度以回应政府绩效能力。结果问责制是指机构或个体管理者必须对结果负责。如果说结果问责制必须依赖于一定的权威，那么从逻辑上来看，这一权威应与其分配资源所承担的责任保持一致。

管理者的所有行为都是为了提高技术效率（*improved technical efficiency*）。只有事前设定一系列的目标，管理者才能有明确的努力方向。绩效信息将使得生产过程透明化，这使得管理人员推卸责任变得更加困难，它在操作上促成了自上而下的压力。受传统管理制度压制的管理人员，一旦拥有更多的资产和人力配置权力，就一定能够促进生产力大幅提高。如果减少对输入的控制，将精力集中在结果上，管理人员将更加灵活。一旦管理人员能够发挥专长应用专业知识做出判断，就能实现支出效率高于中央预算人员或立法人员控制下的效率。另外，大量与绩效程序和过程相关的知识也要求公开管理决策。管理者如果拥有更多的纠错权力，就会出现通过流程再造来提高生产力的做法。如果管理权限增加了，管理者就可以更加充分地利用绩效信息来提高生产力。

绩效管理宗旨呼吁去除现存的抑制因素，创造积极激励因素以提高技术效率。允许结转未使用资金以激励机构提高资源利用率[1]。一些绩效管理系统把奖励和实现特定目标绑在一起，但这种情况主要出现在契约关系之中[2]，在传统的政府官僚机制中，与绩效薪酬制相关的记录较为混杂[3]。

## 2.2 结论

本章主要阐述了与绩效管理宗旨相关的一些内容。绩效管理宗旨声称，只要公共组织遵循绩效管理规则，就能在过去的低效中重组并迈向结果驱动的美好未来。接下来的几章将具体阐述这一模式的现实性。

---

[1]　Cothran，"Entrepreneurial Budgeting."

[2]　Heinrich，"Organizational Form and Performance."

[3]　Ingraham，"Of Pigs in Pokes and Policy Diffusion"；Kellough and Lu，"The Paradox of Merit Pay in the Public Sector"；VanLandingham，Wellman，and Andrews，"Useful，But Not a Panacea."

# 第 3 章

# 州政府绩效管理改革的
# 部分推行

 

本章将回顾美国州政府层面绩效管理的实施情况①。从特定角度而言，情况较为乐观。一系列的调查表明，各州政府都致力于创建绩效管理体制。各州政府采纳了机构创建、使用绩效报告的要求，但并未赋予各机构绩效管理宗旨中所倡议的人力和预算自由裁量权。因此，这只是部分实施了绩效管理宗旨。除此之外，并未有证据表明州办公室或者立法机构在决策过程中使用了绩效信息。亚拉巴马州、弗吉尼亚州和佛蒙特州的绩效管理情况即证明了这一点。

## 3.1　绩效信息系统的产生

 

在联邦层面，自 1997 年以来，各机构根据《政府绩效与结果法案》开始制定自己的战略规划，1999 年开始制定绩效目标，2000 年开始检测绩效结果。在州层面上，20 世纪 90 年代见证了绩效报告在各州施行的情况。此期间还应用了高水准的绩效信息系统，该系统为绩效报告的处理、预算管理人员的调查提供了绩

---

① 本章中的跨州对比分析，部分源于：Moynihan, "Managing for Results in State Government".

效数据基础①。20 世纪 90 年代末，有 31 个州通过立法的形式要求各州创建绩效信息系统，同时有 16 个州存在类似的行政要求。到 2004 年，这一做法几乎覆盖了美国所有的州。本书列举了 33 个存在绩效管理法规的州（见表 3-1)和其他 17 个有行政要求的州。

表 3-1　　　　　　　　　　　州绩效管理法规

| 州名 | 法规 | 立法时间（年） |
|---|---|---|
| 亚拉巴马州 | 州法 41-19-11 | 1995 |
| 阿拉斯加州 | 州法 37.07.010 | 2002 |
| 亚利桑那州 | 州法 35-113-115.5 | 1997 |
| 阿肯色州 | 2003 年第 1463 号法令 | 2003 |
| 科罗拉多州 | 州法 2-3-207 | 2001 |
| 康涅狄格州 | CGS 第 4-7 节（b） | 1985—1986 |
| 特拉华州 | 州法 70 第 492 章第 29 条第 5 部分 60B | 1996 |
| 佛罗里达州 | 州法第 261 章 | 1996 |
| 佐治亚州 | 州法 45-121 | 1993 |
| 夏威夷州 | 州法 101 第 26 节第 8 篇 | 1970 |
| 爱达荷州 | 州法 67-19 | 1994 |
| 艾奥瓦州 | 州法第 8 章第 22 条 | 2001 |
| 肯塔基州 | HB502 第 3 部分第 35 节 | 2002 |
| 路易斯安那州 | 州法 39-87.2 | 2003 |
| 缅因州 | 州法第 151-C 章第 5 条第 17 节 10K-Q | 1999 |
| 明尼苏达州 | 州法第 16A 章第 10 条 | 2003 |
| 密西西比州 | 州法 27-103-153 到 27-103-159 | 1996 |
| 密苏里州 | 修订法案，第 33 章第 210 条 | 2003 |
| 蒙大拿州 | 州法 17-7-111 | 1999 |
| 内华达州 | 州法 353.205 | 1996 |
| 新墨西哥州 | MNSA6-3A-1 | 2001 |
| 俄克拉何马州 | 州法 74-9.11 | 1975 |
| 俄勒冈州 | 俄勒冈州法 285a.150 | 1993 |
| 罗得岛州 | 州法 35-3-24 第 16 节第 1 篇 | 1996 |
| 南卡罗来纳州 | 州法 1-1-820 | 1995 |
| 南达科他州 | 州法 4-71972 | 1985 年修正案；<br>1994 年正式颁布 §4-7-35-38；<br>1999 年废止 |
| 田纳西州 | 公共法令第 874 章 | 2002 |
| 得克萨斯州 | 美国政府州法 322.011 | 1993 |

---

① Anders，"Performance Measures as Strategic Management Tools"; Brudney, Hebert, and Wright, "Reinventing Government in the American States"; Melkers and Willoughby, "The State of the States"; Melkers and Willoughby, *Staying the Course*; Office of Program Policy Analysis and Government Accountability, *A Report on Performance-Based Program Budgeting*.

续前表

| 州名 | 法规 | 立法时间 |
|---|---|---|
| 犹他州 | 州法第 36 条和第 62A 条 | 1997 |
| 佛蒙特州 | 州法第 32 条 307c | 1993 |
| 弗吉尼亚州 | 州法 2.2-5510 和 2.2-1501，2.2-1509，2.2-1511 | 2003 |
| 威斯康星州 | 第 27 号法令 91561997 | 1997 |
| 怀俄明州 | 第 28 条法案第 28 节 115-116 | 1995 |

资料来源：Melkers and Willoughby，"Staying the Course：The User of Performance Measurement in State Government."

作为政府绩效项目的一部分，我们所收集到的证据证实了绩效管理政策被广泛执行这一事实，但同时也反映了另一个值得思考的问题。通过分析跨州绩效管理文件的内容，或者依靠政府的自我报告，而非检测绩效管理要求，就可以证实，在州文件中绩效信息确确实实地存在，同时，通过这些绩效信息可以看出，各州之间的绩效现状存在巨大差异①。表 3-2 呈现了对预算、战略规划以及绩效报告的内容进行对比分析的结果。在表 3-2 中得分较高的州，其绩效信息系统的建设也更为出色。如果以绩效信息涉及的范围，如指标/目标数量以及所描述的使命/愿景等为考察标准，则需要不断提升绩效信息的地位，将实现目标的责任与具体负责人联系起来。另外，还需要确立明确的目标和具体的实施措施，保持目标与措施之间的一致性，跨期跟踪测评绩效并与先前设定的目标进行对比，以保证不同政策文件目标之间的一致性。

表 3-2　　　　　　　　　绩效信息中心：绩效数据记录范围

| 州名 | 绩效信息覆盖范围 | 州名 | 绩效信息覆盖范围 |
|---|---|---|---|
| 亚拉巴马州 | 13.00 | 蒙大拿州 | 45.00 |
| 阿拉斯加州 | 10.00 | 内布拉斯加州 | 71.00 |
| 亚利桑那州 | 101.00 | 内华达州 | 43.00 |
| 阿肯色州 | 0.00 | 新罕布什尔州 | 0.00 |
| 加利福尼亚州 | 33.00 | 新泽西州 | 44.00 |
| 科罗拉多州 | 41.00 | 新墨西哥州 | 57.00 |
| 康涅狄格州 | 38.00 | 纽约州 | 21.00 |
| 特拉华州 | 82.00 | 北卡罗来纳 | 33.00 |
| 佛罗里达州 | 69.00 | 北达科他州 | 50.00 |
| 佐治亚州 | 68.00 | 俄亥俄州 | 48.00 |
| 夏威夷州 | 63.00 | 俄克拉何马州 | 22.00 |
| 爱达荷州 | 66.00 | 俄勒冈州 | 63.00 |
| 伊利诺伊州 | 53.00 | 宾夕法尼亚州 | 55.00 |

---

①　追踪绩效信息、人力资源管理的分权化趋势以及财政控制的方法，参见：Moynihan，"Managing for Results in State Government."相关数据来源于政府公文、政府绩效项目的调查问卷，对公文的分析采用了文本分析方法（内容分析法）对其进行了多重编码，其编码信度达到 0.83。

续前表

| 州名 | 绩效信息覆盖范围 | 州名 | 绩效信息覆盖范围 |
|---|---|---|---|
| 印第安纳州 | 36.00 | 罗得岛州 | 56.00 |
| 艾奥瓦州 | 77.00 | 南卡罗来纳州 | 44.00 |
| 堪萨斯州 | 19.00 | 南达科他州 | 24.00 |
| 肯塔基州 | 52.00 | 田纳西州 | 59.00 |
| 路易斯安那州 | 98.00 | 得克萨斯州 | 89.00 |
| 缅因州 | 69.00 | 犹他州 | 52.00 |
| 马里兰州 | 55.00 | 佛蒙特州 | 47.00 |
| 马萨诸塞州 | 14.00 | 弗吉尼亚州 | 79.00 |
| 密歇根州 | 27.00 | 华盛顿州 | 61.00 |
| 明尼苏达州 | 72.00 | 西弗吉尼亚州 | 21.00 |
| 密西西比州 | 20.00 | 威斯康星州 | 16.00 |
| 密苏里州 | 81.00 | 怀俄明州 | 47.00 |
| 州平均分数 | 48.08 | | |

资料来源：Moynihan，"Managing for Results in State Government：Evaluating a Decade of Reform."

虽然各州都声称在地方上拥有一定形式的绩效管理系统，比如大部分州都要求下属机构制定战略规划或者绩效报告，但各州生成的绩效信息之间的有效性和质量却相差较大。即使存在这些问题，各州也都愿意接受绩效管理宗旨最基本的建议——建立绩效信息系统，这从事实上表明，绩效管理宗旨至少在这一部分上是成功的。然而，各州似乎都不太愿意接受这一宗旨的第二条建议，比如像增进管理灵活性这种议题。

## 3.2　管理灵活性：财政控制

许多州声称，已经下放了对财政工具的管理权限，然而，不管是中央机构还是立法机构，都依然在操控着财政工具，它们并未在机构或操作层面上实施任何真正的权力下放举措。财政控制的集中化水平制约着整个改革的变化过程——采购、承包和资源利用。我们在2001年政府绩效项目对州财政管理人员进行调查的基础之上，对所有变化进行了总结。同时还讨论了一种鼓励操作效率的做法——结转跨年度结余资金的发展前景。

在采购和承包阶段，虽然各机构可操控的资金总量各异（见表3-3），但这些总量都相对较低，采购的平均资金量是18 300美元，承包的资金量是24 567美元。虽然资金水平较低，但也需要有一个正式的招标过程。然而，如果中央不授权，各机构几乎没有自主裁量权。即使各机构会参与招标的全过程，但通常都是由州长或执行预算办公室最终拍板。在规范化的采购招标过程中，只有7个州拥有完全的自由裁量权，而在承包招标过程中，只有4个州拥有完全的自由裁量权。

| 表 3-3 | 50 个州的采购/承包过程中机构自由裁量权水平 |
|---|---|
| 非正规承包过程中机构自由裁量权 | Yes＝80％ |
| 正规承包前资金需求限制 | ＄24 567.69（平均） |
| 正规承包过程中机构自由裁量权 | Yes＝8％ |
| 非正规招标过程中机构自由裁量权 | Yes＝90％ |
| 正规招标前资金需求限制 | ＄18 300（平均） |
| 正规招标过程中机构自由裁量权 | Yes＝14％ |
| 采购过程的外部监督 | Yes＝96％ |

资料来源：Moynihan, "Managing for Results in State Government：Evaluating a Decade of Reform."

在资源分配过程中也存在着相似的自由裁量权模式。在项目、对象分类以及项目间的资金转移上做的所有努力都受制于州长办公室、财政部门或立法机构的事前审批。美国有 7 个州对机构在各项目之间流转资金的自由裁量权进行了一定的限制，仅有 1 个州赋予机构完全的自由裁量权。资源类别越小则控制越分散。有 13 个州限制了机构在对象分类中转换资金的自由裁量权，另外 13 个州对这一自由裁量权并未设任何限制。有 11 个州限制了机构在选项之间转换资金的自由裁量权，另外 19 个州对这一自由裁量权不设任何限制。在有些案例中，有些机构应用了这一自由裁量权，还有一些机构在资源分配方面使用了相应的自由裁量权，以便影响工资或薪金，从而保证改革过程中部门操作经费的最大化，并实现对人力资源的控制。财务控制最终都要求各机构返还未使用的拨款而非允许其结转结余资金，这在一定程度上抑制了资源支出方面潜在的激励因素。虽然有 12 个州允许一定程度上的结余资金结转，但却必须进行一些事前审批，只有 2 个州在结余资金结转上授予了机构不受限制的自由裁量权。

## 3.3　人力资源管理控制

从州政府人力资源发展趋势来看，人力资源管理的去中心化趋势在不断增强，在人员分类方面尤为显著[1]。然而，去中心化是相对的，主要反映在州层面的人力资源办公室与机构层面的人力资源办公室在人员控制方面的互相转换[2]。全国范围的中央机构，通常根据公务员制度的立法来明确界定管理人员活动的范围。政府绩效项目调查数据发现，在建立绩效预期方面，管理人员拥有高度自治权，他们主要负责绩效评估工作。然而，他们必须遵从集中化的绩效评估工具和评分系统，几乎无法决定绩效补偿机制。同样，在州层面上，细化雇员地位和职责的分类系统在很大程度上也具有集中化倾向，超出了管理人员的控制范围。在招聘方面，管理人员通常负责审批职位更新，面试求职者，并做出任命建议。然而，综合性机构以及州

---

[1]　Selden, Ingraham, and Jacobson, "Human Resources Practices in State Government."

[2]　Moynihan, "Managing for Results in State Government."

范围内的人力资源机构却需要建立求职者群，并对其进行筛选、排序和选择。表3-4详细阐述了这些内容，呈现了人力资源自由裁量权的平均分数，其中6代表拥有完全的管理控制，1代表完全被州内的中心机构人员控制[1]。

表 3-4　　　　　　　　　　　　人力资源功能的管控度

| 人力资源功能 | 平均 |
|---|---|
| 推荐任命 | 5.40 |
| 创建绩效预期 | 5.34 |
| 任命审批 | 5.26 |
| 管理绩效评估 | 4.86 |
| 晋升决定 | 4.80 |
| 面试 | 4.76 |
| 职位填补审批 | 3.76 |
| 评估等级/评分制度抉择 | 2.77 |
| 筛选候选人 | 2.59 |
| 分类候选人 | 2.55 |
| 改进绩效评估工具 | 2.18 |
| 构建候选人清单 | 2.12 |
| 改进测试 | 2.04 |
| 管理测试 | 2.04 |
| 测试评分 | 2.02 |
| 补偿机制决策 | 2.00 |
| 创新分类 | 1.24 |
| 分类实施 | 1.94 |

注：1~6表示管理权威度，6代表拥有完全的管理控制，1代表完全被州内的中心机构人员控制。
资料来源：Moynihan, "Managing for Results in State Government: Evaluating a Decade of Reform."

　　一系列调查证实了州范围内的绩效管理系统确实存在一些问题。梅尔克斯（Melkers）和威洛比（Willoughby）在调查了行政和立法预算后发出警告——绩效管理的实施是一个循序渐进的过程，这部分是因为各个操作者对绩效管理应用与成功的期待是各不相同的[2]。布鲁德尼（Brudney）、赫伯特（Hebert）和赖特（Wright）对高级管理者做了调查后发现，20世纪90年代所进行的改革几乎都与创建绩效信息系统有关，而削减对人力资源和财政管理控制的改革则极少被触及[3]。布鲁德尼、赫伯特和赖特在之后的调查工作中证实了他们早期的预测，他们通过因子分析发现，20世纪90年代的政府改革可以归纳为"管理权威"与"管理结果"两种。在改革实施方面，"管理权威"类改革落后于"管理结果"类改革[4]。

[1]　关于这些详细的测评参见：Moynihan, "Managing for Results in State Government."
[2]　Melkers and Willoughby, "Budgeters' Views of State Performance-Budgeting Systems."
[3]　Brudney, Hebert, and Wright, "Reinventing Government in the American States."
[4]　Burke et al., "No 'One Best Way' to Manage Change."

或许最具说服力的是来自安德斯（Anders）的调查结果。安德斯在 1996 年对相关行政人员和中央预算工作人员进行了调查，2004 年又进行了一次调查，调查结果显示，大部分公共管理人员将建立绩效信息系统视为一种增加行政预算而非增加自由裁量权的改革模式。绩效信息系统的负面信息随着时间的推进而不断累积。在这两个调查期内，人们普遍认为绩效信息系统使得必须遵守的规章制度大量增加（1996 年上涨了 72％，2004 年上涨了 73％），需要按规则使用的各种资源也大量增加（1996 年上涨了 61％，2004 年上涨了 68％）。1996 年，有 66％的受访者对绩效信息系统的引进可以减少预算执行规则这一说法持否定看法，到 2004 年这一比例增加到了 79％。2004 年，只有 14％的受访者认为新的绩效信息系统可以促进依法而为的预算自由裁量权，1996 年这一比例上升为 26％[1]。

管理者拥有各种不同类型的自由裁量权，但就人力资源和财政而言，自由裁量权只有一种。事实上，尽管未增加丝毫管理权威，第 5 章仍然呈现出了管理人员对绩效管理改革的运用能力。因此，改革的关键不在于管理者有没有运用绩效信息的权力，而在于美国各州对绩效数据的重视程度并未随着管理权威的增加而增加，这一点违背了绩效管理宗旨的前提假设。

## 绩效管理目标的部分推行

虽然各州都欣然接受并积极创建绩效信息系统，但却并不乐意增加管理权限，这一现实说明了各州只实现了绩效管理目标的一部分。与人力资源相关的权力仍主要保留在州和机构层面，改革并未显著增加操作执行类管理人员的管理权限。资料显示，关键性控制权限的下放更多地体现在将权限转向机构层面的技术专家，而非管理人员自身[2]。简而言之，管理权限并未增加，这一点既不符合绩效管理目标的要求，也未与绩效系统保持一致。

此外，近年来出现了很多聚焦绩效信息系统的活动。政府绩效项目调查也发现，州政府高度重视被其视为新一波改革浪潮的绩效管理，而在 20 世纪 90 年代以前，只有极个别州对绩效管理感兴趣[3]，到了 20 世纪 90 年代，各州政府又显示出对绩效信息系统的兴趣[4]。表 3-2 显示，在创建更广范围的绩效信息方面，州与州之间的差距是非常明显的。

如果各州都追求完整的绩效管理目标，那么我们将会看到表 3-2 中所反映的，重视结果程度与增加管理权限之间的相关性。我们发现，各州对绩效信息的重视度与增加人力资源权限措施之间存在着积极但不显著的相关性，相关性为 0.073（根

---

[1]　Anders, "Performance Measures as Strategic Management Tools."

[2]　Selden et al., "Human Resources Practices in State Governments."

[3]　表 3-1 列举了自 20 世纪 90 年代到 21 世纪这十年间，33 个州立法的变化，进一步证明了该观点。

[4]　Brudney et al., "Reinventing Government in the American States"; Snell and Grooters, *Governing-for-Results: Legislation in the States*; Seong, "Adoption of Innovation."

据表 3-4 中数据概括)①。财政管理权限与绩效信息重视度之间的相关性更强，但仍然低于绩效管理目标的要求。包括"项目再分配权"和"资金结余权"的财政权限的加权测评与结果重视度的相关性为 0.265，在 5％的双尾检验中并不显著②。单独测评财政权威则呈现出一幅复杂的图景。分类对象和项目上的有限自由裁量权与绩效信息测评重视度之间存在着显著的或近乎显著的正相关性。然而，在更具实质性的权力中，对再分配的自由裁量权与对绩效信息重视之间并不存在什么关系。另外，结转资金与重视绩效信息之间也仅仅存在着很弱的正相关性。这表明，创建大范围绩效信息的各州更可能在小范围内增加财政自由裁量权，而不是大范围地增加财政或人事权限。在财政权限上，即使应用适中的指标也言过其实，因为低水平的人事权限严重限制了财政上的自由裁量权。资源运用上最突出的限制在于，任何改变都不能影响原有的人事安排，因为公共组织将其预算的大部分都投入到人事方面。即使管理人员获得了新的财政权限，这一限制的存在也意味着他们只能在操作预算边缘重新定位。

这个结论并不太支持绩效管理在分阶段推进的说法，也不太支持管理权限只是简单地落后于绩效信息系统这一观点。重视结果的州并没有同步重视权力改革，也未意识到绩效管理中这两个方面之间的紧密联系。随着绩效管理操作方法弊端的不断显现，将来人们也许会意识到它们之间的密切关系，但当前的改革蓝图尚未涉及。

迄今为止，收集到的各类证据主要集中在州层面，那联邦一级的情况又是怎样的呢？尽管联邦层面的证据并不那么清晰，但它还是反映了一种与州层面相似的模式。后面几章将详细探讨联邦政府实施的持续性绩效管理改革，它始于《政府绩效与结果法案》，继而进入项目分级评估工具阶段，最近又进入了《GPRA 现代化法案》(2010) 阶段。在改革中，政府范围中并未大幅改革联邦人事法规，尽管克林顿政府和乔治·布什政府在这方面做了不少努力。为改革人事规则，克林顿总统和阿尔·戈尔副总统的努力，都遭到了公共部门工会和共和党立法机构的反对③。白宫虽然试图寻找替代性的方法来增加改革的灵活性，但由于缺少法律依据，这一努力收效甚微。唯一例外的是采购领域，立法机构的变化对它产生了一定的影响。但总体而言，正如鲁宾（Rubin）和凯利（Kelly）所指出的："整个 20 世纪 90 年代，美国都在不断地尝试，但大部分均以失败告终，同时，将引进一个对投入管控较少的输出管理机制，以便推行绩效信息合同管理制度。"④ 在奥巴马政府当政时期，白宫对过去失败的人事改革并未表现出太大的兴趣，实际上，这一改革还可能引起

---

① 佐治亚州并没有给出人力资源数据如何获得的答复。佐治亚州对人力资源制度实施了大幅度的分权化改革，并逐渐消除公务员制度。可以这样说，在这方面，佐治亚州与得克萨斯州最为相似。如果我们给予佐治亚州同得克萨斯州一样的分数（4.83），佐治亚州的相关性便会上升到 0.148，而非先前的 0.073。

② 财政管理权限四个测评维度（项目再分配权、目标分类权、项目划分权以及资金结余权）的简单平均数与对结果的重视度之间的相关性为 0.308，在 5％的双尾检验中显著相关。然而，使用四个测评维度的简单平均数进行计算会形成误判，因为它似乎证明这四个测评维度的重要性是完全等同的，例如在项目之间调整资源分配的能力与在项目之间调整资源分配的权力是等同的，但这四个测评维度的重要性却存在差异。

③ Moynihan, "Public Management Policy Change in the United States 1993—2001."

④ Rubin and Kelly, "Budget and Accounting Reforms," 576.

总统的忠实支持者与公共部门工会之间的矛盾冲突。

布什政府也曾提出要扩大管理自由裁量权，然而直到"9·11"事件之后才允许在国土安全局和国防部推行这一改革①。与此同时，出现了更多渐进式的人事改革模式，一些具体的机构被纳入改革议程，一些传统上"标准化"的人事系统也或多或少纳入了新的改革因素。然而，这一拼凑而成的人事模型，到目前为止并未演化出任何与表 2-2 中绩效管理理想模型类似的理想形式，也未达到新公共管理所倡导的基准要求。事实上，联邦管理人员中的焦点小组与安德斯一样表达了他们的担忧：即使赋予了更为明确的绩效预期，较之以往，他们并未拥有更大的自由裁量权②。联邦管理人员的调查也得出了类似的结论：57％的非高级行政人员服务管理者与 61％的高级行政人员服务管理者都认为，虽然他们要对结果负责，但仅有少量的管理者（分别为 38％和 40％）认为自身拥有与对结果负责相对应的决策权③。

## 3.4　结果聚焦与权威限制：对公共管理的影响

绩效管理宗旨确实对美国造成了一定的影响，并形成了一个新的政治体制。这一发现颇具深意，但更有趣的是，这一结果并不是绩效管理所呼吁以及新公共管理所倡导的绩效管理的理想化模式。恰恰相反，虽然美国州政府的政治体制转化为高度重视结果模式，但它依然限制管理权限，表 2-2 中栏目 4 详细阐述了这一现象。

作为新的政治体制，这一限制性绩效系统会带来什么影响呢？绩效管理的理想化模式描绘了其提高效率并产生以结果为导向的问责制所具备的潜力，但同时，绩效管理也强调通过过程改进而取得的高效率将受到有限管理权限的制约。另外，如果管理人员缺乏对全部过程和支出的控制，结果导向的问责制也将无法落实。绩效管理是否会在管理层面产生积极的影响，主要取决于机构领导者和管理人员是否愿意在既有局限内探寻最大化绩效管理的方法。

因此，归根结底，管理人员提高绩效、实行结果问责制，主要受制于强调服从和错误规避的财政与人事控制制度。由于州政府最基本的管控方式是设法控制管理行为，因此绩效信息的存在并不能取代既存的系统。公共管理者实现高水平产出结果的能力虽然受到诸多超越政府控制因素的影响，但政府内部的管理控制依然能够改善保守组织的产出能力。这种控制有着诸多合理的因素，如廉洁需要、避免滥用公共权力的需要等。然而，州政府却一心追求以结果为导向，希望能够提升效率并实施结果问责制，尽管可能只有一部分改革措施有助于实现这种目标，甚至还保留了原有的控制系统，但总体而言，这依然是一种进步。

绩效信息系统必须确保政策制定者能够有效利用绩效数据。但绩效信息的可用

---

① Moynihan，"Protection versus Flexibility."

② Anders，"Performance Measures as Strategic Management Tools"；Dull，*The Politics of Results*.

③ U. S. General Accounting Office，*Observations on the Use of OMB's Program Assessment Rating Tool*，23；Frederickson and Frederickson，*Measuring the Performance of the Hollow State*.

性并不能提升或激励政策制定者运用绩效信息的能力，绩效信息也几乎无法解释具体决策是如何形成的。提供绩效信息是必要的，但并不是确保它实际效用的充分条件。归根结底，绩效管理是否具有说服力的标准不是绩效信息是否存在，而是在日常项目管理以及高级别资源分配决策中，政府是否将这些绩效信息运用到不同的决策场域之中。通过将绩效数据与决策相结合，政府就能从简单地测评结果转向管理结果。

很难判定决策过程中是否以及在何种程度上使用了绩效信息，政府的绩效报告夸大了自身使用绩效信息的程度，而我们获得的外部案例却显示，政府并没有那么重视绩效信息。在回应诸如政府绩效项目或美国政府问责署①以及政府会计准则委员会（The Governmental Accounting Standards Board）的调查时，州政府人员总能就绩效信息如何影响具体决策举出具体的例子，但却无法呈现绩效信息是如何进行系统化应用的实例。与此同时，立法者也抱怨绩效信息超载、数据质量低下等问题，以此来表达他们对所获绩效信息的不信任②。

本书利用各种证据试图确定各个政府是否运用了绩效信息，运用效果是否与第2章中列出的宗旨保持一致，是否真的将信息运用到了资源分配、问责和技术效率领域。接下来的章节将检测绩效管理是否实现了这些主张，同时设法解释是什么因素导致了这些结果，第4章将探讨政治监督和政策监控运用绩效管理改革效益的前景，第5章将阐述问责制，第6章将呈现资源分配方面的案例证据，第5章和第9章都将详细地检验绩效信息在管理上的具体应用。本章剩余的部分将介绍三个案例，预测案例结果是如何影响亚拉巴马州、弗吉尼亚州和佛蒙特州中绩效管理宗旨实现的。

## 亚拉巴马州的绩效管理

亚拉巴马州的绩效管理尽管取得了一定的进步，但缺乏辉煌的历史。在1999年州政府实施的绩效管理评估中，政府绩效项目将亚拉巴马州定位为F级，几乎未发现任何与战略规划或绩效报告相关的证据。绩效管理由以前任职的政府引进，但随着政府的不断更替而逐渐淡出。除了一则绩效管理要求之外，前任政府改革唯一存在的影响就是雇员对它的冷嘲热讽。相关法律规定，在两年制的预算周期交接时需提交绩效报告：州长需要提交全州的战略规划，各机构需要制定目标，确立对象，编制执行计划并展开绩效测评。州长福尔瑟姆（Folsom）（1993—1995年）批准了这些要求，然而在连任选举失败后，这些要求在很大程度上就被忽略了，最多也只是形式上还存在。此后的几任州长都没有创建战略规划，有些机构只汇报了很小一部分的绩效测评结果，有的甚至完全未予汇报。例如，在汇报绩效信息时，大

---

① U. S. Government Accountability Office，*Performance Budgeting*：*States' Experiences Can Inform Federal Efforts*.

② Joyce and Tompkins，"Using Performance Information for Budgeting."

家都认为这一信息对资源分配或管理毫无影响，近期也没有为此而展开的改革。绩效测评也不再纳入 1999 年的预算条款。一位预算办公人员表示，未来将在预算条款中取消绩效测评这一项，因为"打印绩效测评这一项需要很多纸张，而它并不值得"。

州长西格尔曼（Siegelman）（1999—2003 年）试图在亚拉巴马州重燃绩效管理。这位州长创建了一个全州范围内的战略规划，他的目标是：实现亚拉巴马州的结果问责制，他计划在 1999—2000 预算年度内，由州财政部门的官员以及政策工作人员共同完成这一任务。他的"目标"以及随后出台的机构计划都严格执行，亚拉巴马州还聘请了一位技术顾问来推行平衡计分卡方法。西格尔曼的"目标"明确提出了在第 2 章中所提到的绩效管理宗旨宣称的内容：完善问责制、提高效率、调整个体行为以与整个州的期望和战略保持一致、清晰阐述并传达战略目标、目标与资源分配相结合等①。在改革"目标"推进之后，西格尔曼选择了 5 个试点机构（其中包括亚拉巴马州惩教署）来实施绩效管理。

全州范围战略规划的创建，被视为构建所谓战略规划与绩效测评系统的第一步，绩效测评系统主要是使"个体行为与整个州的期望和战略保持一致性"②。维持州目标与个体行为一致性的联结机制归属于机构一级的创建计划。这就反映出了选择目标时的逻辑顺序，即先由政府一级做出选择，然后再具体化。根据改革"目标"，战略规划和绩效测评系统需按下列步骤操作：

- 创建亚拉巴马州使命宣言；
- 决定战略问题领域、"聚焦重点领域"；
- 决定战略目标并向机构层面提供相应的自由裁量权；
- 建立亚拉巴马州可能实现的长期目标；
- 明确与战略目标保持一致的绩效测评方法以便确定完成进度，优化资源配置并创建必要的问责制；
- 建立机构目标实现行动计划；
- 预先设定目标结果，并在各个阶段进行积极反馈以利于对系统进行调整。

虽然这次研究主要集中于西格尔曼改革，但在 2002 年西格尔曼连任落选之后，亚拉巴马州仍继续探索新的绩效管理模式，这一点是不容忽视的。西格尔曼的继承者，州长鲍勃·赖利（Bob Riley）放弃了西格尔曼的"目标"，开始了另一种绩效预算尝试，它就是 SMART，分别是五个词的缩写：具体的（specific，S）、可量化的（measurable，M）、可达到的（accountable，A）、可靠的（responsible，R）和透明的（transparent，T）。

## 弗吉尼亚州的绩效管理

弗吉尼亚州无疑是美国各州政府里最重要的绩效管理拥护者，自 20 世纪 70 年

---

① Siegelman，*Achieve*，3，5。
② 同①5。

代以来，它就在以各种不同的方式追求以结果为导向的政府管理。州的中央机构拥有经验丰富的绩效管理专家。就绩效管理努力的结果而言，弗吉尼亚州是唯一一个连续三次在政府绩效项目调查中获得 A 级的州政府。美国政府问责署、国家绩效评估委员会以及其他机构都把弗吉尼亚州视为可供联邦政府学习的榜样。

2000 年，弗吉尼亚州在州众议院第 1065 条法案中授予绩效管理相应的法律地位，与亚拉巴马州和佛蒙特州不同的是，弗吉尼亚州将既存的绩效报告条例编撰成法，而不是试图制定全新的政策法律。众议院第 1065 条法案并未描述机构绩效报告的具体内容，但却授予了规划与预算部自行决定在预算报告里汇报何种绩效信息的自由裁量权。自 1995 年以来，规划与预算部非常满意弗吉尼亚州对其角色的定位，并在不同的时期要求它们分析问题、审查环境、讨论顾客服务需求，努力做到把绩效目标与预算需求以及活动开销相结合。在众议院第 1065 条法案之后，2003 年，弗吉尼亚州颁布了更多综合性法律条文。作为弗吉尼亚州的《政府绩效与结果法案》，州众议院第 2097 条法案进一步规划了每个机构制定战略计划的流程，其中包括三年一度的目标与方案。为了给机构设置目标和操作方案提供指导规则，州长吉尔摩（Gilmore）（1998—2002 年）制定了一个全州性的战略规划，后来，继任州长沃纳（Warner）（2002—2006 年）制定了"弗吉尼亚未来路线图"。

弗吉尼亚州创建出了一种绩效管理系统，这一系统主张将战略规划、绩效测评、绩效评估以及绩效预算紧密联系在一起。预算分析人员不仅会评估资源分配方面的绩效信息，同时也会评估决策管理和项目改进方面的绩效信息。弗吉尼亚州可供公众利用的绩效信息随处可见，在预算以及州长编撰的全州规划、年度州绩效报告、机构战略计划、弗吉尼亚州惩教案例、附属机构战略计划中都有着广泛的绩效信息。规划与预算部为绩效信息研发出一个中心数据库网站，该数据库网站的信息都会受到一个或三个以上负责监管绩效管理的州中央机构的评估和审查。

## 佛蒙特州的绩效管理

虽然佛蒙特州的绩效管理系统不如弗吉尼亚州的全面，但比亚拉巴马州的要丰富得多。在州内，1994 年的立法者对拨款过程进行调整，要求政府机构提交相应的预算计划，要求在预算中澄清使命和目标、描述产出与结果的测评指标、定义项目所服务的人群、满足机构或项目需求的战略规划等。

与我们调查的其他州不同的是，佛蒙特州并没有全州范围的战略规划。前州长霍华德·迪安（Howard Dean）（1991—2003 年）并非规范化全州性计划的强烈拥护者，他更偏爱于通过政策工作人员和州内阁会议来促进政策目标的实现，这一点与其后来的继承者吉姆·道格拉斯（Jim Douglas）不太一样。绩效信息产生主要源于 5 个首要机构及其下属部门的法定报告要求，这实际上也是预算的一部分。即使立法机构并未系统地运用资源分配中的绩效信息，但财务管理部的员工却都十分清楚决策的政治本质。哪怕是部门层面的预算决策，预算人员都会在立法部以及财务管理部门的基础上进行资源分配。然而，财务管理部门似乎只是机械地追求绩效管理，它追求绩效管理是"因为有意义"，是因为尽可能贴近现实地鼓励绩效管理落实是财务管理部门的责任。

财务管理部也强调了在管理决策中运用绩效信息的必要性，绩效信息可以发展成为机构决策文化的一部分。然而，促进机构层面运用绩效信息的努力却受到了一定限制。使绩效信息在部门文化和管理决策中生根发芽的主要办法，即在法律上依然要求预算内容中必须包含绩效信息使用的具体情况。这一点其实并不奇怪，正如一个财务管理部的工作人员所言，"不要把这看作一种工具，而应将其视为预算过程中绩效信息一年一次的表现机会"。

## 宗旨期望与现实相结合

第 2 章将绩效管理预期界定为一些具体的主张，包括资源分配、问责、绩效提升等。这一部分将详细介绍绩效管理改革是否达到了这些目标，总结见表 3-5。

表 3-5　　　　　　　　　绩效管理预期效益与案例结果对比

| 效益 | 描述 |
| --- | --- |
| 资源分配 | 绩效信息具有可利用性，偶尔在州预算过程中也会涉及绩效信息，但并未通过系统化的方式对其加以运用。 |
| 外部问责 | 各州均可运用绩效信息；<br>佛蒙特州，尤其是弗吉尼亚州绩效信息的涉及范围、质量以及数据可得性甚佳；<br>除佛蒙特州惩教署外，公众运用绩效信息的证据不多，除一些公众人士能够参与绩效目标设定外，其他部门涉及不多。 |
| 内部问责 | 绩效信息的可利用性有利于为政府官员提供更多的监督和控制机会，但能证实政府官员运用绩效信息达到此控制度的证据较少。<br>管理系统或行为与目标问责制保持一致的证据较少。 |
| 绩效提升 | 机构成员运用绩效信息来提升操作性的证据有限，而即使运用也不是系统性运用。 |

在资源分配方面，研究结果表明，运用绩效数据，尤其是立法者对该数据的运用是不确定的。在我们能研究的各州中，政府官员只是从个别方面来探讨绩效信息，他们一般先指定一个领域，然后狭隘地在此领域内使用绩效信息，这并不是中立性地使用绩效信息，这一案例的发现也得到了其他研究者的支持。例如，乔伊斯和汤普金斯发现，行政机构运用绩效信息的证据有限，立法人员甚至对其视而不见[1]。梅尔克斯和威洛比发现，绩效管理执行进程推进缓慢，绩效信息对预算决策的影响并不大。他们指出："虽然政府不断强调高度重视预算与绩效测评的结合，但却不太知道如何在预算平衡中运用绩效测评。"[2] 事实上，正如州预算人员所提

---

① Joyce and Tompkins，"Using Performance Information for Budgeting."

② Melkers and Willoughby，*Staying the Course*，17.

到的，运用绩效测评最大的问题在于高层管理人员和官员对绩效测评缺乏系统性应用，同时绩效测评在预算过程中并没有多大优先权[①]。美国政府问责署发现，即使在绩效很出色的州，也只是告知绩效信息，并未运用绩效信息来决定预算分配[②]。安德斯发现，在 2004 年的调查中，22％的管理人员和中央预算人员认为绩效信息对政治决策者具有一定的影响，而在 1996 年时，这一比例还能达到 25％[③]。其他绩效管理的案例研究也并未发现太多州管理人员运用绩效信息的证据[④]。

各机构层面绩效改善的结果与此不相上下。三个惩教署都设有与绩效目标相符的战略目标，也会定期汇报实际绩效情况。然而，几乎没有证据表明，在改进组织流程时，它们是否真的系统地使用了绩效信息。在第 9 章中将会提到，管理人员确实使用了一些绩效信息，但并无证据表明管理人员是为了提升绩效才改变组织流程的。

就外部问责而言，虽然绩效信息十分详细，但并不能确定它们是否满足了公众的真实需求，公众是否掌握了使用这些绩效信息的方法。此外，也许更高级的外部问责制能使公众参与到目标设定之中，但各州目前并未达到这一层次。

就内部问责而言，绩效信息可以提高民选官员运用绩效信息监督、控制政策的能力。然而，大部分官员都不愿意在实际工作中运用绩效管理去实现这些目的（这是个例外，在后面的章节中，我们将运用布什政府的情况来阐述）。这种局面部分是因为他们并不愿意运用绩效信息来达到任何目的，同时绩效信息也并不总是能提高有效监督的能力。对民选官员而言，设定目标的过程，为他们提供了一个明确控制政策的机会，他们可以要求各机构确保其战略计划与所设定的目标保持一致。中央机构通常都会对这些计划进行审查，但直接干预这些计划并不符合法律规定。对州长而言，只需存在几个关键的目标，机构计划需要尽可能地反映这些目标。在任何情况下，机构政策目标的存在都有助于州长众多目标的实现。

绩效管理宗旨也表明了结果问责制存在的可能性，即政府官僚机构直接对绩效负责。宗旨主张提出，官僚管理人员应设定明确的目标，并提供相应的资源；还应存在一定的财政激励，使他们认为有责任去实现这些目标。充满动力的官僚机构会提出更有效的方法来实现这些目标，显然，美国并未实施这种问责制。机构高级管理人员尤其需要实现绩效目标，但不要期望他们会仔细审查之前的绩效，也别期望他们会审核任何对其任期或财政有影响的绩效。这是因为战略目标并不是合同式的期望，绩效结果也并不会带来任何效益或惩罚。事实上，很难想象绩效将如何在美国体制内发挥作用，在这一体制内战略目标优于法定的资源配置，预算决策一旦确定将无法进行更改。

---

① Melkers and Willoughby, *Staying the Course*, 26.

② U. S. GAO, *Performance Budgeting*: *States' Experiences Can Inform Federal Efforts*.

③ Anders, "Performance Measures as Strategic Management Tools."

④ Aristigueta, *Managing for Results in State Government*; Franklin, "An Examination of Bureaucratic Reactions to Institutional Controls."

# 3.5　结论

绩效管理应用的相关证据，显示出了许多不同的见解。虽然绩效信息系统的质量与所涉及的范围差异巨大，但各州都创建了绩效信息系统。各州一直以来都在采纳向管理者授予更多权限这一建议上表现欠佳，这反映出各州对绩效管理宗旨只是部分实施。上述三个案例充分反映了绩效信息运用过程中存在的基本问题，即绩效信息并未得到广泛应用，因此，绩效管理预测的效益未能全部实现。后面的章节将会详细阐述这一点，同时，也会提到绩效信息在使用过程中产生的其他积极作用，虽然大部分的积极作用并非绩效管理宗旨所预期的。

州政府还未开始诊断、回应目前绩效管理中存在的问题及不足。2005 年政府绩效项目调查发现，绩效管理能够转化为标准程序的证据正在不断增多。另外，绩效管理要求改变绩效信息使用人员行为的期望仍然居于弱势地位。更多州以一种前所未有的状态创建绩效信息，但这些努力并非建立在原有绩效管理的基础上。相反，连任的州长正不断地推崇结果导向这种新政府模式。例如，2005 年的政府绩效项目发现，鲍勃·赖利州长在亚拉巴马州努力推行绩效预算，是难能可贵的行为。但这已经是十年里实行的第三次绩效预算改革了。州长西格尔曼和福尔瑟姆之前就曾大肆宣扬自己的政府在绩效预算上努力甚多，但这似乎从未影响到机构的决策。

怀疑论者指出，由于改革的各种片面做法，绩效管理注定会步入我们所熟悉的失败怪圈。为了创建绩效信息系统，我们投入了大量的时间和精力，然而机构官员最终却并未使用这一系统，他们甚至认为随着时间的流逝，这一系统将会逐渐消逝。另外，当新一任州长将其抱负寄托在政府改革之上时，原有的绩效信息系统会被遗弃，只有这样才能证明现任政府官员的观点是正确的。在重复失败过程中，亚拉巴马州也许是一个例外，但是大多数州处于相同的境地：创建或者改善绩效信息系统，构建以结果为导向的政府，关键时候可以举出几个绩效信息发挥作用的例子，然后就销声匿迹了。对大部分州而言，绩效管理前景一片光明，几年之内就能够获得较大效益。但是，就州政府的绩效管理系统而言，就算进步比预期来得慢一些，这也是合乎情理的。

# 第 4 章

# 部分推行绩效管理改革的
# 因由际会

上一章存在两个令人困惑之处：其一，为什么政府官员要积极倡导并创建其几乎不会使用的绩效信息？其二，绩效管理改革为什么要按各州已有的方式进行？绩效管理宗旨呼吁重视结果，同时应授予管理人员更大的财政和人事管理权限，这一点是否做到？第 3 章阐述了聚焦结果的飞速发展，聚焦结果占据了一半的改革进程——战略规划、绩效测评、顾客服务质量评估，但却忽略了管理上的灵活性。为什么只实施绩效管理宗旨的一部分呢？

回到前面提到的亚拉巴马州、弗吉尼亚州和佛蒙特州政府的绩效管理改革案例，通过对它们制定的政策和官僚政治改革的历史文献进行探索，我们获得了一种解释①。这三个州立法机构、州政府机构的指导宗旨都要求各机构创建绩效信息，但是并未相应地增加它们的管理权限。正如上一章中所提到的，各州政府的典型做法都是部分地实施绩效管理这一模式。

## 4.1   推行绩效管理的因由际会

为什么这三个州可以映照出其他各州创建绩效信息系统的情况？在讨论政策实施的第一阶段，我将用制定政策的文学概念来

---

①   本章及第 5 章中的部分内容，均源于：Moynihan，"Why and How do State Governments Adopt and Implement 'Managing for Results' Reforms?"

做进一步的解释①。该概念指出了政策流中改革观点的可塑性、问题与解决方案之间的艺术性过程。三个州都存在政府绩效不佳这一事实，而绩效管理改革为其描绘了解决办法。不管是在新公共管理内容中提到的还是在政府再造中提到的绩效管理宗旨，都为政府官员提供了潜在的改革思路②。

绩效管理实施理论可总结如下：

> 实施规范化的绩效管理改革是州政府机构在定义改革时的职能，也是政府官员选择改革的动机。政府官员实施改革考虑的主要因素是改革的成本和效益。政府官员并未追求绩效管理的工具性效益，这表明吸引他们的主要是绩效管理的象征性效益。

这一理论——政府办事低效和财政赤字这一事实，促使政府改进绩效、剔除那些低效率的项目——不符合绩效管理宗旨的追求。实证研究表明，这一观点的反面才是正确的，即绩效预算或战略规划要求，在财政充足而不是财政拮据时才更可能被通过，那些拥有丰富资源的机构更有可能成为改革的践行者③。然而，人们却普遍认为，在确定合适的管理政策、管理理念时，政府低效率这一事实才应该是考虑的重点，应激励政府官员采纳这些科学的理念。

## 定义政策理念时州政府机构的角色定位

政策实施文献中的一个关键概念就是政策子系统。预算部门与州政府管理机构要在公共管理子系统中扮演重要角色，就需要授予其相应的权力并赋予其专业知识。实施绩效管理的普遍模式是：政府官员依赖州政府机构设计并监督改革；同时，在那些预算办公室拥有较大权力的州，预算办公室也能够推动绩效管理的实施④。在这种情况下，州政府机构官员在选择或塑造符合自身偏好的政策理念时就处于优势地位。对每一个州而言，绩效管理主要的发起者都是州政府机构，一般由财政部门推动，有时候由管辖范围内较小州的人力资源办公室或立法审计人员发起。这些人员共同构成了公共管理改革的主要源头，形成了政府内部的专业人才群体，那些专业能力缺乏的州（如亚拉巴马州）则常常依赖于政治顾问。

---

① Kingdon, *Agenda, Alternatives and Public Policies*; Baumgartner and Jones, *Agendas and Instability in American Politics*.

② 广为传阅的文献为奥斯本与盖布勒所写的《政府再造》。另外，在公共管理的专业性期刊上也能发现新公共管理思想存在的痕迹，例如《治理》在 1990 年第 2 期，《公共管理评论》（*Public Administration Review*）在 1999 年第 3 期，《公共政策分析与管理杂志》（*Journal Public Policy Analysis and Management*）在 1997 年第 3 卷等，都针对新公共管理开展了专题探讨。

③ Brudney et al., "Reassessing the Reform Decade"; de Lancer Julnes and Holzer, "Promoting the Utilization of Performance Measures in Public Organizations"; Seong, "Adoption of Innovation"; Berry, "Innovation in Public Management."

④ Brewer and Li, "Implementation of Performance Budgeting in the States."

州政府机构人员也许不熟悉绩效管理宗旨的隐喻,但他们一定熟悉那些具有代表性的观点:通过政府再造,可以更加聚焦结果,增加灵活性。一些成功的案例支持这些观点,因此公共部门一遍又一遍地研究成功的绩效管理案例。印第安纳波利斯(Indianapolis)以标杆管理来控制成本,通过管理竞争来刺激公共绩效的改革;施乐公司(Xerox)运用标杆管理提高绩效的尝试,都是人们常挂在嘴边的成功故事①。

财政和人事专家都擅长接受这些成功的理念。他们也都时刻关注着其他各州实施绩效管理的情况,尤其是那些被称为"领导者"的州,比如弗吉尼亚州就是其中的佼佼者。弗吉尼亚州规划与预算部会通过专业会议和各种论坛分享绩效管理的经验。与其他各州相比,弗吉尼亚州规划与预算部一直在不断推广绩效管理理念。这是因为州长需要不断展示州政府机构对行政管理专业性的重视,以弥补州长权力不足的弱点。佛蒙特州成立了一个委员会来传播绩效管理经验。亚拉巴马州的顾问则从"领先"的州邀请代表来做相关讲座。州政府机构的员工也十分擅长通过专业的组织来实现绩效管理的改进,这些专业的组织包括:美国政府会计准则委员会、美国国家公共行政学院(The National Academy of Public Administration)、州立法机构全国理事会(The National Council of State Legislatures)以及国际市/县管理者协会(The International City/County Managers Association)。这些组织将绩效信息系统描述为政府所希望达到的标准,以利于增加官方认可的机会。对于政府官员而言,这些专业平台可以促进绩效管理的实施,有一位曾受到这些组织影响的官员说:"作为一个整体,我们的职业已经意识到绩效管理改革是未来政府改革的方向,我们也需要朝着这个方向努力。"

联邦项目诉求和债券机构也是绩效信息系统的有力推动者,它们可以使绩效信息系统对州政府机构而言更具吸引力。布鲁德尼等人发现,依赖于联邦救济但达不到那些要求的机构,往往是绩效管理改革的有力执行者②。美国政府问责署判断:"诸多联邦救济项目具有一定的推动力,例如,要求各州汇报项目绩效以获取救济资金。债券评定公司则可以影响一个州政府在项目上的财政能力,包括将绩效信息向公众汇报作为评估标准。"③

然而,州政府机构人员的专业培训以及工作经验,会使他们一直将自己视为绩效宗旨的控制者而非推动者。财政管理专家一直强调廉洁的重要性,即财政支出必须按计划展开,而不能在未纳入计划的项目上花钱。这源于进步时代的准则,是财政管理人员必须遵循的职业准则,也是业务管理人员必须遵守的法律规定。虽然结果导向更多倾向于财政管理人员,但由于财政廉洁已深入人心,人们并不认为严格

---

① 安蒙斯(Ammons)认为,施乐公司的成功经验"或许是重复次数最多的标杆管理传说",坎普(Camp)认为,"标杆管理完全符合人们的心理承受能力",更多详尽描述参见坎普的《标杆管理》(*Benchmarking*)。

② Brudney et al.,"Reassessing the Reform Decade."

③ U. S. Government Accountability Office, *Performance Budgeting: States' Experiences Can Inform Federal Efforts*, 9.

的财政控制系统与推进放权式绩效管理之间有什么不协调之处①。

州人事办公室的工作人员与财政部的工作人员一样，墨守着一套相似的理念。自进步时代以来，公共人事管理一直致力于防止管理权力的滥用，按照规定，在公务员系统中，不得因任何缘由而区别对待雇员。

虽然绩效管理宗旨业已出现，但传统的管制规则并未消失，两者在冲突中共存。财政和人事专家尽力使自上而下的控制理念与规范的绩效薪酬制度保持一致。这种调和后的绩效薪酬制更多地强调的是平等理念，但在美国的公共部门里，这种制度还未真正发挥作用②。州政府机构员工意识到扩大管理权限是改善绩效的一种方式，但在执行过程中他们却从未达到绩效管理宗旨的要求：既不能赋予执行人员充分的自主权以决定如何使用财政和人力资源，也不能做到事后的绩效问责。这种极端的展现管理权限的方式，与先前培训州政府机构维持控制准则以及当前仍在坚持的做法有着巨大的差异，因为先前控制准则的目的是扩大本机构的权力来源。为了使传统的控制准则与绩效管理宗旨共存，州政府机构官员提出了一种新的改革观念，这一观念呼吁重视结果，但并未显著地增加管理权限。

虽然政策顾问并不能在政策决策中发挥作用，但却能够在政策观点的形成过程中对州政府机构官员产生一定的影响。正如州政府机构官员一样，政策顾问在推进绩效管理的过程中也有自己的利益。虽然绩效管理强调绩效信息系统，但却忽略了财政与人事控制系统的改革。政策顾问与促进政府改革之间存在着一种职业利益关系，这促使政府进行服务外包。创建绩效信息系统是一个有益的利益生产过程，这样政策顾问就可以售卖绩效信息技术产品，专注于设计绩效信息系统，并就如何进行战略规划、如何撰写绩效报告来培训公共雇员。增加的管理权限并不易转化为产品，除非能够对管理人员进行培训，使其掌握应有的权限。在任何情况下，政策顾问对绩效管理的理解都不会把管理权限视为改革的必要因素，亚拉巴马州就是一个典型的例子。政策顾问在亚拉巴马州宣传来自私人部门的平衡计分卡方法。为把这一模式引入公共部门，政策顾问并未对公私部门之间的管理权限以及影响绩效信息使用的因素做太大的调整。亚拉巴马州的政策顾问都哀叹这个"官僚化、艰难系统"限制了平衡计分卡的推行，与此同时，他们也并未意识到在绩效管理改革中增加改革者管理权限的重要性。绩效研究所（performance institute）是另一个可以用来认识公共部门特殊性的机构，它专门向政府提供精简策略以及管理服务。绩效研究所已经把私人部门式的激励机制运用到预算过程中。即使都是一些为维持部门运行的基本预算项目，它们也可能被评为应逐步削

---

① 正如一位受访者提到的一样，改革困境部分缘于中央机构工作人员在实施他们日常工作中并不采用的改革，同时他们在管理服务方面也几乎没有任何经验。因此，绩效管理这一理论的缺点在于，没有强调控制系统与管理权限之间的矛盾。这一结论也同样适用于其他改革推动者，包括改革咨询人员、公共管理研究人员以及投资者。

② Ingraham, "Of Pigs in Pokes and Policy Diffusion"; Kellough and Lu, "The Paradox of Merit Pay in the Public Sector."

减或撤销的低效项目①。正如第 7 章将会阐述到的一样，实际上，在预算工作中，很少有人会认为这是一种有益的做法。

## 民选官员的动机

在上述三个案例中，州政府机构官员都将绩效管理视为一种政策理念，但从某种程度上来说，这种认识也是在民选官员的推动下形成的。民选官员提出了进行绩效管理改革的要求，这也许与呼吁更有效率和效果的政府一样模糊，但它并不是简单地回应别人的观点。如果没有这一要求，在改革过程之中也许就不会实施绩效管理系统，而民选官员将全权负责改革过程。在佛蒙特州，由立法机构领导绩效管理改革，而在亚拉巴马州以及弗吉尼亚州，则是由行政机构来领导改革②。这三个州的立法机构都要求制定机构战略规划并进行绩效报告。

本章将从两个方面来检视民选官员的动机，绩效管理有助于我们理解为什么民选官员在一开始时就采纳了这一管理模式，为什么他们要用原有的方式来实施绩效管理。阅读本章可以发现，民选官员通过制定简单的成本–效益公式来决定是否支持公共管理改革，他们一般会实施工具性和象征性效益最大化的改革③。这一简单的计算就足以解释为什么民选官员会以建立绩效信息系统的方式来实施绩效管理，但同时却又忽略了增加相应的管理权限。

### 工具性效益：公共问责

绩效管理的引进向民选官员提供了潜在的工具性效益（instrumental benefits），它表现在面向公众的外部问责和面向民选官员的内部问责两个方面。每一个州的绩效管理改革都要求相同的问责流程：在预算流程中各机构必须创建并向公众和中央预算办公室汇报绩效信息。然而，绩效信息想要真正达到巩固问责制这一目的却只

---

① 绩效研究所 2005 年 2 月 7 日报道称，"在难以抉择时，总统将借助绩效信息来做出最终决定"。绩效研究所将其自身界定为"a. 私人智库，即通过竞争性、问责性、绩效性以及透明性原则来提升政府绩效；b. 全国性权威领导机构，即作为政府绩效管理实践的储存基地，并向政府提供政策建议"。绩效研究所也指出了政治、资金及管理之间存在的交叉重叠。虽然绩效研究所宣称自己将保持政治中立，但该研究所却是由布什总统的竞选顾问在 2000 年创建而成，且这位顾问还是保守党里森基金会（Reason Foundation）的高级研究员。另外，绩效研究所还与布什政府签订合同，获得了数以百万计的研究资金。

② Research has found that states with stronger gubernatorial powers tend to be more enthusiastic implementers of performance management Brewer and Li, "Implementation of Performance Budgeting in the States."

③ 既然工具性效益与象征性效益如此重要，那么我们首先应该厘清工具性行为与象征性行为到底包含哪些内容。因本书的研究对象为公共管理，故这里的工具特指政府所具备的管理能力与绩效能力。不管从短期还是长期来看，只要能对组织效率和效益产生直接、积极影响的行为，均可视为工具性行为。而象征性行为是指那些旨在与外界进行沟通，但并不能解决实际问题的行为。这些行为旨在建立一种沟通交流的表象，而非真正地对政府进行变革。同时，这些行为还会向公众做出承诺，并支持特定的价值观念，通常能给支持者带来一定的好处，更多详情参见：Edelman, *The Symbolic Uses of Politics*。但是在现实生活中，很难清晰、准确地界定一种行为到底是属于工具性行为还是象征性行为，本章的结论部分也提到了这一点。另外，这两种行为都会产生一定的改革结果。然而，对不同民选官员推行并运用绩效管理的动机进行分析，有助于我们更加准确地区分民选官员的行为在其本质上到底是希望获取工具性效益还是象征性效益。

是海市蜃楼罢了。对于缺乏经验的民选官员，这也许会起到一定的激励作用，但对于改革老手而言，他们懂得更多。

这三个州都强调绩效管理应该通过增加绩效信息的可利用性来满足公共问责的呼声。例如，弗吉尼亚州绩效管理的指南写道：

> 公众想要看到更重视结果的政府。纳税人将不再盲目地接受增加资源和扩展议程的要求，他们想要看到所交税款中每一美元具体花在何处。①

值得怀疑的是，这一问责要求是否真实存在，或是否可以通过绩效报告来达到这一问责要求。绩效报告总是作为预算的一部分，使预算变得更为有趣。公共雇员的看法是，这种激烈的公众要求根本就不会直接发生在弗吉尼亚州甚至其他地区，在这些地方，市民们似乎都不在乎绩效信息的增加。虽然在地方上，市民们可能对绩效信息和服务信息感兴趣，但对于更高一级的政府而言，市民们并不清楚政府的具体项目，对它们也都不感兴趣②。弗吉尼亚州一位中央机构官员这样说：

> 我将告诉你们，虽然你听到了公众要求问责这些事实，但最不关心绩效的就是公众。我真的不认为他们关心绩效。我从来没听见谁说过，我是一个公民，我对绩效测评感兴趣。从来没有，从未出现过，以后也不会出现。公众根本就不在乎绩效。

绩效管理推动者已经逐渐意识到了公众的这种冷漠，他们从两个方面做出了改进：其一，将绩效信息的目标设置为特定的团体；其二，创造出针对所有公民的高层次产出。特定的团体也许会对某一种类型的绩效信息感兴趣，如果把这些团体作为目标（佛蒙特州就是这样做的）或者使绩效信息易于获取（正如弗吉尼亚州在其弗吉尼亚成果网站数据库所做的）并向这些利益相关者提供相应的绩效信息，那么政府投入的努力就会显得更有意义。使绩效信息与特定的群体兴趣相关联的替代方法是，让绩效信息高度聚焦以至大家都感兴趣。佛蒙特州和弗吉尼亚州都设计出了一系列属于全州范围内的高层次产出的指标，如经济和环境指标。虽然测量这些指标是非常重要的，但要想把绩效归咎于具体的项目或者政府自身，却十分困难。另外，如果提供的计分卡是属于地方结果——而不仅仅是市级层面，甚至是邻里层面，那么市民们可能会更感兴趣③。

提供简单信息以满足外部问责这一期望表明，当前问责的水平是相当低的，虽然三个案例都在问责方面付出了巨大的努力，但是总体层次依然非常低，只有弗吉

---

① Virginia Department of Planning and Budget, *Virginia's Handbook on Planning and Performance for State Agencies and Institutions*, 11—12.

② Goodsell, *The Case for Bureaucracy*; Delli Carpini and Keeter, *What Americans Know About Politics and Why It Matters*.

③ 当国家绩效评估委员会试图鼓励政府，创建高层次且与公众密切相关的绩效指标以追踪政府机构绩效时，这一做法并不会引起公众的注意。一位国家绩效评估委员会的前委员指出，创建绩效指标的难点在于将公众与绩效结果紧密联系在一起，而这样的指标多出现于基层地方政府，例如巴尔的摩试图通过市统计系统在网络上将绩效结果与城市地图联系在一起。引用奥尼尔（O'Neill）的话来说，所有的结果均缘于地方基层。参见：Henderson, "The Baltimore Citistat Program."

尼亚州使用绩效信息问责的情况稍好一些。除了使用绩效信息，另一个高层次的外部问责就是让公众参与目标设定。只有佛蒙特州惩教署的绩效管理将公众参与目标设定包含在问责之内，佛蒙特州通过公民调查，聚焦于特定的团体和利益相关者，并让他们参与目标设定。在佛蒙特州，主动邀请公众参与并不足为奇，因为这一点已经成为佛蒙特州政府治理的标签。在其他地方，即使有公众问责这一说法，绩效管理也并未将促进公众参与目标设定列入机构目标或任何全州的规划之中。

### 工具性效益：政治问责

在绩效管理中，民选官员可能更关心将改善监督和政策控制作为内部问责的一种工具，因为这可以使他们重新控制那些被政治言论和公共选择理论描述为"失控"的官僚机制。监督问责可以反映出民选官员识别公共组织运作和产出的能力。组织经济理论特别关注信息不对称现象以及官僚机构掩饰实际目标和生产力水平的能力。简单地提供更多可利用的信息似乎可以解决这个问题，同时，绩效管理将有助于推动潜在的内部问责制的发展。美国多个州的证据也证明了绩效信息的监督功能对民选官员而言是非常重要的。拥有更多分散性政治结构的州（例如，主要的部门由独立的民选官员领导而非州长任命的官员控制）更可能设立绩效管理立法机构①。之所以如此，最合理的解释是，在这些州里存在着激励机制，以激励立法机构和州长通过建立相应的机制来生成相关的组织信息，如此一来他们就能直接对这些组织进行政治控制。而对于那些州长和立法机构必须依赖于强大的传统问责模式的州而言，几乎不存在任何创建绩效信息的动机。

近年来，随着惩戒范围的不断扩大，被吞掉的一般基金比例不断上升，这使得惩教署成为密切监控的对象。即使绩效信息随处可得，行政机构和立法机构想要通过绩效信息进行监督仍然困难重重。有太多的州需要政府人员整理出有用的信息，而这些信息在决策中并不足以代替专业知识发挥重要作用。这些信息仅仅适用于那些缺乏专家与专业人员的部门开展监督②。绩效信息并不能完全消除信息不对称的现象，因为它并不能提出一个让全州官员都意识到绩效信息重要性的合理解释。大部分监督者仍受制于官僚机构，他们在决策时只是介绍一些特定的绩效信息，用以辅助自己的判断。例如，在佛蒙特州，财政与管理办公室的官员同时也是国会拨款委员会的成员，他们对绩效信息的态度是"如何在片面理解的基础上进行改革，绩效信息提出了一些简单的办法"。

绩效信息不能利用信息透明来解决信息不对称问题的另一个原因在于，通过绩效信息这种方式可以维持信息的不对称。大量的绩效数据使得项目信息在解释时能够发挥重要作用。为应对监督人员，绩效信息可以让官僚直接关注最符合其需求的

---

① Seong, "Adoption of Innovation."

② 各州拥有的绩效管理专业知识等级，尤其是各州立法机关拥有的专业知识等级之间，存在着巨大差异。显然，联邦政府一级拥有的专业知识较多。政府管理与预算办公室通过项目分级评估工具对绩效信息进行评估（参见第7、8章），由此可见政府官员对各机构绩效信息的高度重视。然而，这一做法要求管理与预算办公室必须拥有一批专业人员来开展评估工作，但超额的工作量已经引起了评估人员的反感。

绩效信息，或者从不愿谈论的话题上转移注意力。佛蒙特州财政与管理办公室的工作人员观察到，提供大量的绩效信息是"让自己避开众多问题的一种方法"。"如果你向人们提供了大量的信息，他们就不会提及你所害怕的那个问题了"。机构官僚人员的风险在于，如果监督人员对长期信息不对称这一现状非常失望，且表现出不满情绪，那么他们可能会寻求外部的专家来帮助其理解绩效信息。佛蒙特州的立法人员曾被指控通过一些简单的判断去说服国会拨款委员会的成员雇用独立公司进行标杆管理咨询，而该合同也以"标杆"的方式"印证"了佛蒙特州惩教系统较之于其他州更有效率。

绩效信息论认为，绩效信息不仅能够减少信息不对称现象，还能加强官僚机构对政策的控制。规范化的战略规划和绩效测评可以让民选官员搞清楚何为关键事项，以及如何去实现它。案例研究得出的证据表明，绩效管理通过多种方式加强政策控制的做法改变了原有的管理惯例。这三个州都确立了绩效管理的新惯例，其中亚拉巴马州尤其突出。在全州或机构层面上，绩效管理建立了正规的程序来阐述政策目标。民选官员与任命官员对这些程序都颇感兴趣，他们都强调了政策目标对他们的重要性。机构人员在制定目标时，州计划需符合州长的政策重心，同时也需要澄清连接各层次目标的流程，例如亚拉巴马州要求各机构的目标与州长所制定的州目标相关联。制定机构战略规划和绩效报告一样，也需要经过中央办公室的审查，以确保与州长的政策重心保持一致，如果不能明显体现出州长设定的目标，那么这项报告就可能面临修订。政策重新定向是非常罕见的，但亚拉巴马州是一个例外，州财政部经常要求惩教署调整战略目标以与州长的重心保持一致。

民选官员将绩效管理视为控制政策的一个补充来源，尽管这一来源远不如政治任命和金钱等传统控制方式那么有效。但只有在中央机构或州长办公室觉得传统控制方式失效，各机构需与州长重心保持一致步调的情况下，它们才会通过绩效管理进行明确的政策干预。另外，由于各机构都会参与并调整机构目标来确保与民选官员期望一致，所以也不会存在其他的外部冲突。这一点是毫无疑问的，因为政治任命的机构官员主导着整个战略规划过程。这并不意味着绩效管理不能作为政策控制的一种方式，而是现有的整个过程都充分地反映了既有控制渠道。就机构层面而言，州长关注的政策重心也许有很多，但对大部分现存的组织目标却不感兴趣。

因此，通过绩效管理这一方式重构政策可能会遭到限制。另外，民选官员聚焦的政策重心往往十分宽泛，这使得机构官员很容易发现那些与州目标紧密相连的既存目标。例如，作为政策重点，"公共安全"就是经常提到的目标，这一目标是如此的模糊以至于惩教署指出，几乎所有的目标都在某些方面推动着这一目标的实现。在将州与机构政策重心结合的过程中，问题的重点首先不是审查州目标，也不是制定一系列新的目标，而是机构人员对州目标进行解释以促使州目标与之前的目标保持一致。例如，亚拉巴马州惩教署的人员使"维护街道安全"这一州目标与机构层面增加资源的目标保持一致，比如，由于雇员的失职，警员、囚犯和床位数之间并不匹配。

如果绩效管理改革提供的问责激励制有限，那么通过传统的财政和人员控制系统来控制官僚机构便是民选官员维持这些系统的原因所在。传统控制只有一个目的——大部分公共问责问题都缘于丑闻和失败，这就诱发了媒体和立法人员追究犯错者的动机。为确保错误不再发生，立法机构设定了支出权限，或者为提供服务设定了程序。这种控制有助于确保官僚机构的行为与其角色定位保持一致。然而按民选官员所期待的方式执行法律，避免错误、失败或丑闻，只会使民选官员效率更低。传统控制系统的另一个好处是，只有出现了严重问题时民众才会注意到民选官员。从绩效管理宗旨的角度来看，这些传统的约束方式与其管理成本并不匹配。从民选官员的角度来看，这些控制方式为其提供了一种工具性价值。

为什么民选官员会要求创建其很少使用的绩效信息，一个合理的解释是，这种做法与现行的立法控制模式保持一致。戴维·罗森布卢姆（David Rosenbloom）认为，随着政府不断成长，立法机构不能再对所有机构的行为进行直接监督[1]。相反，政府会设法开发行政机构的立法性价值，比如倡导公开透明、参与和辩论这些主流价值。这样做实际上是为了使各机构生产出与其自身相关的公共绩效信息，并与为利益相关者设定目标的立法机构进行协商。这与麦库宾斯（McCubbins）和施瓦茨（Schwartz）提出的"火警"监督方法是一致的[2]。在"火警"模式看来，并非要监督所有机构的全部活动，只有当火警响起时立法机构才能进行干预。如果一个机构绩效存在问题，通过绩效信息就可以轻而易举地发现问题，提示监督机构采取干预措施。这就可以推动具有意向的利益相关者在自身专业领域内对绩效信息进行监督。

然而，火警这一方法运行的前提假设是有人会注意到这些信息，同时立法机构偶尔也会检查这些信息。这一假设仍是个不确定的命题，尽管它似乎是典型的绩效管理改革的前提假设：所涉及的大部分人员都会在意绩效信息的创建，并不是因为他们将来会使用这些信息，而是他们希望有人会使用这些信息。民选官员们保证，其他州政府的工作人员会发现这些信息有利于发挥绩效管理的工具性效益。反过来，州政府人员也希望机构官员、下级民选官员会使用这些信息，这一点与调查行政机构与立法机构预算人员时得出的结论是一样的。调查结果发现，预算人员即使几乎从不使用绩效信息，他们仍相信创建绩效信息这一过程是重要的，也是值得继续进行下去的[3]。实际上，与机构人员相比，其他人对绩效信息的利用更少，机构人员希望在制定预算决策时可以通过绩效信息来说服预算人员和政客们，但从以往的经验来看，这种想法几乎是不可能实现的。

### 象征性效益

对于民选官员而言，绩效管理的象征性效益（symbolic benefits）比工具性效

① Rosenbloom，*Building a Legislative-Centered Public Administration*.

② McCubbins and Schwartz, "Congressional Oversight Overlooked."

③ Melkers and Willoughby, "Budgeters' Views of State Performance-Budgeting Systems."

益更重要。象征性效益是在政府与各类群众沟通交流的基础上，用来阐明政府正按理性、高效、结果导向的方式运转，同时官僚机构也会对其绩效负责。民选官员和任命官员都设法运用这些主张来说服民众，他们也更乐意积累那些重要的效益：在媒体中的良好积极形象、提升连任机会以及执行自身期望政策能力的持续提升。

在 20 世纪 90 年代中期的预算紧缩阶段，佛蒙特州实施新绩效管理报告制度的目的在于提供理性的方法来选择削减何种项目。但绩效信息并不能预知资源缩减或其他预算决策。尽管如此，绩效信息还是可以提升预算过程的合法化。

在亚拉巴马州，高绩效政府的形象有助于政府与其工作人员提高收益。窄口径的收入基础因税收流入政府而受到限制，但就这种税收结构而言，宪法不改革，这种结构就不会改变。当大多数人认为政府在浪费资源时，便不会出现倡导税收改革的选举动机。州长西格尔曼办公室的一个成员说道：

> 只要你阅读一周里任何一天寄给编辑的信件，你都会发现这样一句话："为什么他们还会谈论这一愚蠢的税收改革？政府有那么多钱，只要他们停止浪费，钱就足够了。"

然而，如果公众认为地方政府更富效率，那么税收改革的可能性便是另一番图景：

> 州长肯定认为亚拉巴马这个州、州政府、地方政府都愚蠢至极，只有民众相信政府将会合理化开支，否则他们是不会支持税收改革的。

在亚拉巴马州，按绩效来增加预算有着它的历史渊源。西格尔曼的前任州长福勃·詹姆斯（Fob James）（1979—1983 年）在设法改变州财政系统时也曾引入过绩效预算。西格尔曼的后继者，鲍勃·赖利针对宪法改革的相关倡议未获得民众支持后，他又主动引进绩效预算向公众阐述政府公共服务的有效性。

除一般民众外，绩效管理象征性的观众还包括亚拉巴马州的其他政府机构。五个试点机构中有两个机构（心理健康中心和惩教署）采用了绩效管理模式，这是因为绩效管理与法院之间的高调互动。法院监督下的机构往往致力于满足法院的要求，以尽可能地降低被训诫的风险。战略规划和绩效测评的存在有助于向立法者和公众证明，完成法院任务所需要的资源在持续增加。这样一来，绩效管理作为那些从未使用绩效信息选区的象征，反映出它们将会有目的地、有效地、谨慎地使用公共资金。正如亚拉巴马州的战略规划所提到的：

> 通过这个规划，便可明确方向、设定目标，并提供测评问责和提升效率的方法。这一规划连同绩效预算，意味着我们将对亚拉巴马州人民负责并交代清楚税收花费的去向，我们将推动亚拉巴马州朝着我们的战略规划不断进步。①

① Siegelman，*Achieve*，3.

亚拉巴马州是一个极端的例子，尽管很大程度上缺乏证据，但民众依然坚持认为他们拥有一个低效的政府①。民选官员认为，民众肯定会支持打造一个更富责任心、以结果为导向、更具效率的政府这一观点。对民选官员而言，不管改革实际上是否产生了这些效果，施行改革似乎在某种程度上可以满足民众的要求。虽然民众对绩效管理产生的具体绩效信息可能不感兴趣，但实施这一改革可以象征性地反映，至少正在努力打造一个更具责任心、高效率、高效益的政府②。

弗吉尼亚州不仅拥有三个州中最全面的绩效管理体系，也注意到了绩效管理在雇员中的象征性特色。弗吉尼亚州对一些方面进行了批判，例如，把绩效管理视为民选官员在竞选中的公共关系产物。弗吉尼亚州的两名官员说道：

> 首先，如果你要引进你看中的法律条文，你就得表现出对政府负责的态度，然后就可以引进这一法律了。关于这一点，我可以得到十分。如果和其他政府合作，那我就得不到十分，也许可能是五分或六分，但我仍然看好这一法律。那么这就是真正的形象式的政治权力，可以改变民众的看法。这些立法人员曾经读过或看到过任何这种产品吗？也许只有一个或两个。我们想表达的是，说得直白一点，至少政府内部都默认这是一种公关方式。当然，我们也都知道，如果对外也这样说的话，那将会引起大麻烦。这也正是它的风险所在。正如"皇帝的新衣"一样，如果我们都诚实地说出州长或者皇帝没穿衣服这一事实，那么我们的社会将会是多么的危险啊。
>
> 他们来了，是什么激励他们运用绩效管理呢？与我们一直说的激励是一样的：它看起来很好。它使政府看起来很好，政府把它作为一种广告。
>
> 你应该赋予我们权力。我们可以向你证明或向你提供证据，以证明为什么你应该支持我们，因为我们把这视为一种商业管理，根据上级管理原则，理性地进行管理。这是一种公关工具。并不在意是否与现实相符……对于公共关系而言，它是很有用的。但是，对于那些认为你应该像他主张的那样，改善质量、提高服务效率和效益、达到系统化的人而言，它就不再能发挥作用了。因为那并不是它的目的所在。但同时呢，这又是一件很奇怪的事情。当你仔细看它的时候，你脑子里存在一个系统，毫无疑问，你有一个系统性的想法。没人会问你是否经常使用它以使提供的服务效率更高，也没人会让你举一个具体的例子，系统化的例子，说你是如何通过它来改善服务提供的效率和质量……这一系统的主要工作是确定公共政策并实施它。尽可能运用你的权力，去实施这一政策。以结果为导向进行管理是一种固定的模式，所有的一切也是为了达到这一目的……政府就是政治，因此，最后的赢家会是谁呢？为了结果进行管理？或者所有一切都是为了政治？政治才是最后的赢家。

这些评论正好回应了马奇（March）和奥尔森（Olsen）在公共部门改革方面提

---

①　Goodsell, *The Case for Bureaucracy.*
②　Edelman, *The Symbolic Uses of Politics.*

出的观点①。简单地向改革政府做出承诺这一行为很受欢迎，例如与官僚机构谈谈那些令人沮丧的问题，设法介绍公众都认可的理性、效率价值观。马奇和奥尔森认为："宣布大规模地组织重构象征着有效领导的可能性，并且坚持认为存在的可能性比执行更有意义。最重要的就是要表明决心，确保存在适当的价值，以及努力的意愿。"② 此外，民选官员当选后实施一些形式的改革也是一种激励行为。这样民选官员不仅证明他们遵守了承诺，而且作为改革经验的外部形式，媒体也会对其进行正面的报道。

对于弗吉尼亚州而言，绩效管理改革非常有效，还获得了"创新与结果导向型政府"这一国际化荣誉称号。对大多数投票者而言，这一称号可能不是最高荣誉，但绝对没有坏处。所有这些效益都依赖于地方的管理体系，它能够合理地要求地方政府提高绩效。另外，这一系统实际上并非刚性地要求提高绩效，它只是能够提供可见的收益来说服外部观察员。

### 降低成本

一个可以使政府更具责任心、重视结果、高效的改革，很难从表面上去反对它、贬低它。相对而言，除非当前存在经济问题，否则这种改革极易实施。绩效管理试图推翻长期以来的财政管理和人事控制，就必须付出改革的代价。决定是否增加管理权限是一个困难的抉择。政府如何避免这种过分的妄想？民选官员如何构建与官僚机构之间的问责关系？相对而言，建立绩效信息系统就显得稍微容易一些，因为这并不需要改革既存的系统，它只需要在以前系统的基础上增加一个新的系统。

虽然创建一个新的立法机构需要花费大量的时间和精力，但这有利于其他政策的执行。在美国分权制体系中，立法行为已经十分困难③，如果要积极地反对核心利益相关者改革政策子系统，那就会难上加难④。公共部门工会就是有力的反对者，它们将会反对损害会员利益的人事系统变更⑤。人事系统最为分散的佛蒙特州政府认为，对州公共部门工会而言，如果哪个团体设法游说立法机构以维护中央集团控制，那么这个团体内部也必须接受类似的、可能影响其利益的改革。正如前文所提到的，州政府财政机构和人事机构成员也会反对重塑管理控制这一做法。这种反对通常表现得不是十分明显，它往往反映在提交给民选官员的政策选择之中。

因此，对既存的财政管理法规与公务员法规进行大范围的修正是一项颇具争

① March and Olsen，"Organizing Political Life."
② 同①290；在《组织的伪善》中，布郎森认为，一般而言，改革大多停留在讨论和决策层面，几乎不会影响实际行动："政府组织结构图的重新设计不能影响原定的组织活动。进行改革只是为了给管理部门提供一个促使其行动实现既定目标的机会而已。"参见：Brunnson，*The Organization of Hypocrisy*，p. 226.
③ Weaver and Rockman，eds.，, *Do Institutions Matter*?
④ Baumgartner and Jones，*Agendas and Instability*.
⑤ 最近跨州进行的州政府人力资源改革调查正好验证了这一观点。更多详情参见：Hou et al.，"Decentralization of Human Resource Management"；Kellough and Selden，"The Reinvention of Public Personnel Administration."

议、充满困难的任务。此外，并不存在反对更多绩效信息的自然选区。因此，现实中就很容易忽略管理的灵活性，而只专注于绩效信息系统的建立①。实施（而不是采用）绩效信息系统主要的成本是在创建、追踪、测评、汇报和检测绩效信息上投入的时间和精力。这块预算骨头，并不需要由民选官员负责，而应由中央和下属机构的官僚者们以及立法审计监督人员负责。

政府绩效管理立法的成本与其他政府议程需要的成本并不一样。但其他政府议程总能获得"关注者甚众，然关切深者寥寥"（mile wide but an inch deep）这类支持②。在未遭到强烈反对的假设下，他们的能力就能转化为可行的立法机会。如果利益相关者坚持反对，政府在不相关的政策上投入的时间和政治资本就会受到限制③。因此，绩效管理改革议案成功的机会，在于不要设法去消除核心利益相关者仍继续支持的管理控制。这也许需要一场政治战争，但恐怕只有最积极的绩效管理拥护者才会想到这一点。

## 4.2　结论

对民选官员而言，绩效管理改革可以带来许多效益，当然也存在一些管理成本。收集绩效信息的任务繁重，但这主要由官僚机构负责。对民选官员而言，一项主要的成本在于通过公共部门工会去呼吁解放人事保护政策。而为避免冲突，各州一般会故意忽视这种改革方案。对民选官员而言，另一项主要成本在于改变原有决策模式以对绩效进行解释，然而，使用绩效信息纯属自愿，因此这一成本的花费是可以避免的。

对民选官员而言，创建绩效信息系统也存在着一些限制性效益。更多的信息意味着民选官员拥有更大的能力去监督控制官僚机构，尽管案例证据显示，几乎很少有政府使用这种控制方式。民选官员的主要效益表现为象征性效益，绩效管理改革只是向公众展示了政府失败的现状和对未来结果的一种欲望。如果改革本身没有辜负催生改革的政治言论，那么接下来就应该确保以一种公共的形式实行改革。但这种部分实施改革的模式，并没有为改革的实践提供一个充满希望的平台，关于这一点将在下一章详细阐述。

---

① 例如，佛罗里达州的案例实践就证实了这一点，一位善于观察的绩效管理改革领导者也发现了类似的结论。尽管政府在改革中承诺将绩效转化为奖励与一定程度上的自由管理权，但事实上，财政预算控制代替了一切。另外，立法机构也不愿意提供额外的自由管理权或预算奖励。虽然没有新的动机，也不能获得自由管理权，但此处提到的案例研究，仍为机构管理人员提供了如何使用绩效指标的方法。参见：Berry, Brower and Flowers, "Implementing Performance Accountability in Florida"; VanLandingham, Wellman and Andrews, "Useful, But Not a Panacea."

② ③　Moynihan, "Protection versus Flexibility."

# 第 5 章

# 实施绩效管理改革的因由际会

改革总是以一种无法预测的方式运转，有时候积极乐观，有时候消极悲观。前人在对绩效管理的研究中发现，一开始积极实施的改革，到最后可能就放弃了①。这些消极的评价一部分缘于我们判断绩效管理的方式——我们倾向于关注政治层面上的决策，正如上一章所提到的一样，使用绩效信息的证据相对较少。

然而，在某些方面，绩效管理也希望较低层次的官僚机构能够通过改革使其组织更具战略性和效率。以前对这方面的研究相对较少，本章这三个案例的研究结果将向我们提供谨慎积极乐观型政府产生的原因。弗吉尼亚州和佛蒙特州的机构管理人员都积极采纳并实施绩效管理，他们认为绩效管理将有助于开阔新的视野，创建更具战略性的决策，改善沟通交流。机构的领导力在于执行州政府通过的规范化绩效改革方案中的关键环节，机构需要不断寻找改革的有利时机和有益方法，而这些通常都不是绩效管理宗旨所提到的方法。机构面临的机遇与阻力，以及自身的战略规划，都是它们前进的动力。亚拉巴马州提供了一个绩效管理失败的案例——各机构并没有可以利用的剩余资源，只是纯粹地参与执行预期的改革以满足政治领导的要求。

---

① Downs and Larkey, *The Search for Government Efficiency*; Radin, "The Government Performance and Results Act and the Tradition of Federal Management Reform: Square Pegs in Round Holes"; Schick, "The Road to PBB"; Wildavsky, *Budgeting: A Comparative Theory of Budgeting Processes.*

## 5.1　实施绩效管理的因由际会

尽管上一章提到了实施改革的一些不利条件，但仍有证据显示，结果导向的改革在一些州机构里得到了实施，还取得了成功[1]。例如，通过对富兰克林下属两个州的案例进行研究发现，其中一个州运用了绩效信息，另一个州则没有。尽管其他州广泛存在类似的模式，但却在机构层面的绩效管理改革中反映出执行的多样化。令人困惑的是，应该用什么来解释这些差异？换句话说，即使只是部分实施了改革，即使州政府官员并未运用绩效信息，那么这些机构是怎样取得成功的呢？

为了解答各机构如何实施州政府官员制定的政策，我们最好还是运用执行理论。20 年以来，随着新公共管理思想在公共管理话语中不断凸显，执行理论则有所隐退[2]。但现实是，政策运转仍然存在诸多困难，尤其当所涉及的执行者拥有不同的动机时更是如此[3]。虽然绩效管理取向的新公共管理不会直接影响执行理论，但它确实提到了许多执行理论者已经提出的问题。绩效管理承诺将给予民选官员实施政策控制的机会：他们将制定目标，并让官僚机构负责实现这些目标。执行理论所描绘的政策过程的复杂性被简单明了的政策与行政两分（separation between policy and administration）这一颇具迷惑性的概念所取代。绩效信息描绘了制定具体目标的方法，提供了让管理人员负责实施的途径。

绩效管理宗旨承诺将消除在执行过程中存在的传统性问题。而本章认为，政府必须自己实施这类公共政策改革，同时还会面临着实施其他类似政策时可能出现的问题。这就要求民选官员自己确定希望由他人来完成的目标。因此，本章不仅要研究特殊政策的实施情况，还要研究承诺治愈执行理论中既存顽疾的政策等，而发现治愈疾病良方的过程与治病一样面临着挑战。虽然对州政府绩效管理系统的巨大期望破灭了，但在机构层面上，意料之外的事通常都是积极的结果。

与执行理论一致，案例证据显示，当民选官员在机构官员中实施特定改革，每个团体的行为都会与自己的动机、准则和利益保持一致。改革的结果就是与绩效管理相连的效益，而那些依赖于州政府人员积极运用绩效信息而产生的效益，压根就不会发生。然而，现实却是，一些效益确实发生了。它们具有共同的特征：它们都发生在机构层面，由机构管理引起，它们展示了机构领导者在判定未来规划时对绩效管理的重视程度。这就形成了一张相对复杂的改革形势前景图，其中混杂着对绩效管理的支持。改革中也会出现一些积极的结果，但通常都不在预期范围之内。解释这些发现的理论前提是，在州这一层面上，绩效管理的功效在政治和机构观念中存在差异。需要指出的是，这种观念上的差异不太可能出现在机构层面。在机构层

[1] Franklin, "An Examination of Bureaucratic Reactions to Institutional Controls"; Liner et al. , *Making Results-Based State Government Work*; Governmental Accounting Standards Board, *State and Local Government Case Studies*.

[2] DeLeon, "The Missing Link Revisited"; O'Toole, "Research on Policy Implementation."

[3] Pressman and Wildavksy, *Implementation*; Mazmanian and Sabatier, *Implementation and Public Policy*.

面，民选官员拥有较多的机会来处理管理问题，市/县管理人员必须具备敏锐的政治嗅觉。

如果绩效管理的象征性效益确实是规范化改革政策实施过程中最重要的因素，那么就很容易把绩效管理视为一种纯粹性的象征，而具体的改革只是一个传说，它告诉我们去塑造能很好反映中央机构或民选官员所推动的那些高效的政府形象。然而，这一观点太过简单，且具有误导性，因为它忽略了管理人员会策略性地应对绩效管理改革这一不确定因素。三个州实施的绩效管理确实都对政府管理的日常工作产生了一定的影响。第 4 章中已经反映了最明显的变化，即各机构采纳了创建并追踪绩效信息的要求，而这有助于达到立法机构的要求。本章将阐述各机构究竟是如何使用绩效管理来获得工具性效益的。

每个州产生积极结果的程度和形式都各不相同，这些差异缘于改革的规范化实施、机构领导人动机、管理权限和资源之间的交互作用。

## 规范化改革

上一章讨论到，在政策实施阶段产生的结果是一种规范化的改革，是改变管理惯例的一种要求或推动者。在这三个案例研究中，规范化的改革即是把绩效管理作为预算过程的一部分，它要求各机构进行绩效汇报，同时财政部门会监督整个过程，核对绩效信息。

实施规范化改革可以提示机构管理人员按特定的方式做山反应，还可以暗示那些将会向管理人员提出的新要求。管理控制使得机构管理人员的自由裁量范围必须符合要求，达到州政府机构和民选官员的规定。这三个州的案例都强调要对实施情况进行监督。然而，在其他州的典型模式中，管理人员却拥有高度的自主权力以实施改革。首先，具体详细的报告能够促使管理人员去执行改革，但并不能保证改革形成它所希望的积极结果。虽然立法机构可以明确规定所提供绩效信息的具体类型，但却不能明确规定在决策中对绩效信息的具体运用（即使它们确实规定了这样一种结果，但几乎不可能去监督或者强迫实现这种结果）。其次，管理人员拥有高度的自由裁量权，可以使用规划之外的方式来推进改革。

在改革的推动和应用过程中，民选官员的行为发挥了重要作用。机构管理人员关注的因素之一，是民选官员执行改革的认真程度，例如，布尔多（Bourdeaux）发现，立法机构在绩效监督中干涉得越多，管理人员对绩效信息的运用就越多[1]。如果民选官员并未释放出改革是非常重要的信号，就会使得管理人员优先按照以前设定的方式去完成任务。在亚拉巴马州西格尔曼政府之前，民选官员之间提供的绩效信息千差万别，以至于公众都不再认为在预算中发布绩效信息是至关重要的，而机构官员之间也照旧通过递交低质量的绩效信息、无价值的绩效信息来满足立法机构的要求。在这三个州中，民选官员在资源分配中并未使用绩效信息，这使得社会

---

① Bourdeaux, *Legislative Influences on Performance-Based Budgeting Reform.*

对绩效管理的嘲讽逐日增多，以至于绩效管理备受冷落。

如果规范化改革是州长或州政府机构通过的行政性而非法律性要求，那么怀疑论者与最小服从者之间就会产生争论，因为行政性的措施未来非常可能被弃之不用。亚拉巴马州和弗吉尼亚州之前的绩效管理改革就遭受了这种待遇。

## 机构领导者的动机来源

每个州的公共官员都将定义机构领导能力视为解释改革结果最重要的因素：机构领导者是否相信绩效管理，他们将其视为浪费时间还是一次可利用的机会。在公共部门，很难定义并总结领导力。通过案例研究发现了一种整合的领导力观点。这种整合方式检验了机构领导骨干是如何运用诸如绩效管理这类行政系统去增加组织价值的，这种检验假设领导者抱负、愿景、管理改革中出现的问题与管理能力之间是相互作用的[1]。在管理权限内决定如何使用绩效信息与民选官员类似，机构领导者也会对改革进行大概的成本-效益分析。这一分析计算建立在对组织环境条件、组织需求、改革执行成本、组织抱负如何运转、实现何种目标进行分析的基础上[2]。

在基础层面上，机构领导人员需要认真严肃地决定是否优先考虑改革、到底需要什么样的资源和行政能力、是否需要与员工进行沟通交流。与其他州相比，亚拉巴马州存在的不同之处在于，领导者并不认为管理人员与惩教署的一线员工进行沟通交流是非常重要的。而在佛蒙特州，尤其是弗吉尼亚州，领导人员都设法与这些员工进行沟通交流。在这个沟通过程中，机构必须解释为什么改革对雇员正在完成的核心任务来说是非常重要的。而想要解释这一点有时却是非常困难的。相对于避免在有限资源下的直接失误来说，绩效管理改革显得更为分散、抽象。弗吉尼亚州一名一线监督人员评论道：

> 我们也有必须要遵循的规则，正如你所了解到的一样，我们八点报道，四点离开，所有人都与我们一起离开。这样我们都是安全的。如果今天没有囚犯死亡，我们将不会受到任何谴责。这类事情就是我们用来评估成败的标准。有时候通过犯错或未犯错的数量来进行衡量。正如你所知道的，如果一天里没有错误出现，这就是美好的一天。这些标准就是惩戒公司的评估工具。那仅仅是商业的本质。在惩教署，今天只要没人死亡，没人越狱，公众就不会责怪我们。

这些绩效指标显示了惩教署官员所信奉的核心价值观和对象——安全、维持罪

---

① Ingraham，Sowa，and Moynihan，"Public Sector Integrative Leadership."

② 贝里、布劳尔与弗劳尔也指出，领导者在促进机构运用绩效管理技巧方面占据着重要地位，甚至在不利的政治环境下领导者的促进作用依然能够发挥出来。案例中的领导者也试图通过绩效管理过程来定义机构任务，提高机构能力，同时管理机构外部的利益相关者。参见：Berry，Brower and Flowers，"Implementing Performance Accountability in Florida."

犯的日常秩序、确保罪犯的安全以及公众和监管人员的安全。

与绩效管理相比，获取资源满足基本需求的能力，争取那些到年中就可能被削减的预算，这些才是机构关心的根本。在弗吉尼亚州，一位惩教署官员将维持既有的开支限制视为主要的绩效目标：

> 当然，年初时我们确实设定了自己的预算目标，然后可能基于我们收到的削减要求而更改了很多次。这也许就是监管人员和其他项目管理人员最大的目标。他们的目标在不断地推进之中。在年初时设想多样，但随着预算被削减，他们的目标就必须集中在自己所能做的事情上了。

绩效管理与安全道德规范拥有一致的价值，即能够在资源紧缩的状况下开展工作，这是变革工作的关键所在。但利用这一点来说服雇员并不容易，如果没有起决定性作用的沟通交流，雇员并不会信服这种说教。

### 工具性效益

与民选官员相反，机构领导者认为改革的象征性效益并没有潜在的工具性效益重要。这主要缘于民选官员和机构管理人员所扮演的角色差异。机构管理人员实际上主要负责操作实施，他们有能力且能够将管理改革和服务改善联系在一起。另外，机构管理人员并不会参与竞选，他们只需满足特定选区的需求。因此，与在内部运用绩效管理为机构创造工具性的价值相比，他们并不太关心那些针对外部人员把绩效管理作为一种象征性存在的做法。机构领导者只看重组织条件和需求，这是各机构追求的效益。

对于机构领导者而言，绩效管理要求是一种高层次的改革暗示，为机构管理人员运用改革创造了行政空间。在亚拉巴马州的惩教署案例中，最终结果与遵循改革要求的结果相差无几。在对其他州的研究中发现，管理人员运用这些改革为机构创建的工具性效益并不是绩效管理宗旨中所预测的。表 5-1 列举了这些意料之外的效益，包括组织学习进步、领导力进一步提升、重新定义组织文化以及内外部的沟通交流。

表 5-1　　　　　　　　　　　绩效管理意料之外的工具性效益

| 效益 | 具体描述 |
|---|---|
| 主要政策变更（双向学习） | 佛蒙特州运用战略规划和绩效测评表达对项目基本目标及项目哲学意义的疑虑。 |
| 文化变更 | 弗吉尼亚州运用战略规划和绩效管理培训构建以雇员为中心、以使命为基础的文化。 |
| 内部交流与合作 | 弗吉尼亚州运用目标陈述和测评方法促进机构员工与社区项目员工之间的交流与合作。 |
| 领导力发展 | 弗吉尼亚州运用战略规划和绩效管理培训培养未来的领导人员，使他们能够更好地理解部门目标和政策，同时提供构建这些目标和政策的机会。 |

续前表

| 效益 | 具体描述 |
|---|---|
| 重塑外部环境 | 各州都设法运用绩效信息争取更多的资源。佛蒙特州在运用目标和战略规划吸引新的利益相关者方面，在运用绩效信息变更政策和资源分配方面表现最为成功。 |

最好的例子是，佛蒙特州惩教署运用绩效信息促进、变更了政府的主要政策，这一点将在第9章进行详细的讨论。最为典型的做法是，组织通过绩效管理，在不追求激烈变化的情况下，实现了州之前确定的规范化目标。在任何情况下，战略规划的对话结构中都不会包含这一基本性的组织问题：组织领导人员决定是否在议事日程以及战略规划中质疑既有的组织政策。相反，这一点也可能受到外部事件或组织中既存的明显的失败影响。在20世纪80年代和20世纪90年代，这一范围在不断增加，惩教署人员的成本也在不断增加。佛蒙特州的一位官员说道：

> 惩教署的成果应该是什么呢？司法审判的结果又是什么呢？从未有人问过。而我们刚刚问了。询问的结果是什么，是一种煽动性的行为。惩教署已经运转工作了200年，这就是我们得到的结果，但是谁又关心呢？在1980年以前，没有人关心结果。从1990年开始，人们开始关心结果。到2000年，人们开始呼喊，因为得到这些结果的成本花费太高了。

值得注意的是，其他两个州的惩戒成本也在不断增加，但并没有引起主要政策的更改，因此，我们还需要将问题上升到领导者的媒介角色上。佛蒙特州惩教署的高级会员倾向于质疑惩教署过往甚至当前的效率。这些工作人员并未接受过专业的惩戒、司法审判甚至相关法律的培训，他们对惩戒矫正的理解源于社会科学对惩戒的分析，以及美国或其他地方与惩戒相关的历史知识。这有助于认识到，在过去的200年里惩戒的技术和目的发生巨大变化的原因。在佛蒙特州惩教署领导人员的心中，盛行的惩戒方式已经先入为主，因此他们也不会提出其他具有煽动性的问题。正如佛蒙特州的一位官员所说：

> 如果你要制定战略规划，就必须明确一些概念，比如你希望达到什么样的结果。惩教署的问题在于得到的结果都十分荒唐。那么惩教署的目的是什么呢？如果你要制定战略规划，就必须明确其核心目的到底是什么。

弗吉尼亚州惩教署的积极经验，更多源于各委员会的高级管理行为而不是州内的绩效报告要求。弗吉尼亚州惩教署的战略规划和绩效报告要求几乎没有关联，但却能够生存下来，是因为它涵盖了超出要求范围的大量信息，也促成了更多的雇员参与。弗吉尼亚州惩教署的成员将州政府机构的汇报要求视为一种官僚机构性质的阻碍模式，甚至可以说，这些要求与他们设法实现的目标毫无关系："相互联系是非常好的，但我并不认为它们（弗吉尼亚规划与预算部）与我们的战略规划之间有任何关联、关心或者利益关系。"

弗吉尼亚州惩教署在其规划中提到，通过更有效的方式来管理惩教署这一需求可以推动整个战略规划的发展。更有效的方式包括废除假释、采纳真相量刑法，而这将对惩教署的成本产生重大影响，因为罪犯在狱中所待的时间将会更长。然而，实际上战略规划中多次强调的案例是州长乔治·艾伦（George Allen）（1994—1998年）在 1996 年指示各机构制定战略规划和绩效报告。随后，弗吉尼亚州惩教署委员罗恩·安杰雷（Ron Angelone）和他的行政办公人员利用这个案例快速启动了战略规划。这一规划的初衷是预判弗吉尼亚州惩教署的核心问题，同时预判标杆团队收集与每个问题相关联信息的计划。之后体验的结果改变了关键领域的一些条例，因此被视为成功之举，尽管这种成功可能源于该领域所涉及的新流程降低了测评成本。

在战略规划的初始阶段，还关注到了一些其他的组织问题，如机构领导骨干老年化、沟通交流弱化，尤其是惩教署内不同部门之间的交流不尽理想。随着绩效管理过程的不断成熟，弗吉尼亚州惩教署不断改进扩大培训项目以创建以使命为基础的文化，培养未来的机构领导者，提升内部交流和跨部门间的交流。

弗吉尼亚州惩教署领导把绩效管理视为重塑机构文化的一个机会，主要通过两种方式进行重塑：构建基于使命的文化，强调雇员在实现使命中的核心作用。权力下放必须与组织文化保持一致，州政府机构应设法把自己定义为机构成员的支持者而不是对立者。值得注意的是，自 1996 年以来，超过一半的组织愿景阐述中都指出了雇员的中心角色："部门雇员是机构的奠基石，拥有共同的目的，拥有高水平的专业标准，提供杰出的公共服务，这是我们的使命。就部门而言，虽然使命变化不断，但它却是实现使命、回馈雇员辛勤工作、提升专业水准的场所。"

这就是所谓的雇员中心化绩效管理（employee-centered performance management），它努力构建以结果为导向的文化，培养组织使命感，塑造雇员支持，倡导权力下放。弗吉尼亚州惩教署的领导认为，类似于惩教署这种人员密集型部门，提高绩效依赖于雇员的积极参与、组织目标内化、自愿主动而非被强迫地创造出更好的结果，因此绩效的提高依赖于组织文化。对文化的重视源于 20 世纪 80 年代，通过一次战略规划确定了组织文化的重要性。据一位管理人员透露，这次战略规划的最终结果就是"形成了一个很好的文件条文，但并不能保证当时每个人都注意到了这个文件"。

弗吉尼亚州惩教署试图通过象征性的、具体的支持和交流证据来塑造部门文化。象征性的支持包括前面所提到的愿景陈述，它表现在各州所采取的每一项惩戒举措之上，并随着使命陈述和目标列表而凸显出来。具体的效益包括改善退休系统、通过惩戒的分类系统以改善安全条件、实行 12 小时换班制以获取更多的假期。沟通交流的提升主要得益于相关培训，这也是弗吉尼亚州绩效管理中提及频率最高的一种效益形式。有效的沟通可以培养组织集体感，确立共同的目标，特别是可以达成跨部门之间的合作。调查发现，大部分雇员都支持组织变化。惩教署的员工评论道：

> 他（前委员罗恩·安杰雷）让惩教署的官员认识到自己的重要性。他与他

们曾是全天候的伙伴。这些官员知道有人一直在关注他们。现在，我把这种关注称为主要的监督政策。这一点很有趣。

他们（雇员）知道自己适合一些地方，他们也对自己有所期望，他们也拥有以结果为导向的机会，他们也能有所作为……这并不是一个管制所有独立个体的庞大官僚机构……这是一个机制，且每个独立的部分都有自己的目的。

结果驱动的培训工作也在不断扩张，因为他们希望通过培养下一代机构领导者来代替老化的高级干部。通过向中级和稍低等级的管理人员提供参与战略规划的机会，将组织目标讨论和实现目标所需技巧融合在雇员培训之中，以便强化雇员的中心地位。高级官员将领导力的发展视为绩效管理成功的关键因素之一。两名官员如此阐述领导的重要性：

我认为，对高层和中层管理人员进行培训，引入战略规划是目前发展的一个必要条件，因为短时间内，我们中的大部分都将离开。行政副主任已经64岁了。操作运营部的副主任今年60或61岁。我63岁。甚至我们下面的人员也都50多岁了。人们在这里为事业而奋斗，但高层人员结构几乎没有发生什么变化，这种现状即将改变。因此，有必要引进战略规划并对他们进行培训，让他们知道如何运行组织。不是笼统的操作，而是写在纸张上的、有条理的、通过目标管理这一方式来进行管理。我们当初也是这样过来的。我认为自己是一股驱动力。

一旦他们（高级管理人员）认识到战略规划的重要性，他们就会做出如下决定："我们需要接触高层人员的底层员工，并为他们提供同样的发展工具。"因此，我们将拥有最强的领导力，而实际上这才是执行的开始。

良好有效的沟通，尤其是机构领导人员与一线员工之间的沟通，是重塑组织文化的中心。但最初的战略规划会议也揭示了机构成员与社区项目之间进行沟通存在的问题。不同的任务、地点、雇员以及工作环境，使得这两个部门的员工之间产生了一种距离感和不信任感。当希望两个组织共同实现同一目标、处理同一罪犯时，这种距离感和不信任感就是面临的主要问题。接下来的阶段将进一步改变这种现状，并让两个部门成员进行互动，例如员工互换项目，一个部门的成员暂时到另一个部门去工作。这种不断增加的互动，促进并形成了强有力的工作关系，比如在共同问题上的合作精神，共同讨论罪犯的突出特征，共同为罪犯假释进行额外的制度准备。当前，机构成员和社区成员之间有许多信息可以共享，如罪犯缓刑或者假释、改进释放罪犯的相关程序等。一位管理人员说：

我们要求部门之间互相合作。我认为我们以前听得最多的就是"我简直不敢相信，他们居然也存在相同的问题"……他们发现每个人都在处理类似的问题。仅仅只是在不同的地方而已……因此，当罪犯释放回社区担任假释办公室工作人员时，工作会更容易，执行办公人员也更能了解应该采取何种措施。这再次实现了更好地理解工作环境的目标。

**象征性效益**

绩效管理在机构层面的象征性效益，不同于全州范围的象征性效益，大部分关键性效益——更多的资源和操作自由权力的增加，都是完全针对组织而非个人而言的。机构领导者试图在政府其他机构和外部利益相关者面前把自己描述成理性的、高效率的领导者，以显示自己是同行中的专业进步人士。三个州的惩教署都把既存的绩效管理改革和实际上的绩效信息，作为其努力改革的一部分，以促进那些在本质上不受欢迎的改革项目，同时为民选官员争取资源。战略规划的存在就如同来自专业组织的认可一样，可以用来说服法院，向它表明惩教署是有目的地朝着将会实现的目标前进，这也是法院的愿望①。一些特定功能的专业组织，如美国惩教协会（American Correctional Association），也能促进、扩散机构安全评估标准，并推动惩戒专业人士向标杆准则不断迈进。

在佛蒙特州的案例中，绩效管理被用来说服外部利益相关者甚至普通大众接受新哲学，接受佛蒙特州惩教署提出的一系列政策。同时，说服利益相关者向公众提出更多要求，而不仅仅是生产和发布绩效信息，但这些做法与弗吉尼亚州、亚拉巴马州一样收效甚微。在佛蒙特州，外部的沟通交流具有极强的说服力，因为这些交流以之前的公民调查为基础。另外，外部沟通交流的有效性还缘于满足"顾客"的要求，包括满足体制内的司法体系、市场目标体系以及其他利益相关者在内的"顾客"需求。佛蒙特州惩教署能够说服州长、立法机构、司法机构和公众，让他们明白惩教署主流的惩罚方式不仅成本高且效率低，目前已存在其他可代替的方法。

改革的象征性方面也能够为机构带来工具性效益。在惩教署里，很难观察到实实在在的成功，实施稳步改革可以向惩教署的雇员提供一种成就感和发展的专业平台②。类似地，弗吉尼亚州惩教署的领导运用绩效管理不仅是为了工具性效益，更多的是作为一种象征性的组织目的——塑造使命驱动型文化，增强自我完善的氛围。

**削减成本**

机构领导人也试图以一种限制改革潜在的负面影响的方式来实施绩效管理。一种潜在的风险即为，绩效信息可能会反映出一些对组织不利的现象。另外，机构绩效的不佳，也可能会导致成本资金的增加。这一潜在成本可以通过呈现绩效信息的方式来进行调节，三个州的惩教署都是按其设计的以保护资源基础为目的的方式来生产绩效信息的（第 6 章将进行详细的讨论）。

另一个成本指标是改革实施过程中投入的时间和努力。如果机构领导人不能从绩效管理中看到产生积极效益的巨大潜力，但却需要服从各种规定，那么，他们就会最低程度地满足并服从要求，同时减少机构成员在时间投入和改变管理惯例上的

---

① 然而，如果战略目标与法院规划相冲突，或者如同亚拉巴马州的案例一样，战略目标不具备可行性，那么法院可以选择直接忽略战略目标，并用法院目标取而代之。

② DiIulio,"Managing a Barbed-wire Bureaucracy."

负担。正如亚拉巴马州的案例一样，资源贫乏的惩教署认为绩效管理的唯一效益就是能够增加可利用的资源，但他们也接受了无法实现这一目标的现实。最终，亚拉巴马州惩教署的现实就是，到目前为止，它是美国获得投资最少的一个机构。当我参观这个机构时，一个委员提供的来自美国惩教协会的数据显示，亚拉巴马州每年每个罪犯的预算为 9 176 美元，而全国平均预算为 27 114 美元。虽然产生这一差异的部分原因可能是亚拉巴马州的生活成本低于全国平均水平，但是生活成本最低的路易斯安那州，每个罪犯的预算也有 14 185 美元，两者相较，前面的假设就不值一提了。

实际上，在亚拉巴马州，绩效管理被视为一种增加资源的工具而非真正的管理工具，因此，亚拉巴马州并不会通过培训或变更工作流程来积极主动地将其渗入组织变化之中。在亚拉巴马州惩教署内部，绩效管理仅仅改变了掌握绩效信息的预算人员的日常惯例，这些改变并未涉及操作执行人员的行为。实际上，因为战略规划并未传达给在监狱工作的管理人员，所以只有一小部分人知晓亚拉巴马州惩教署战略规划的存在。

资源需求、危机氛围、改革精神的衰退分散了亚拉巴马州对绩效管理的注意力，而机构领导人员顺从州长的做法也限制了绩效管理的发展。工作人员都认为州长的权力高于惩教署。虽然有时他们也认识到绩效管理不失为一种好办法，但亚拉巴马州惩教署却认为不能采取这一办法。亚拉巴马州惩教署现在唯一的直接成本就是为准备绩效信息而投入的时间和努力。即使这一改革今后会逐渐消失，相对于否定州长的意愿、冒险做出消极政治反应而言，顺从州长的意愿就显得更为简单、安全了[①]。

## 权力与问责制

当前，绩效管理宗旨的中心论点在于管理权力受限，但在具体实施过程中，为实现目标，政府肩上的责任却在不断增加，这就降低了实施原有改革目标的可能性，同时也减少了绩效改善的可能性。根据这一逻辑来调整控制焦点的话，不仅需要关注投入还应重视绩效，同时也要增加管理权限，以使员工能够理解组织目标，积极承担相应的责任。

绩效管理宗旨表明，绩效信息的使用和变动管理的权限之间存在着循环关系，并且为了改进绩效，经常会出现误搭误用的情况。管理人员是否认为能够有效地利

---

① 2002 年 11 月，州长西格尔曼失去连任机会时，与亚拉巴马州绩效管理改革相关的趣闻及后续报道相继出现。西格尔曼的竞争对手在竞选中承诺将对政府进行全面整顿，并控诉西格尔曼在位时的无能和腐败。面对这一控诉，西格尔曼的助手们都感到十分惊讶——他们一直以为西格尔曼是最完美的"善政"候选人。然而此时，社会公众与媒体似乎都对绩效管理或实行善政的其他动机不感兴趣，在西格尔曼竞选失败后，人们渐渐地忽略了绩效管理。这一结果也证实了马奇和奥尔森的观点，即在竞选时做出改革承诺比在现实中实施改革效果更好，这也不失为一种选举战略。官僚主义认为，这一结果进一步反映了行政主导性改革的延续性本质。参见：March and Olsen，"Organizing Political Life."2006 年 6 月，西格尔曼因政治阴谋、贿赂、欺诈被定罪，这样一来，西格尔曼的处境变得更加糟糕。亚拉巴马州的第二届州长也在 13 年后被判过失罪。

用绩效信息，直接关系到他们使用绩效信息的意愿。如果管理人员认为权力受到限制，他们就不会积极使用绩效信息，他们也不可能优先运用绩效信息并在改善组织机构上投入大量的时间和精力。森奇（Senge）指出：“当一个团队试图发展学习能力，但缺乏采取主要行为的权力时，这时一种挫败感就会油然而生。”[1]

尽管也存在一些运用绩效信息来改善管理过程的例子，例如弗吉尼亚州的标杆管理团队，只是这些例子还是太少了一些。只有拥有时间、兴趣、检验信息等专业要求的人，才能做出准确判断，并推动绩效管理向前发展，而符合这些要求的往往都是一些较低层级的管理人员，但他们缺少及时进行改变的权力。高级管理人员或政府官员，虽拥有相应的权力，但却可能缺乏兴趣、动机和就具体流程做出准确判断的专业操作能力。这就造成了绩效信息闲置的结果，也造成了不争取潜在学习机会、不变革低效的管理流程这一现象。

然而，本章所阐述的是，在执行方面，机构管理人员究竟拥有多大的自由裁量权，究竟有多少人将这些权力运用到了改革之上。弗吉尼亚州和佛蒙特州的机构领导人发现，即使与绩效提升没有直接的联系，在既有的权限下运用绩效管理也是可行的。显然，如果机构领导人有动机、有决心，即使在既有的权限内也可以进行一些积极的变革。

即使物质化的问责模式失败了，但仍然会产生一些积极效益。问责制概念存在的一般性问题在于，官僚机构是否控制了它们所负责生产绩效结果的流程。不过，这一问题会受到外部因素的限制，毕竟它超出了政府的控制范围，例如经济对再犯罪率的影响，就完全不受政府控制。对于任何有意义的结果，想要厘清偶发性关系，厘清政府管理和公共项目行为的重要性，都是非常困难的。针对这种情况，弗吉尼亚州政府机构的一位官员说：

> 你必须设法梳理出偶然状况及其原因。祝你好运！世界上最伟大的研究者还没能解决这一问题。我认为规划与预算部或州长办公室的人员也不能解决“由他们引起的，他们就得负责”这一问题。

因此，对于问责制而言，对拥有高度控制权和绩效判定权的官僚机构的产出或者直接结果进行测评更为合适[2]，虽然这一做法与结果导向的管理要求背道而驰。官僚机构是否有权变更管理流程，也决定了控制与目标实现之间的关联程度。如果没有变更的权力却要求他们对目标的实现承担责任，这一点是很难做到的。三个州几乎都不允许官僚机构在实现目标的过程中扩大它们的责任范围，也就是说，如果要增加管理权限，还需要进一步的改革。

除因果性问题之外，美国政治体制本身、传统政治文化以及政治控制都在阻碍着问责模式的实施。美国政治分权体制（the separation of powers in the U. S. political system）阻碍了在资源供给和目标实现之间建立合同式关系的变革。高级机构管理人员也有需要实现绩效目标，但并不希望为实现这一绩效目标而去检视以前

---

[1]　Senge，*The Fifth Discipline*，xvii.

[2]　更多详细的观点参见：Frederickson and Frederickson，*Measuring the Performance of the Hollow State*.

的绩效，也不希望绩效目标能对其任期或财政预算产生任何影响。绩效目标并不是绩效的缩减，在这一方面，官僚机构和民选官员都认可特定层级的绩效应该能获得特定层级的资源和激励机制这一观点①。行政机构的战略规划是为了获得更多资源而制定的。如果立法机构不能满足它们的资源要求，那么行政机构期望实现的目标也必然会缩减。在立法机构提供预算之后，三个州都没有对目标进行更改，也没有重构资源与组织目标之间的联系。虽然三个州的惩戒预算逐年上涨，但仍不能满足惩教署员工的要求。在亚拉巴马州，目标与资源极度分离，机构官员将战略规划资金不足视为对其规划的否定，因此拒绝承担由此引发的责任。与"这是我们将负责的清单"这一说法相反的是，机构针对绩效管理如是说："这是你给我们的资源所能做的事情，如果你不给予我们相应的资源，我们也就没办法完成这些事情，这一点是毋庸置疑的。"

政治任命体制（the system of political appointments）是问责制的另一个限制。基于政治忠诚或共同的政治认知而赢得政治任命的职员不可能因为绩效而丢掉工作，除非绩效崩溃并明显地演变成了一个公共问题。我遇到的三个州惩教署的委员和成员都是经验丰富的专业人士，熟悉他们自己的岗位职能且关心组织，但这并不意味着惩教署必然拥有高绩效。很明显，以前的案例并不总是如此。对于官僚机构而言，在提供任期保护、工资保障的公务员服务系统的同时，实际上也提供了类似的形式以保护官员问责的传统，除非出现了最糟糕的绩效。

这些案例中问责制缺失的另一个前提是，民选官员和州政府机构实际上是通过使用绩效信息来分配资源的，通过工作结果来决定任期或财政惩罚与奖励决策。不愿改变既存决策形式的想法阻碍了问责制的实施，正如传统控制系统主要集中在廉洁而不是实现目标上一样。尽管实施绩效管理改革意在促进绩效预算，但立法人员更关注的是合理利用资源而非实现目标。

法律必须以政府官员希望的方式通过。这是我们的犯罪率，那是你的预算，我们将给予你降低犯罪率所需的条件。这些是你将要设法实现的目标，这些是你的测评工具，这是你的结果，这是你必须花费的开支。但是我们并不会得到上述条件。我们依然处于"在铅笔上花了多少钱，在汽车上花了多少钱"这种阶段。同时，人们也不想背离以前的这种模式。

## 资源

资源是否充足是影响改革实施进程的一个直接因素。实证研究表明，资源可用

---

① 不同于标杆管理国家拥有的议会制，美国州政府的行为还将受到立法机构的限制，这一现实给美国的绩效管理改革带来了诸多困境。这意味着，对于单一官僚机构而言，必须针对行政机构与立法机构制定出两套不同的规章制度，并对两者进行综合以创造出一种类似于合同形式的问责制度。参见：Moe，"The New Economics of Organization."

性与机构实施绩效改革、运用绩效信息密切相关①。虽然资源并不能保证改革取得成功，但如果资源长期不足，那么改革就一定会失败②。亚拉巴马州的案例再次说明了资源的重要性。资金严重不足，导致亚拉巴马州需要对每个方面都进行革新，由于需要改革的地方太多，以至于无法展开管理改革，其中也包括绩效管理改革。

亚拉巴马州的政治文化相对保守，政府开支令人怀疑，公民都希望严厉惩治犯罪行为。立法机关与监狱联合监督委员会、共和党主席杰克·比德尔三世参议员 (Senator Jack Biddle Ⅲ, the Republican chair of the Legislature's Joint Prison Oversight Committee) 如是总结存在的政策矛盾："每个人都希望把罪犯永久地关在监狱里面，但却不想为此花钱，也不想与监狱为邻。在没有钱的情况下，我们正在尽力做到最好。"③ 资源匮乏与不断增加的服刑犯，导致监狱长期超负荷运转，出现了管理危机与生存危机。

越来越多的罪犯进入监狱，但却雇用不到新的工作人员。20 世纪 90 年代初，一个委员关闭了亚拉巴马州惩教署的培训部。到 2002 年，亚拉巴马州惩教署人员与 1991 年一样，员工数量保持不变，但罪犯却多了 10 000 名。

不管怎样，亚拉巴马州惩教署都属于严重超负荷运转，最初的设计只能容纳 14 000 名罪犯，现在却接纳了近 26 000 名。郡县的监狱也都十分拥挤，同时还要接受州多余的罪犯以更有效地与州惩戒系统一体化展开工作，另外，郡县也在向法院寻求帮助，力争以法令的方式让州再次接收本属于它们的罪犯。据估算，一间监狱，州每天需投入 26 美元，但每天却只向郡县支付 1.75 美元。法庭同意了郡县的申请，但州却一再推迟接收罪犯，以至于一家法院授予了郡县监狱将州罪犯简单地赶回州监狱这种权力。在一次拜访州监狱的过程中，当当地电视新闻报道人员到达监狱外面时，州监狱立马缩减了我的采访时间并叫我迅速离开。新闻报道人员上一次出现是向郡县发出警告，说明它向州监狱遣返罪犯的努力是徒劳的。郡县带了近 150 名州罪犯来到州监狱，在监狱边界栅栏边上给罪犯戴上手铐，然后就驱车离开（极易理解，电视报道人员在场，使得监狱工作人员担心电视报道人员会反复报道这一事件，尽管后来证明这只是一个警告）。

在我离开亚拉巴马州之前，另一个案件（CV-92-388-SH 号和 CV-92-399-SH 号民事诉讼）审理结束。法院判决要求亚拉巴马州惩教署必须在 30 天内将所有州属罪犯转移到州惩戒系统内，但转移罪犯时必须获得惩教署的同意。即使这样，要在一个月之内将 2 000 名罪犯转移到州监狱系统，同时进行有序分类，并分配到临时住所，几乎是不可能完成的任务。在这个判决中，法庭也证实了监狱严重超负荷这一事实，法院指出民选官员的主要作用就是提供基本的资源：

　　本州的法庭在补救监狱和监狱超负荷上，能做的也只有这些了。真正的解

---

① Brudney et al., "Reassessing the Reform Decade"; de Lancer Julnes and Holzer, "Promoting the Utilization of Performance Measures."
② Mazmanian and Sabatier, *Implementation and Public Policy*.
③ Firestone, "Packed Alabama Jail Draws Ire of Court Again."

决办法只能靠州政府的行政机构和立法机构。只有当它们有能力提供足够的资金、人力时，才能确保本州公民的安全和幸福。

　　亚拉巴马州惩教署的形象不是精英化、目的性、高效性，而是拼命想要保住这个不断退化的部门。我曾问过一个惩教署的工作人员，当面临突如其来的事故或危机时，战略规划是否会受到影响，他回答说："基本上不会有什么影响。当然，现实并非如此。我们将无法完成绩效指标。"实际上，面对骤减150名罪犯这种情况，监狱工作人员只能勉强应对标准的操作程序。对亚拉巴马州惩教署的雇员而言，即使安全监禁罪犯的技术在快速发展，也能获得足够的资源，但周围环境仍然是不稳定、多变的。正如明茨伯格（Mintzberg）所言，如果计划在高度可预测性的条件下运转，那么即使亚拉巴马州最不起眼的人都会对绩效管理感兴趣，这一点并不会令人感到吃惊①。对其工作运转影响最大的因素——资金和工作超载，也是他们最无法控制的因素。

　　亚拉巴马州的资源匮乏对绩效管理改革实施的影响主要体现在两个方面。首先最重要的一个方面是危机管理意识（the sense of crisis management）在亚拉巴马州惩教署的盛行，这使得整个组织主要集中精力解决一些因资源匮乏而迫在眉睫的问题，而非长远的战略规划。拥有危机意识是组织里面的常态而非例外。一位高级管理人员指出："对惩教署而言，经济出状况是常态，我们本就处于一种危机模式中。"充足的资源可以弥补这些经济的不稳定，可以透视我们所能看到的一切。对亚拉巴马州惩教署人员而言，绩效管理所带来的积极作用是，有助于他们对多余的资金进行解释（第6章将进行阐述）。资源匮乏这一现实一旦公之于众，现在的一切都不再是问题。而基于资源充足所设定的不相关的目标，将变得清晰明了，人们将不再嘲讽绩效管理存在的可能性。一位高级管理人员说道：

　　　　我们可以坐在这里制定未来五年、六年的战略规划，但是现实是我们并没有保障实现这些规划的资金，这一点是非常严重的，尤其当我们被束缚住了手脚时……他们（同事）并没有太多热情，因为他们之前已经做过一些类似的事情。你将开始一场战役，没有资源你注定会在这场战役中失败……因此，最重要的是你的态度。设定目标是可以的，但是问题的关键是如果没有资源我们将如何实现这些目标。因此，现实是，大家都是持一种消极态度。

　　资源匮乏对改革的第二个影响是，分配在执行改革上的时间和管理精力有限。弗吉尼亚州和佛蒙特州惩教署都有全职人员收集、传播绩效信息，而在亚拉巴马州，绩效管理的职责是由工作已经超负荷的预算人员来共同承担的。毫无疑问，亚拉巴马州的预算人员只是简单地确保并满足将向财政部门进行汇报所需要的信息，不会设法寻找运用绩效信息来改变组织的工作方法。在监狱工作的管理人员甚至并不知道战略规划的存在，高级管理部门把战略规划视为一种工具，让预算人员负责。亚拉巴马州惩教署的一位工作人员说道，"惩教署99%的人员都不了解这事"，

---

① Mintzberg, "The Pitfalls of Strategic Planning."

这一点完全符合我与惩教署员工访谈所得出的结论。我问他这其中是否还包括机构人员或者高级管理人员。"我指的是所有人，我的意思是，虽然一些拥护管理的人员接受了采访，但是他们并不关心事情产生的原因，他们不关心任何事情。"

　　绩效信息一旦产生，就不存在其他复杂的机制了——雇员拥有参与、交流、培训、绩效审核或其他学习的机会，亚拉巴马州已经建立了这些机制以充分利用绩效信息，日常管理中也会常常强调这些方面。预算人员并不喜欢这些额外的责任，或者说他们并没有将绩效管理视为扩展机构权力的机会，而只是将它视为一项额外的、需要费力执行的任务，且这些任务并没有额外资源的支持，但却比本职工作的要求更高。

# 5.2　结论

　　我们已经运用了各种不同的方法来解释组织的政治和行政行为。理性选择（rational choice）与自利行为（self-interested behavior）可以作为基本假设来解释这些行为，民选官员采纳并实施政策是为了增加再次当选的机会。虽然社会学中的新制度主义强调专业规则，寻求新观念传播中的法律依据，但有趣的是，理性选择和社会学中的新制度主义都认为改革具有典型的象征性效益，因而改革拥护者可以将其运用到其他目的上。传统公共管理理论大都回避改革的象征性效益这一层面，转而强调工具性效益。新公共管理和绩效管理宗旨背后的新制度主义，从经济层面上采纳了理性选择这一假设，它们并非简单接受理性选择的行为框架，因为新公共管理和绩效管理宗旨都集中于运用绩效改革来创造工具性效益。

　　从执行方面来研究管理改革比前面提到的任何单一方式都更能描绘出改革现实中的混乱、互动和趣味。这也有助于提出采纳与执行政策时所需要的理论，了解改革中的象征性和工具性效益，掌握这些概念之间的互动关系。这当中也存在很多自利行为因素，尤其是民选官员通过选择绩效管理来进行改革这一行动就存在大量的自利行为。当然，这其中也呈现了新社会学制度主义体制同构现象，并向政府专业人员传播了绩效管理理念，为州政府制定了绩效管理的合法性标准[1]。从这方面来讲，绩效管理是一种象征性的改革。

　　然而，案例研究证据也指出了象征性效益与工具性效益之间的差异[2]。虽然有时候采取的方法出人意料，但象征性动机驱动的改革却可用于现实目的，因为这类

---

　　① DiMaggio and Powell，"The Iron Cage Revisited."
　　② 这一发现十分有趣，因为它将一些独特的见解公之于众，例如记录结果导向型改革所具备的象征性。另外，罗伊（Roy）与塞金（Seguin）也对这一改革涉及的同质机构提供的参数进行了对比分析，主要侧重于分析联邦政府的成本-效益比。然而，他们并没有留意联邦政府的成本-效益分析是否带来了任何工具性效益，而只是将它视为一种象征性改革。本书中案例研究的主要贡献在于同时考虑到了改革所具备的象征性与工具性两个方面。参见：Roy and Seguin，"The Institutionalization of Efficiency-Oriented Approaches for Public Service Improvement." 改革誓言的夸夸其谈与实际行动的无动于衷之间形成巨大差异的另一个案例，来自澳大利亚的权责制预算改革。参见：Carlin and Guthrie，"Accrual Output Based Budgeting Systems in Australia."

改革可以给予管理人员更大的行政空间，并获得上级对变革的支持。积极主动追寻这些改变的机构领导者，大部分都希望创建一些新的组织价值。

马奇和奥尔森指出，行为并非由逻辑惯性塑造，而是由实践性与现实性逻辑共同构成的，它是由环境准则、结构和惯例之间某种恰当的逻辑决定的①。但是，恰当的逻辑并不一定包含实践性与现实性逻辑。相反，组织内部、独立个体甚至行为方式都可以从一种逻辑转向另一种逻辑。一种行为既可以具备工具性，也可以同时具备高度的象征性。正如绩效管理改革实践中所呈现的一样，对于实施者而言，改革是一种规范化的象征性工具。正如对绩效管理改革的实施必须时刻改变以适应实施者和实施内容的需要一样，改革的传递也意味着改革的转化。在美国各州的案例中，绩效管理改革就进行了一定的调整，同时也降低了增加管理权限的重要性。相应地，机构管理人员也只是在自己的权限范围内寻求实施办法，这就使得绩效管理措施与国家政策原来所设定的组织内容和目标存在差异。

---

① March and Olsen, *Rediscovering Institutions*.

# 第 6 章

# 绩效信息运用中的交互式对话模型

如果让我们现在去解答童年时的数学题，我们会觉得很简单。因为正确答案只有一个，要么对要么错。数学源于一些客观的标准，具有严格的逻辑思路。通过联系，绩效信息也可以客观、清晰地表达当前所面临的现状①。但是，这种对绩效信息的认识通常太过简单，而且是错误的。因为绩效信息常常是模棱两可的、不被认同的。绩效信息没有确定的含义，感兴趣的执行者可以通过交互式对话模型创建其含义。这一点将在接下来的三章中进行详细的阐述，同时进一步阐述绩效信息运用中的交互式对话模型。

为什么互动？为什么对话？对话不仅可以替代绩效管理宗旨中隐含的决策机制，还可以获取绩效信息其他替代理论中的多个因素。案例研究结果表明，政府确实对绩效信息进行了相关的运用，尽管这些运用不够系统。对话的呈现、交换和解释都反映了绩效信息如何发挥作用的理论而非绩效信息如何无用的理论。绩效信息的运用具有明显的互动成分。管理人员从来没有把运用绩效信息当作一次纯粹的练习，他们创建、解释并根据自身拥有的

---

① 例如，关于项目评估，管理与预算办公室的环形 A-11 预算指南如是描述道："通过分析测评工具的客观性及系统性，可以判断出联邦项目为实现其目标所下的决心。"（参见：http://www.whitehouse.gov/omb/circulars/a11/current_year/s200.pdf.）《政府绩效与结果法案》也要求"联邦项目应提供更多与实现目标、提高效率、提升效益相关的客观信息，以及那些能够反映项目支出情况的绩效信息"，同时要求各机构以一种可量化、可操作、客观的形式来阐述他们的项目目标。（参见：http://govinfo.library.unt.edu/npr/library/misc/s20.html.）

信息来采取行动。一般而言，管理人员都是遵循上级命令创建或运用绩效信息，他们只有在寻找解决办法、控制其他执行者时才与同事联合运用绩效信息。用瓦尔达夫斯基的话来说，创建并运用绩效信息就是一种社交互动形式①。与通过主要执行者集中制定的州政府规划相反，社会互动模式的特征主要表现在权力下放、兴趣以及表达自己观点的能力等方面。执行者通过协商达成一致意见，而非形成一些绝对"正确"的决定②。瓦尔达夫斯基也对机构角色如何塑造行为下过定义，我将介绍一个我所观察到的现象，以检验工作角色是如何对绩效信息产生影响的③。

互动对话揭示了绩效信息运用的社交层面。绩效信息在不同部门之间的交换，显示了对绩效信息进行多样化解释的潜力。绩效信息并非静止不变，通过创建、呈现绩效信息，就可以影响其他执行者，因为执行者会将信息运用到自身工作中所遇到的需要解释的事件中去。各个执行者掌握信息的意义在于进行交换。因此，互动对话就反映了信息结构的模糊性和主观性。同样的方式，一些互动对话会产生一致意见，也会形成一些明确的冲突。交换绩效信息有时候可以在双方之间形成一致意见并进行合作，而有时候只是反映了参与各方的不同处境而已。

互动对话的最终好处是，显示绩效信息是执行者之间进行政治交流的一部分。马佐尼（Majone）指出："政客们深知这一点，但社会科学家们却总是忘记这一点，公共政策是由语言组成的。不管是书面形式还是口头形式，争吵永远是政策过程中各个阶段的核心。"④ 正是因为对话具有政治性，因此它的影响不是决定性的，也不易预测，它依赖于执行人员的政治构成——他们所拥护的立场、角色呈现、所控制的资源、掌控权力的不同程度等。简而言之，互动对话就是提示我们关注呈现出的绩效信息，以及是何人在何种条件下呈现的、想要传达何种含义、对其他执行者有何种影响等。

关于交互式对话，一个更为清晰的解释即为，在政策实施过程中，信息使用者需要具备从信息中梳理观点的技能。一个技能高的人可以有力有效地完成，一个技

---

① Wildavsky, *Speaking Truth to Power*.

② 在某些方面，我所理解的社会互动与瓦尔达夫斯基阐述的社会互动存在一定差异。瓦尔达夫斯基认为，社会互动是一种民主机制，在这种机制下，地方政府与社会公民可以就上级政府实施的行动计划提出反馈意见。而我对互动的理解与之有一点不同。因为我对中央机构政府官员与立法机构、行政机构政府官员之间的互动比较感兴趣，故而相对于在对话中反映出的规范性民主因素（虽然我认为纳入实施者的意见总归是一件好事），我对政府官员自发的对其自身机构的忠诚及民主意识、主观归属意识更感兴趣。瓦尔达夫斯基有时将理性分析视为因社会互动而产生的政治斗争结果（例如，"专业的政策分析既不是社会互动的产物，也不能取代社会互动"，参见 *Speaking Truth to Power*，126），然而本文呈现的观点却是，只有基于多元理性分析的结论，才能被大家认可。总而言之，我认为这些差异缘于个人研究侧重点与主观认识的不同，我对社会互动的理解是以瓦尔达夫斯基的理论为基础的，而非与其背道而驰。

③ 有趣的是，瓦尔达夫斯基在其预算工作中一直强调政府角色的重要性，但在随后的社会交互式模型的探讨中却鲜有提及，因此我只能综合瓦尔达夫斯基不同的理论观点以更深入地了解绩效信息的各类应用。参见：Wildavsky and Caiden, *The New Politics of the Budgetary Process*，5th ed.

④ Majone, *Evidence, Argument and Persuasion in the Policy Process*，1.

能低的人将因能力不足而失去信任①。

本章首先关注如何将绩效信息运用到特定的公共决策场所，比如运用到预算过程中，以从更宽泛的层面来进一步理解绩效信息。以州政府的证据和现存的理论为基础，我们创建出了绩效信息运用中交互式对话模型的基本假设。

## 6.1　绩效预算理论的缺失

绩效预算的概念因其定义的模糊性而愈加含糊不清，与此同时，它还缺乏操作理论。1940 年，基（V. O. Key）指出，预算的基本问题在于缺乏允许预算人员决定"在什么基础上，资金 X 美元可以用在活动 A 而不是活动 B 上面"的理论②。绩效管理宗旨表明，绩效信息可以为决策提供基础性条件。绩效信息可以向我们提供更多的信息，但如果认为绩效信息能够解决基的疑惑，那就大错特错了。第一，尽管政府在不断提升技术，但是要从绩效中划分出成本却是非常困难的。第二，决策者不认可有效绩效测评的构成部分，尤其不愿意通过不同类别的项目来发现部门存在的问题。第三，即使决策者认同用来测评绩效的工具，他们也不会认同各个项目绩效之间存在的价值关联。例如，对一些立法官员而言，能够在一定程度上提高文化水平，在教育而非交通上投入更多，这种做法是很有价值的。对其他人而言，投资一条新的道路明显获益更多。

从某种程度上来说，将绩效预算区别于绩效管理是对二者的一种误解。预算过程包括预算执行，而这是管理的另一种说法。州与联邦层级的预算官员认为，绩效信息的一个关键作用就是达到管理目的，同时传递管理人员通过运用其所希望达到的效果。因此，绩效预算怎么可能与绩效管理完全不相干呢？如果完全不相干，绩效预算就一定不会包含在运用绩效信息做出资源分配的决定之中。他们如何运用绩效信息呢？这一问题无法解决，就无法创建一个具体且清晰的绩效预算定义，正如第 1 章中指出的那样。虽然大家都普遍认可绩效信息与资源配置之间的关系，但并不认可严格的绩效预算模型的逻辑扩展。

如果绩效预算的严格理论不被认可，那替代理论又是什么？这种宽松的绩效预算标准希望能够促进有效分配，从而将资源运用到最有效的地方。对绩效项目和过程了解得越多，对分配决定也就理解得越透彻。预算人员和民选官员并不关心投入多少，而是将精力集中在根据战略规划提供资源上面，同时观察是否实现了这些目

---

① 一次有效的政治论证应该包含哪些内容，存在着不同的看法。马佐尼认为，在起草论证时，最核心的技术是"批判探索假设的能力、提供评估证据的能力、掌握政治全局的能力、从不同资源中获取信息的能力以及进行有效沟通的能力"。参见：Majone, *Evidence, Argument and Persuasion in the Policy Process*. 马佐尼指出，在论证过程中，存在很多陷阱和错误的理解，从而导致分析人员分析失误。最常见的错误是过度强调数学模型与专业术语，论证过于形式化，同时使用的数据也并不能说明任何问题。许多文献都提到了这一点，例如，Toulmin, "The Uses of Argument"; Walton, "Plausible Reasoning in Everyday Conversation." 沃尔顿主张建立政治论证的标准模式，即使政治基础可能存在偏差，政治观点可能存在片面性，他仍坚持自己的观点。

② Key, "The Lack of a Budgetary Theory," 1138.

标，然后管理人员还必须对这些结果负责①。

但是，有效分配的概念并没有获得绩效预算的理论支撑。首先，有效分配是一个目标，而不是预算人员采取何种行为或应该采取何种行为的理论基础。其次，概念是抽象的，而且是主观的。资源分配是民选官员的一种政治心理过程，是权力的展示。如果预算仅仅是指分配价值，那么就可以把预算看作一种主观锻炼。

预算改革的经验显示了绩效信息与资源分配之间相对松散的联系，对预算执行阶段的重视正是绩效预算所希望实现的状态。而改革前期设定的那些不切实际的目标，则会阻碍以后目标的设定②。渐进理论很好地解释了这些失败的经历③。渐进主义指出了决策过程中政治价值观的重要性，也强调了前期的决定或分配对当前决策的指导性作用。在政治环境中，民选官员面临着诸多为争取关注和支持而承受的压力，包括党派政策、团体利益、一致愿景、媒体观念及竞争性政策问题。绩效信息的综合运用超出了人类的认知能力范围，导致信息超载、政策分析分散。相反，以前所达成的协议都只能解决一些简单的问题、有限的政治冲突。渐进主义完全不认同绩效信息的重要价值，因此，绩效预算理性模式和过度机制化只能不断经历失败。

绩效预算模式的失败映衬出绩效信息系统的重要性这一现实。一些政府官员不肯承认失败缘于绩效信息的缺乏、忽视，他们借口改革失败是因为改革没有得到充分的执行。一名弗吉尼亚州政府机构官员讨论了其他州是如何反思自己的失败的，他发现，其他州认为：

> 你知道，他们只是囫囵吞下政策指示，然后进行工作，并未真正意识到这些政策的意义。你知道，失败有时候让人有点沮丧。是的，情况本可以好一些。我们会努力尝试。我们将继续为此而努力工作。明年，我们将参加培训，然后我们就能掌握这些即将来临的新形式。他们认为理论结构并没有问题。他们还认为是这些理论结构在一直支撑着他们的工作。他们并没有犯错或没有进行培训，你知道，逻辑就如稀薄的空气，所以他们要紧紧地抓住它。

如果说严格的绩效预算模式是不切实际的话，或许我们需要为绩效管理设置更多可实现的目标，也要设法正确区分决策过程中使用的绩效信息，但这一点却是无法决定的。乔伊斯认为，相对于争取绩效预算，我们应该设法改善"绩效告知型预算"模式④。劳思（Lauth）认为，我们不应该期望绩效信息给预算提供系统性的指导，相反，我们应该确保预算"友好地"为提高生产力而努力⑤。梅尔克斯和威洛比认为，我们应该把沟通交流视为绩效管理临时的或初始的目标，我们也要向州

① Grizzle,"Linking Performance to Decisions."
② Joyce, *Linking Performance and Budgeting*.
③ Wildavsky, *Budgeting: A Comparative Theory of Budgeting Processes*.
④ 同②.
⑤ Lauth,"Budgeting and Productivity in State Government."

预算人员和机构成员寻求支持，使他们支持这种观念①。克里斯·怀（Chris Wye）指出：

> 我们不能在其他环境下，对在决策过程中使用绩效信息抱有任何希望。我们最多只能希望在决策过程中被告知与其相关的信息。然而，关于指标，我们期待有一个完美的世界，在这里我们不仅可以谈论权力，还可以讨论权力能够干什么……真正的标准应该是，无论决策过程中是否运用绩效信息，无论绩效信息是否构成特定决策的基础（与基础上的倾斜），标准都适用。②

这些观察的共同点在于，绩效预算的可行性理论适用于在对话互动而非决策过程中运用绩效信息。州政府掌握的证据支持这一观点，同时还指出运用绩效信息的重要性，并推动我们向绩效信息运用的交互式对话模型靠近。

## 6.2 州政府证据

为找寻绩效预算理论，让我们回到州政府层面。在这三个州中，改革倡导者都将改革描述为绩效预算，反映了他们努力把创建和扩散绩效信息与预算过程联系在一起的现象。证据表明，对绩效信息的实际运用落后于绩效信息系统的成熟规划，是一种片面性而非系统化的运用，这一现象主要发生在机构层面而不是州执行者之间。

这一点与之前的调查结果相符。在阿里斯蒂吉塔（Aristigueta）检验过的三个州中，包括弗吉尼亚州，几乎未发现任何运用绩效信息进行资源分配的证据③。乔伊斯和汤普金斯发现，管理人员在分配资源或者进行立法预算辩护时可能会使用绩效信息，但绩效信息的影响微乎其微④。美国政府问责署对各州的绩效管理领导者的研究结果显示，运用绩效信息的现状与预期存在较大的差距，但却警告说："然而，其中一些信息可能导致自动化预算决策。相反，它也可能有利于通过热点问题、支持性言论，或者丰富的辩论来映射对预算的顾虑。"⑤

各州反复强调重视绩效预算的事实说明，当前依然缺乏成功运用绩效预算的案例。例如，在亚拉巴马州，州长西格尔曼不断追求新的绩效预算要求，即使既存的要求大部分都被忽略了。佛罗里达州和得克萨斯州从绩效预算转向零基预算。零基预算使我们想到州长吉米·卡特（Jimmy Carter）努力要求联邦政府假设他们是从零资源开始，承认他们开始于对所有项目进行调整的做法。卡特在佐治亚州实施了相同的管理模式，但进一步的调查表明，在佐治亚州或者联邦层面并未采取任何重

---

① Melkers and Willoughby, *Staying the Course*, 2-4.

② Wye, "Performance Management for Career Executives," 63, 65.

③ Pilar Aristigueta, *Managing for Results*.

④ Joyce and Tompkins, "Using Performance Information for Budgeting."

⑤ U. S. Government Accountability Office, *Performance Budgeting: States' Experiences Can Inform Federal Efforts*, 14.

要措施[1]。其实，如果真正实施了零基预算，抛弃了渐进预算推断模式，还是可以对整个过程展开良好管理的。零基预算也不认同绩效信息的重要性。如果绩效预算的基本观点是产生的绩效信息越多，做出的预算决策越好的话，那么零基预算则正好相反，后者认为，过度依赖绩效信息不利于促进预算人员考虑某些事项是否值得拨款这一基本问题。被视为绩效预算领导者的两个州将其注意力转移到零基预算这一现象，对绩效预算而言并不算是一种积极的征兆，就像预算人员放弃呈现失败倾向的改革而返回到 20 世纪 70 年代去推翻预算的基本逻辑基础一样。

得克萨斯州 2003—2005 年度的财政预算提案阐述了零基预算的荒谬之处。与直接展现具体金额数目不同的是，预算提案仅仅为每个项目和支出条款指出了一些框架。正如简单发布的文件一样，预算人员直接忽略了预先确定资金额度的问题，他们只是通过检视过去的经验来尽量有效地调配资源。

这三个州的案例结果并不否定之前实证研究得出的结论，也能够支持绩效预算模式。相反，大量证据表明，渐进主义给予绩效信息的特权很少。然而，三个州的机构代表彰显了绩效信息在资源分配中的主要作用：作为拥护政策论点的一种方法，保护并扩大预算。三个州的惩教署成员，哪怕是机构层级的成员也都将保护和扩大资源看作绩效信息的主要用途，州政府机构官员和顾问也都通过鼓励这一观点来推动绩效报告工作。佛蒙特州一名审计署管理人员如是说道：

> 当别人来抢你的各种资源的时候，资源保护就见鬼去吧，你至少可以说你需要什么，你将要去哪里，这是你们的计划。这是你将要做的事情，这是你们的计划将会产生的影响。

佛蒙特州一名州预算官员却是这样回应上述观点的：

> 绩效测评有助于对你的项目做出最好的评价。公共事业就是一个很好的例子……那个家伙（机构头目）做了许多测评工作，他能够立即告诉你这个项目将投入多少成本、多少物件，他也能够告诉你各个项目能否成功或取得什么样的结果。他做得如此之好以至于，正常来说，他可以得到他想要的一切。虽然财政紧张，但是他确实保护了他的目的。另外一个这样做的，但不常这样做的是社区学院。它们做了相同的事情。它们强烈要求保卫自己的政策，保护它们所能做的事情。它们是可以规范化保卫自身项目的两类机构。因此，我看见大家都做得很好。这是可能的。说实话，我觉得对任何人而言，最大的帮助就是设法保卫他们的预算。

机构官员将绩效信息用在呼吁增加资金上面。正如一名中央预算官员的发问："不管什么机构，满脑子想的都是通过各种测评来弥补失败的代价从而获得那该死的资金？"对于惩教署而言，任何有助于赢得资源的帮助都是至关重要的，即使惩教署并不是一个受欢迎的职能部门。虽然许多民选官员和公众人员都希望看到罪犯在监狱中过得体面，但却不乐意提供监狱所需的资源。如果没有利益相关者的大

---

① Lauth, "Zero-base Budgeting in Georgia State Government."

力支持，绩效信息只能是劝说行政机构和立法机构预算人员增加资源的一种替补方式。各机构通过运用绩效管理来描述管理实践的效率和效果，强调投入测评与工作量测评的重要性，以充分显示对形成结果所需资金评估的必要性。例如，弗吉尼亚州惩教署的战略规划写道：

> 自 1996 年以来，通过战略规划过程的不断发展进步，惩教署已经在关键成本领域内取得了显著的效果。这使得惩教署能够使用那些在成本-效益分析中结余的内部资金来执行其他项目。

这一观点常用来向政府申请不要削减资源，因为这一系统正在尽力变得有效：

> 在准备关键问题的战略规划时，我们仔细审查了所有机构拥有的资源。我们认为将来对既存资源的分配将损害公共安全任务的一体性。

对于绩效信息的运用，每个州都存在不同程度的差异。弗吉尼亚州通过对效率和效果的测评凸显削减成本、改善服务质量的绩效管理，这种绩效管理显示，任何过度削减成本的做法都不是明智之举。同时，佛蒙特州通过对结果产出进行测评突出部门效率——在降低成本与再犯率上，实施与传统方式相关联的项目实验，并在惩教署内部发展积极的测评方法，例如，监禁后招聘，恢复社区时间和资金价值，等等。亚拉巴马州通过测评，设法阐述它们对资源的迫切需求。对大部分投入进行测评，如官员数量、囚犯数量、官员与囚犯数量比等。测评的同时也在为额外投入需求打广告，比如测评郡县监狱中州罪犯所占百分比、雇员空缺导致的床位空置等。这一测评旨在降低监狱成本，将亚拉巴马州惩教署的系统转换到选择性监禁，设法减少罪犯流入到州监狱的数量。

## 6.3　交互式对话模型的基本假设

将绩效信息与预算整合在一起的提议，试图假设绩效信息是客观存在的、标准化的、代表实际绩效的、一致认同的，并能促进特定项目绩效，能够使投资达成共识。而前面所描述的三个州的实际经历与这些假设正好相反。绩效信息虽得以运用，但运用得不够系统化。拥护者设法支持决策前的处境地位，还劝说其他人关注那些他们认为重要的绩效信息，让大家按他们的方式检视绩效信息。交互式对话模型设法在假设上填补以下这些空缺：

- 绩效信息并不具有综合全面性。
- 绩效信息具有模糊性。
- 绩效信息具有主观性。
- 不能保证运用产生的所有绩效信息。
- 机构联合与个体信念将会影响绩效信息的选择、审视和呈现方式。
- 对话内容将会影响运用绩效信息解决问题的能力。

交互式对话模型的假设仅仅是绩效信息的存在，但并不能保证会运用这些存在的绩效信息。绩效信息是否被运用、如何运用都取决于潜在使用者的动机以及绩效信息对其设定目标的效用。虽然在绩效信息有助于推动争论向前发展时，会运用到相应的绩效信息，但并非简单地或决定性地通过绩效预算理论的假设方式来使用绩效信息。交互式对话模型指出，解释绩效信息具有内在的模糊性。对于解释绩效信息的含义与绩效信息如何运用于决策而言，可能并不存在单一的定义方式。绩效信息的含义是可以构造的，因此，即使相同的绩效信息也能够支持不同的观点。瓦尔达夫斯基认为，绩效信息的运用与主观思维并不一致，因为"选择要解决的问题以及替代的选择并非一成不变，还必须考虑到特殊人群以及个体利益，从而得出结论"①。

前面所概述的假设源于先前的理论。第一，对各组织的研究提供了大量的证据，反映了组织生活固有的模糊性、对话本质的构造及争议，以及绩效信息潜在的对立性解释。第二，从对政策过程的研究可以看出，绩效信息能够为特定的执行者创造动机以推动争论向前发展，并反映出机构的角色和内容，从而扩大潜在的分歧。第三，一些有限的证据显示，日常对话在本质上影响了讨论的类型以及解决方案的生成。接下来将逐一审查这些理论。

## 组织生活的模糊性

对组织生活的研究反映了其根深蒂固的模糊性②。模糊性就是"对同一环境或现象有多种不同的描述方式"③。模糊性通常发生在主观性问题或问题定义不明确的情况下，组织行为与结果之间缺乏明确的偶然机制的情况下，难以对过去进行解释的情况下，个体参与决策模式的不确定性和变化性的情况下④。

虽然大量的信息也许可以减少不确定性，但并不会消除模糊性，因为模糊性是由各个层面造成的而不仅仅是因为信息的缺乏。费尔德曼（Feldman）认为，必须对模糊性问题进行解释，一位执行者对该问题进行了如下的解释："解决方案是一致意见而非检验。从一定程度上来说，解决方案的出现源于共同的理解而非事实信息。"⑤ 虽然信息有助于执行者解释政策问题，但并不是促成决策共识的必须因素。马奇认为：

> 组织信息的产生过程似乎并非由不确定的具体决策替代结果导向而成，而是对如何谈论这个世界缺乏明确的说法——替代决策是什么、他们与我们认为理解的故事存在何种联系、我们如何描述历史、如何进行解释。⑥

① Wildavsky, *Speaking Truth to Power*, 14–15.
② March and Olsen, *Ambiguity and Choice in Organizations*.
③ Feldman, *Order Without Design*, 5.
④ 同②.
⑤ 同③144.
⑥ March, "Ambiguity and Accounting," 160.

另一种研究组织生活的方法即是研究组织对话，或者研究组织对话内容是如何创建、如何在组织执行者之间进行交换的。当前，有关组织对话与叙事文献的主要关注点在于这些内容的模糊性，这些文献假设组织执行者的态度和行为是由与组织不相关的规定所构成的。在当前文献表述中，相对一致的是对政治科学与公共政策中叙事概念的重视①。这说明已经有人开始将叙述作为一种工具、一种政治力量，用它来创造适应特殊政策内生故事的适当内容。这种社会构造主义方法的代表弗希尔（Fischer）和福里斯特（Forrester）已经将"争论转向"运用在政策辩论之中②。关于政策分析，马佐尼做出了类似的论断："与争论过程相比，解决问题时，用到的规范化技术更少。"③ 这些观点的核心在于强调对话是由执行者构造而成的，对话试图对他人产生影响。每项内容都充斥着未言明的假设，尽管对对立解释而言，每项内容也都非常容易受到影响④。

　　绩效信息与其他对话形式一样容易受到社会结构的感染和影响，因此很难清晰辨识绩效的构成部分。当面临难以应付的问题时，这些解释的多样性将会增加。绩效意味着什么？项目的下一步是什么？如何在绩效信息的基础上安排预算？虽然绩效信息可以告诉我们一些与项目相关的信息，但绩效信息本身并不能回答上面这些问题⑤。绩效信息，或者绩效信息的简单评估，也不会告诉我们：

- 绩效信息产生或未产生的原因；
- 绩效的内容；
- 如何实施；
- 对绩效外部影响的理解；
- 如何优先选择项目及其测评方法。

　　这些信息的缺失导致难以决定绩效所蕴含的实际意义。分析人员通常很难明确、清晰地解释绩效是否有效实现了预设目标。

　　即使在适当的绩效测评、绩效信息含义上达成一致，大家可能也不会在下一步要做什么上达成一致意见。现实通常存在一些似是而非、逻辑相异的可能性决策选择⑥。一个人可能根据资金来决定某一项目应采取何种适当的行为，另一个人可能从管理问题出发来做出决定。即使两人都认为绩效信息应该对资源分配产生影响，但绩效信息并不会告诉我们如何产生影响。项目绩效贫乏是一种典型的例子。瓦尔达夫斯基指出："关于政策为什么失败总是存在着竞争而又对立的解释，以至于决策者并不能确定是否该放弃这些政策。一种假设是，政策背后的理论很糟糕，政策

　　① Bridge, Gavin and McManus, "Sticks and Stones"; Bridgman and Barry, "Regulation is Evil"; Callahan, Dubnick and Olshfski, "War Narratives"; Flood, *Political Myth*; Roe, *Narrative Policy Analysis*; Peelo and Soothill, "The Place of Public Narratives in Reproducing Social Order."

　　② Fischer and Forrester, eds., *The Argumentative Turn in Policy Analysis and Planning*.

　　③ Majone, *Evidence, Argument and Persuasion in the Policy Process*, 7.

　　④ Grant et al., eds., *The Sage Handbook of Organizational Discourse*.

　　⑤ Blalock and Barnow, "Is the New Obsession with Performance Management Making the Truth About Social Programs?"

　　⑥ Toulmin, *Uses of Argument*.

实施得越多，得到的结果就越糟。另一种假设是，并未到达临界点。如果相同的事情做得足够多，那么政策就可能会显示出良好的结果。如果一项政策表面性的目的都未能实现，或者看着不值得投资，那么通常应该寻找其他可能会实现的附属目标。"[1] 是应该削减投入，将这个项目视为失败从而放弃它，还是应该提供更多的资源以帮助这个项目获得成功？回答这一问题的能力取决于我们对绩效为什么未实现、能否补救的理解，这是一个颇具争议的问题，价值观在这里发挥着重要作用。如果我们觉得一个项目的目标很重要就不太可能会放弃这个项目。

大多数做法都未能反映出对公共政策的权衡取舍。项目总是拥有很多不同的目标，有时候，目标之间也是相互对立冲突的。就结果而言，同一项目根据不同的测评方式，可以判定为成功也可以判定为失败。海因里希（Heinrich）和福尼尔（Fournier）使用了不同的结果测评法来判定何种因素会破坏项目评估，他们发现："重要的问题不是'干预何种结构或类型的项目效果最好'，而是'组织和干预服务的哪些方面是为谁工作的，在什么情况下，干预目标是什么'。"[2]

针对各种目标之间权衡取舍的一个解决方案就是推行综合性项目绩效测评方法。后面章节中涉及的项目分级评估工具就是这样的一种方法。实际上，综合性项目绩效测评方法在英国已经开始盛行。这一测评方式的优势在于，当面对复杂的公共项目时，可以用一种简单且公平的方法对该项目进行评判。但这种综合性测评方式仍然是由社会构建而成的。测评对象的不同、测评方法的差异往往也会形成完全不同的测评分数[3]。一项针对英国地方政府和卫生部门实施的综合评分制发现，测评方法上的微小改变会对测评结果产生显著的影响。为了阐明评估中的问题，理论专家认为应该广泛宣传不确定性、偶然性与测评方式之间的联系[4]。

鉴于绩效信息的模糊性，我们应该搁置那些认为绩效信息将会使决策更为简单的假设。即使我们提前精确地知道项目的成本与结果，那也不可能在一个共同的基础上进行比较，因为对服务的投资意愿及具体的绩效水平都取决于不同的价值观念。实际上，绩效信息的引进只是简单地增加了一些相关的内容性问题：如果我们知道更多的资金投入将会提高绩效或是浪费，我们应该怎么办？更宽泛一点，我们应该如何理解绩效信息，我们应该如何将绩效信息与具体行为联系在一起？

## 各种角色的作用

即使补助的资金不会有任何削减，聪明的个体也不会同意其他个体的看法，至

---

① Wildavsky, *Speaking Truth to Power*, 218.

② Heinrich and Fournier, "Dimensions of Publicness and Performance in Substance Abuse Treatment Programs," 63.

③ Majone, *Evidence, Argument and Persuasion in the Policy Process*, 179−180. Majone's solution is not to seek any single objective measure but to "begin and sustain a wide-ranging dialogue about the meaning and implication of different sets of weights among producers and users of public services," 180.

④ Jacobs, Goddard and Smith, "Public Services."

于何种绩效信息合适、它们有何种含义、应该采取何种行为等认识，个体更不会盲从别人。在已有的政治背景条件下，绩效信息的潜在模糊性将使分歧变得更为显著。在政治上，执行者扮演着重要的角色。他们是意识形态、党派、项目、公民团体、组织和政治机构的代表。这更能显示出绩效信息的模糊性，这种模糊性更有利于人们将其运用到主观目的上。下面这个来自弗吉尼亚州政府机构官员的例子可以说明从不同角度定义政策问题的重要性。

> 挑战性在于在客观事物上发展出共识。弗吉尼亚州拥有一个心理健康医院系统——产能过剩、低效用，但价格高昂。为发展重组这一系统，我们经历了一段艰难的时光，因为从管理角度来看，这是一个高效高能的系统。对于政客而言，这是一个与地方工资支出相关联的经济发展问题。

独立个体如何理解、解释绩效信息是由其角色定位所决定的？马奇和奥尔森认为，个体行为及偏好内生于个体所处的组织环境[1]。通过设计对立观点的政治机制，绩效信息的模糊性、对立的分歧将进一步加剧。政治场域的特征就是对立的执行者互相对抗以获取处理事务的霸权[2]。

布伦森（Brunnson）认为，组织拥有强烈的动机去使用信息，表达、传递它们所提供服务的重要性，传递它们的价值观[3]。正如它们设法确保其呈现的外部价值观与变化的环境要求一致一样，组织将使其信息的外部价值与内部价值之间存在微弱的联系。只要外部价值观能确保组织的法律地位及资金投入，这种"组织的虚情假意"将会是一种本质的、有用的战略。对绩效信息的使用提供了一种沟通交流特定价值观的方式，正如每个惩教署都通过不同的方式来利用绩效信息的例子一样。布伦森指出，没有比绩效过程更能呈现法定项目的争端了[4]。

对信息的选择及运用出现在不同的信念、偏好及认知过程之中，这是组织权力及政治意向的反映。信息提供者往往会选择那些自认为重要或者常被社会选中的信息来管理社会，展示管理的结果。每一种测评方式都代表着一种价值观，它也显示了组织应努力对测评产生影响这种假设前提。

绩效信息不仅可以用来支持事件未来的发展状态，也可以作为检验过去行为是否合理的一种工具。合理化是政治对话中一个重要的组成部分，是判定公共利益环境下行为方式的依据，也是人们接受和认可对话的凭证[5]。目标的多样化允许执行

---

① March and Olsen, *Ambiguity and Choice in Organizations*.

② Kingdon, *Agenda*, *Alternatives and Public Policies*.

③ Brunnson, *The Organization of Hypocrisy*.

④ 布伦森致力于从另一个角度来理解绩效管理。首先，正如第 5 章中阐述的一样，绩效管理自身就是一种制度性规范，它要求公共组织慢慢适应这种制度环境。这些要求主要是通过以下做法完成的：建立收集信息的日常要求，或者通过布伦森所称的双向谈话来促进公共部门形成实施绩效管理意识，即使它们在现实中并不一定会这样做。

⑤ Majone, *Evidence*, *Argument and Persuasion in the Policy Process*, 2.

者在其他目标的基础上回溯性地强调另外一些目标，这是一种看似未改变的改变方式①。

马奇简明地总结了运用绩效信息代表价值观念所存在的潜力：

"组织信息并不是单纯的信息。"② 德博拉·斯通（Deborah Stone）形成了近乎相同的观点："没有数字是单纯的数字，因为如果不对分类进行判断，是不可能对它们进行描述的。"③ 确实如此，统计学领域的历史发展过程与政府想要分类并贴上标签的想法存在密切的联系。德斯罗西耶（Desrosières）认为："统计信息并非从天而降，而是'优势机构'努力的结果。事实上，从反面而言，它可以被视为大量无序力量持续寻找差异，在人类之间所形成的一系列等同于一致协议的临时、脆弱的顶点。"④

斯通指出，在创建政治叙述时，数字通常是作为一种符号而存在的："政治上的数字是对人类活动的测量，由人类制定并试图影响人类行为。他们是被用来测量人类有意或无意识的操作行为，人类不断地进行测量，运用并解释他人做出的测量结果。"⑤ 这是一场关于测什么、不测什么、怎么测的政治战争。然而，追求数字影响最大化的执行者通常通过降低对手解释能力的方式来呈现这些结果，他们一般避而不谈数据是如何收集、创建的，这些信息是基于哪些前提假设之上的⑥。

数字能够用来讲述故事，有时候还可以用它显示对复杂现象进行的精确定义和控制。数字充满力量并可以向使用者显示一种权威感，因为我们常常将数据与客观性和专业性联系在一起。斯通指出：

在我们影响深远的当代数字文化中，数字是精度、准度和客观性的象征。数字反映了选择机制，即使所有统计都涉及判断和自由裁量权，这些数字也受客观物质的本性支配。当我们成年后，计算的分类属于第二性，以至于我们很快就忘记了这一点……数字隐藏在所有需要计算的困难选择之中。⑦

同一数字可以有多种含义，并且相互冲突⑧。想要使绩效信息更易理解，就需要拥护并支持绩效信息。拥护绩效信息可以将关注点转移到一些特殊的信息上，了解资源需求的具体含义，为观众提供决策意见。他们将围绕绩效信息的含义及绩效信息提出的意见来构建叙述的内容和故事情节。在佛蒙特州一位以准备惩教署绩效信息为任务的管理人员评论道：

我们应该了解，人类本质上的一个基本原则就是人类是一个很糟糕的统计

---

① 瓦尔达夫斯基称之为回顾。参见：*Speaking Truth to Power*，139.

② March，"Ambiguity and Accounting，" 154.

③ Stone，*Policy Paradox*，167.

④ Desrosières，*The Politics of Large Numbers*，397.

⑤ 同②177.

⑥ Majone，*Evidence，Argument and Persuasion in the Policy Process*，11.

⑦ 同②176-177.

⑧ 同②169-170.

人员，尤其是口算。我们并没有把数字看作口头词汇，在视觉上我们能稍微了解这些数字，但并非深入了解。我们必须明白，政策测评并不是一门科学，而是一门艺术，是词汇、图像和数字的集合。通过这些来创建一种形象、信仰、理解和说服力。

一些学者已经开始思考绩效或预算信息是如何形成的。雷丁认为信息不是中立的，他指出，在很多重要的场合，许多执行者不可能完全正确或者完全错误。"一位执行者的'事实'是另一位执行者的'价值'。这将直接影响测评的对象和方法。当一个人刮花表面的时候，一个人可能在数据内部发现各种类型的偏见。"[1] 瑟梅尔（Thurmaier）和威洛比指出，也可以通过多种方式来形成预算信息，预算过程为不同的执行者提供了互相说服的机会，项目经理的强烈偏好使得其管理的项目比民选官员管理的项目还要强大。因此，我们希望看到不同的执行者通过不同的形式去呈现他们的计划[2]。要这样做需掌握一些基本的政治技巧。重要的单一事件比一年的绩效信息更具影响力，这一事实阐述了绩效信息的有限关联性。佛蒙特州的一名中央预算官员如是评论：

各机构参与进来，并使这些事情成为案件问题。一些取得了成功，一些遭到了失败。一些取得成功是因为他们是正确的并形成一项好的案件。一些取得成功仅仅是因为这些人是很好的政客，他们设法把这些问题推到顶端……他们将测评那些推动人类不断向前的问题，如果他们看见州里的一个热点问题，他们将会充分利用这个热点问题大做文章。现在在佛蒙特州，我们在纽约的布朗克斯区或布鲁克林区发现了一位 16 岁的女孩死亡。最后证据推断出她是因为吸食了海洛因和卖淫而死亡。毫无疑问，今年和明年期间，社会和康复服务委员将站出来并说："对于这一程序，我们需要投入更多的资金。"我们必须关注这一点……因为在法律上，这也是一个热点问题，"我们将对那些正处在困境中的十六七岁的孩子采取什么措施呢？"它们（机构）进入立法机构并说"这在我们预算范围内，管理人员将支持为迷途青年组建的新的项目程序"，（如果管理人员不支持这一点）它们将进来并说，虽然这在我们的预算范围之内，但是有人会清楚地了解情况——它们每年都这样做——"还有其他什么是非常重要的，需要你的机构去处理的，但是你们并没有钱去处理？"然后它们将会提及"迷途青年项目"。然后，立法人员将会突然说道："等一会儿，管理人员不支持这个项目？那些我们每天都在报纸上看到的内容？他们怎么会认为这些事情不重要呢？"……你可以关注那些还不算超级热点的问题，因为你清楚地知道，如果管理人员专注这些热点过程，这些热点将升到关注顶端。他们一直在关注谁将会参与决策制定，这些人来自哪里，是什么在推动这些人这样做。

---

① Radin, *Challenging the Performance Movement*.
② Thurmaier and Willoughby, *Policy and Politics in State Budgeting*.

哲学研究指出，人们在选择和在决策过程中运用信息时存在确认偏差——决策者就一个问题做出决定，他们将会设法寻找支持其观点的信息，而削减对立的信息[①]。这一观点有助于理解为什么机构规则中形成的偏见很难被取代，而这些偏见将会影响对绩效信息的选择及看法。确认偏差甚至能够影响对同一信息的看法，研究发现："持有对立观点的两个人能够检验同一证据并都为既存的观点找到不断强大的支撑理由。"[②]

组织对话文献提供了一些关于角色如何形成、内容如何创造以及内容是否包含在对话之中（如被目标群体广泛运用）的一些观点。组织执行者更可能创造一些提升形象的行为，这使得组织可能运用使其看起来更加有效或支持其他类型组织论点的方法来生产绩效数据，这一点就显得不足为奇了。然而，对立性观点的存在，将会降低人们接收信息的潜力。因此，在执行者代表着不同观点、提供不同解释的情况下，很难出现单一的解释占据主导地位。这是对多元化趋势的公共对话观察得出的重要结论[③]。

政治角色将影响执行者对绩效信息的解释、呈现和运用。与预算过程中特殊角色相关联的规则和激励机制也会促进解释之间的对立冲突，另外，预算过程的观察者也指出了个体是如何遵循角色期望的[④]。在美国政治体制中，立法监督委员会有权监督并控制各类机构。中央机构人员，传统的资金监督者，希望确认并管理绩效与资源相关的各种主张。实际上，中央机构人员这一角色的职责是通过不同程度的压力来提升测评质量，布什当政期间，预算办公室的角色代表着联邦最高水平的中央控制（第 7 章和第 8 章将进行详细的阐述）。

机构人员也可能是拥护者，通过运用绩效信息尽可能地让机构曝光从而争取更多的资源。有时候对绩效信息的运用远远超出了他们的职责范围。据了解，各个机构通过设置各类目标来获取支持，同时忽略或抛弃那些不佳的测评方式，或者控制那些能力有限的目标[⑤]。各机构也许会陈述或创造性地解释测评结果[⑥]。各机构也会加入"搅拌"测评方法中来，例如，每年均改变如此高比例的测评内容，会使得跨时间比较难以进行[⑦]。在一些案例中，已经发现了官僚机构操纵、歪曲或者直接隐瞒绩效测评结果的现象[⑧]。

对于角色是如何影响观点形成的，一个实证案例来自对州预算人员和机构参与人员的调查报告。在被问及绩效测评中关键问题是什么时，机构中 40％的参与人员指出，"存在太多影响结果实现的因素"这一问题，然而只有 14％的预算人员认为

①　Nickerson，"Confirmation Bias."

②　同①187.

③　Phillips，Lawrence and Hardy，"Discourse and Institutions."

④　Wildavsky and Caiden，*The New Politics of the Budgetary Process.*

⑤　Frederickson and Frederickson，*Measuring the Performance of the Hollow State*；Gregory and Lonti，"Never Mind the Quality, Feel the Width."

⑥　Hood，"Gaming in Targetworld."

⑦　Talbot，"Executive Agencies."

⑧　Van Thiel and Leeuw，"The Performance Paradox."

这是关键问题①。很明显，机构成员关心的是外部因素而非像预算人员那样关心绩效结果。

## 对话惯例

　　说服他人的能力依赖于大量的交流机会或者对话的惯例。德黑文-史密斯（De-Haven-Smith）和杰内（Jenne）认为，在公共管理中对话治疗效果有限，大部分主要通过运用参与机会来安抚雇员和公众，同时检查对话在哪些地方真正对决策产生了影响②。但这种惯例在本质上并不重要，例如瑟梅尔和威洛比发现，在那些州长和预算人员之间经常进行坦诚交流的州里，预算人员拥有强烈加入州长队伍的意愿，也有着强劲的制定政策能力。通过沟通交流，他们可以与州长保持亲密关系，可以增加接受州预算人员的比例，这一切部分是因为他们拥有强大的说服力，部分是因为他们与州长的偏好相一致③。

　　对话惯例非常重要，部分是因为管理人员并不希望将时间浪费在阅读绩效信息上，他们更倾向于当面、通过口头的方式详细地描述绩效信息④。对话惯例要求工作人员拥有共同的时间，了解可能会忽视哪些绩效信息。知识丰富的员工之间进行交流能够产生创新和解决方案，但单靠员工自己行动是不会有效果的。而对话惯例提供了获取信息、了解信息和劝解他人的机会。

　　对话惯例十分重要，不仅仅是因为重视绩效信息能够提供解决方案，还因为它能够改变雇员面对任务时的态度。德黑文-史密斯和杰内指出，哈贝马斯的沟通行动理论显示，结构性对话可以形成价值和动机，他们认为："要设法让人们感觉与承诺紧密相连，为他们的信仰和行为提供理由，从而赞同更好的论点，并给予他人更加公正的观点。"⑤对话形式是社会合作的基础，人们倾向于赞同在合作中达成的一致意见⑥。因此，作为社会过程的互动对话有助于创建一个知识共享模式，具有团队影响力，利于为执行阶段发展出可靠的承诺⑦。

　　然而，这种惯例在公共对话中是非常少见的。前文我们对职位角色的分析表明，当来自不同机构背景的多个执行者参与到对话中时，会削减在对话中解决问题的能力，因为观点的多样化将削减达成共识的能力。其他各方面也是一样，在机构多样性较少的对话惯例中，更可能运用绩效信息解决问题。正是出于这个原因，传

　　①　Melkers and Willoughby, *Staying the Course*.

　　②　DeHaven-Smith and Jenne, "Management by Inquiry."

　　③　同②165.

　　④　Mintzberg, *The Nature of Managerial Work*.

　　⑤　同②67.

　　⑥　如前所述，"在商讨中达成的政治一致性意见具有一定的誓言性质（约束力），因为他们都公开表达了自己的观点，但最终结果却是由公开的内容所决定。参会者将阐述他们的动机出发点、期望目标等，同时也会根据需要调整自己的意图和信念，从而呈现出一种负责任的、专业性的假象。若要在会后忽略自己的承诺，就需要强大的心理承受能力，因为这将反映出一个人的人品"。

　　⑦　Bossidy and Charan, with Burck, *Execution*.

统的预算惯例在创建解决方案的对话时，能力受到限制。在立法机构找到适当理由采取防卫措施之前，机构成员或利益相关者会向中央预算办公室呈送绩效信息，或者对绩效信息进行检验，但这些措施均不能解决实际操作中出现的问题。在这种情况下，就应该大力宣传并支持交互式对话模型。那些完全认识到决策环境与严格的绩效预算过程并不相同的拥护者将会战略性地运用绩效信息。

从各机构接收到，预算信息的决策制定者缺乏在绩效信息基础上做出相应的资源分配决定的时间、兴趣和能力。由于预算周期太短以至于预算人员并没有足够的时间去逐个做出预算决策。因此，他们几乎不可能判定哪些绩效信息是特定职能领域的指标导向。即使只有一部分绩效测评结果需要汇报，这一情况仍然存在。永远不会有足够的信息能替代专业知识做出实质性判断，但却总是有太多的信息需要人类去认知去处理。当然，拥护者在评估过程中总是持有偏见，虽然所有党派都知道这一事实，但这并不意味着拥护者就是错误的。实际上，他们越运用绩效信息去支持他们的立场，他们表现出来的偏见就越少，理性就越多。

## 交互式对话模型与决策制定

关于决策过程和结果，交互式对话模型向我们讲述了什么？在跨机构的情况下，各个执行者对绩效信息具有不同的解释，他们每个人都为其隐含的行为做出了不同的论断。渐进主义模式认为，有限认知消除了绩效信息角色在辩论中的作用①。然而，交互式对话模型认为，单个执行者并不能尝试对绩效信息进行全面的解释，只有运用绩效信息才有助于得出令人信服的论点。只有选取与优势偏好一致的信息，拥护者才不会面临信息超载问题。

运用绩效信息的执行者拥有不同的职位、动机、优势，对绩效数据含义的理解和对绩效信息后果的预期也各不相同。简而言之，运用绩效信息是一种主观行为，几乎不能减少决策可能会产生的模糊性。一旦我们了解了角色和拥护者的前提假设，我们就期望执行者在一定的背景下选择当前的绩效信息去支持自己的观点，削弱与自身观点对立的信息。制定决策的政治本质是相互作用而不是代替绩效信息。拥护与意识形态会把绩效信息作为一种工具，以期继续塑造分配决策。与综合全面的呈现绩效信息、给予所有人平等的信息相反，执行者会强调一些特别的信息，同时对其出现的诱因及改善信息的办法给予合理的解释。

对绩效信息进行运用并不一定会达成共识或一致意见。这主要取决于所涉及执行者的异质性，包括他们对数据的解释、说服他人的能力、在决策过程中的权力。在一些例子中，一个决策团队获得的合理性解释和恰当回复，对于关注类似信息的另一个决策团队而言可能是非常奇怪的。一个简单的例子就是，不同地区对工作福利绩效信息的反映的差异性。索斯（Soss）、福丁（Fording）和施拉姆（Schram）发现，与佛罗里达州的开放地区相比，保守地区更可能对求职者实施制裁，如果他

---

① Wildavsky and Caiden, *The New Politics of the Budgetary Process.*

们收到消极不利的绩效回馈就会将客户除名①。虽然绩效信息非常重要，但在不同的团队里它却有着不同的地位。

因此，绩效信息的本质并不是预测决策。不同的执行者面对同一系列绩效信息，会提供相异、合理且符合逻辑的说辞。在观点多样性受到限制的环境下，由绩效信息模糊性和主观性而产生的许多问题将急剧减少，因为拥护的激励机制和潜在的可能性将会减少。

一种模式应该存在一些可伪证的假设。在前述交互式对话模型假设的基础上，在文献知识的支持下，我们就可以得出下面这些与绩效信息和决策制定相关联的假设：

- 可以基于不同的数据来检验同一项目的不同执行者，为项目绩效提出既合理又对立的论点。
- 检验同一绩效信息的不同执行者可以为信息的含义提出既合理又对立的论点。
- 关于绩效信息和项目绩效的含义，不同的执行者能够达成一致意见，但在管理与资源方面却会提出对立的解决方案。
- 执行者将选择与机制价值观和目的一致的绩效信息并对其进行解释。
- 在绩效信息从属于机制的机构中，将存在大量对立且竞争的绩效数据。
- 对话惯例能够增加对绩效信息的运用。

## 6.4　结论

对州一级绩效信息运用的情况观察，促使我们寻找绩效信息运用的替代模式。下一章将设法提供支持这一模式的其他证据。这些证据并不是这一模式的绝对证据，而是从不同原因出发来支持上面所提到的假设，以此表明这一模式的基本假设的合法合理性。

下一章将通过布什政府来讲述绩效信息系统的发展过程，同时，通过国会来讲述政府对运用绩效信息的抗拒。通过分析国会对项目进行讨论的内容可以看出，国会对绩效进行的讨论较少。国会常常会忽视对新项目进行评估，在一些情况下，还明确反对传统预算提案中包含过多的绩效信息。当然，这类问题并不仅仅发生在联邦层面。州立法人员指出，他们并不相信行政机构提供的数据，因为行政机构自己都不使用这些数据②。然而，对绩效管理过程拥有控制权且能够对绩效信息进行监督审查的州立法人员更能合法有效地利用这些信息就不足为奇了③。这些行为为下列观点提供了强烈支持：机构背景的不同，使得人们对绩效信息的认识与运用也不

---

① Soss，Fording and Schram，"The Organization of Discipline."

② Joyce and Tompkins，"Using Performance Information for Budgeting."

③ Bourdeaux，"Do Legislatures Matter in Budgetary Reform?"

同；一种机构背景下生产的绩效信息也许会被其他背景中的机构忽视、抗拒、怀疑。

第 8 章将对绩效信息的模糊性和主观性进行检验。布什政府对项目分级评估工具的评价引发了对这一问题的审核，因为该工具是通过客观透明的方式来评价项目绩效的。项目分级评估工具推动了管理与预算办公室内部基于证据的对话，在某些情况下，也可以是管理与预算办公室和各机构之间的对话。在其他案例中，就评估绩效信息、划分项目等级的意义而言，各机构并不赞同管理与预算办公室对绩效信息或绩效评估进行分类。虽然这一做法产生了项目分级评估工具，但它却存在一定程度的模糊性和主观性。即使在管理与预算办公室内部，也用项目分级评估工具的模糊性来解释为什么管理与预算办公室评级人员评估的结果和项目评估的结果不一致。另外，第 8 章也展示了一项实验以阐述不同执行者是如何对同一项目和绩效信息进行评估的，虽然项目执行情况与预算执行情况相同，但却得出了逻辑相异的结果。因此，这一章不仅提供了实验性证据，还提供了运用项目分级评估工具的证据，这些证据反映了信息在本质上的模糊性和主观性，反映了不同执行者为构建信息含义付出的努力以及机制背景在选择和解释信息中扮演的角色。

第 9 章试图为交互式对话模型促进绩效信息的运用提供积极证据。从某种程度上说，项目分级评估工具创造了基于证据的对话，通过建立新的对话惯例，管理与预算办公室和各机构的成员必须与其他机构的成员进行交流沟通，它也确实做到了这一点。弗吉尼亚州和佛蒙特州的对话惯例塑造的经验显示，它们可以推动绩效信息运用，也能够成功地定义对话惯例所包含的特征。第 9 章将回溯对话惯例获得成功的原因。到底是何种情况：当以机构/服务为中心时，高频率时，将权力（高层执行者）与操作知识（低层执行者）相结合时，还是向执行者施加压力将绩效作为一个整体以避免防御性反应时，对话惯例更可能产生共识，更可能形成实施的方案呢？

# 第 7 章

公共行政与公共管理经典译丛

# 乔治·布什政府的绩效管理

本章主要围绕联邦政府的绩效管理改革来展示改革运行中的交互式对话范例①。1993 年，美国通过了《政府绩效与结果法案》，该法案成为各州出台本地绩效管理办法的范本。《政府绩效与结果法案》要求政府每三年开展一次战略规划，每年提供一次年度绩效报告和绩效计划书。随着 2010 年《GPRA 现代化法案》的颁布，《政府绩效与结果法案》进行了全面更新。在《政府绩效与结果法案》与《GPRA 现代化法案》间隔期间，布什政府曾尝试将预算和绩效信息进行整合。管理与预算办公室要求各级政府重新整理与绩效预算有关的绩效信息内容，并对具体项目开展绩效评估，本章主要对这一工作予以详尽考察。

## 7.1 总统管理议程

2001 年颁布的《总统管理议程》（President's Management Agenda，PMA）预示着绩效预算将被纳入联邦政府的管理议程。这种做法似乎是毋庸置疑的，因为"人人都认为联邦政府应将有限的资源分配给高效的项目"②。《总统管理议程》希望提高决策

---

① 本章及第 8 章的部分内容，参见：Moynihan，"What Do We Talk About When We Talk About Performance?"
② U. S. Office of Management and Budget，*The President's Management Agenda*，27.

数据质量，拓宽数据覆盖范围，实现财务与绩效信息一体化，从而提高技术效率与配置效率。

但在管理议程中，布什政府却将《政府绩效与结果法案》视为一项失败的法案："因为八年来，项目绩效信息的使用情况并不乐观。行政机构的绩效考核标准既不够规范，也未纳入各机构提交的预算报告中，更谈不上在各机构的管理和运营中有效实施了。此外，绩效考核既未能有效监督员工、提供奖励，也未能让项目经理履行职责。美国民众有权监督政府项目的进展，有权对各项目的绩效和成本进行对比。由于缺乏有关的绩效信息，缺乏预算和审计的连贯信息和报告体系，项目监督的透明度就被削弱了。"[①]

虽然颁布了《政府绩效与结果法案》，"但政府机构几乎不能提供有力的证据，以证明它所进行的资源分配是合理有效的"[②]。因此，失败的原因就摆在工作人员的眼前。按照《总统管理议程》的规定，要解决这个问题，政府工作人员应将绩效评估结果纳入预算报告中，并根据评估结果分配资源。这样做是为了提高预算效率，使政府人员能将资金投入到更有成效的项目中，减少低效项目或对这类项目进行整顿。

很难说《政府绩效与结果法案》不存在任何问题。雷丁曾指出这部法案存在的具体问题，美国政府问责署还发布了几份报告，均反映政府机构的绩效计划书有时无法按时按质实施[③]。然而，管理与预算办公室的批评惹恼了《政府绩效与结果法案》的支持者，他们主要是来自政府部门的工作人员和国会议员。他们非常重视《政府绩效与结果法案》，因为该法将政府部门的首要职责定为发展绩效信息，也赋予了官员和国会制定战略目标的责任。而《政府绩效与结果法案》授予管理与预算办公室的职责较少。在克林顿时期，管理与预算办公室就与国家绩效评估委员会的关系不佳，也未直接参与该项目的大部分活动[④]。但《总统管理议程》主要由管理与预算办公室制定，反过来，管理与预算办公室也是联邦政府公共管理改革的主要领导者。在奥巴马总统任职期间，管理与预算办公室继续发挥着这样的作用。

布什任职期间，管理与预算办公室主要通过两种方法来实现预算和绩效的结合。一是在国会辩护书（CJs，即联邦预算编制者制定的国会辩护书）中纳入更多的绩效数据。二是使用联邦预算编制者制定的诊断工具——项目分级评估工具，每五年对联邦政府的所有项目进行一次绩效评估。在一些公开报告中，管理与预算办公室提出，绩效与财政数据的结合会形成严格的绩效预算模式，这有助于开展项目的绩效评估，也能够形成相对清晰的标准：

---

① U. S. Office of Management and Budget, *The President's Management Agenda*, 27—28.

② 同①27.

③ Radin, "The Government Performance and Results Act (GPRA): Hydra-Headed Monster or Flexible Management Tool?"; Radin, "The Government Performance and Results Act and the Tradition of Federal Management Reform: Square Pegs in Round Holes."

④ Moynihan, "Public Management Policy Change."

一直欠缺的是如何系统地利用绩效考核办法进行决策。尤其是绩效评估并不与预算直接挂钩，而是由预算推动政策发展以及资源分配，但这并不能提供有效的管理。除了为重要项目优先提供资金外，预算部门还将资金分配给评定结果为"有效"的项目。预算部门提议对"无效"项目进行改革，并减少这类项目的资金投入，或停止资金支持。[①]

## 7.2　预算意见书中纳入绩效数据

总统每年向国会提交的预算意见书都长达几千页。然而，这些文件只是总统预算的冰山一角。各政府机构还会以国会辩护书的形式向国会提交更为详尽的预算申请。拨款小组委员会（appropriations subcommittees）的工作人员认为，国会辩护书提供的信息，是国会向各级政府部门拨款的重要依据。各政府机构必须严格按照指导方针提交预算信息。管理与预算办公室要以 A-11 通告的形式，制定和发布这些指导方针。布什政府的管理与预算办公室对 A-11 通告进行了修改，以推动绩效信息与预算程序的进一步紧密结合，并要求各机构在国会辩护书中将预算目标、宗旨和费用整合起来进行汇报。

2003 年 7 月，管理与预算办公室要求各机构按照《政府绩效与结果法案》的要求，将年度绩效计划纳入 2005 财政年度的预算书中。"尽量将全年支出与收益的预算成本，和取得这些收益的相关方法单独列入预算书中，为检验和分析资源利用率做好准备。（计算成本与产出在商业领域中司空见惯，但在政府管理中却很少遇到。）业绩成本以及评估结果可以有效反馈一年内绩效与成本数据的结合情况，这样就提高了预算和管理效率。"[②]

各政府机构都在努力遵守这项方针。管理与预算办公室的员工将改进后的国会辩护书视为提高预算透明性的重要举措，认为政府机构会继续改善执政能力。管理与预算办公室认为调整预算账户可以为这一举措提供支持。联邦政府根据目标机构进程与项目基础，设立了 1 100 个预算账户。但由于账户繁多，有时难以将绩效目标与相关账户精确挂钩，有时也难以保证项目具有"足额资金"。不少项目的预算和目标涉及多个账户，这很容易导致管理的模糊性。管理与预算办公室抱怨，有很多账户的预算目标模糊不清，也有很多账户从属于同一项目。这使得管理者难以集中精力提高绩效，使得很多项目往往只关注成本和资金。

预算账户的结构以国会利益和监管为基础，反映了国会希望如何控制各级政府机构，以及如何制定拨款决策的意图。国会有权决定如何收集数据，也慢慢习惯了依赖这些数据。数据的性质塑造了国会与各政府机构之间的性质。改变账户结构或调整信息类型，对国会来说都存在风险，因为这会遭到国会成员的阻挠。事实上，

①② U. S. Office of Management and Budget，*Analytical Perspectives*，3.

账户的结构以法规为准，没有国会立法许可，任何机构无法变更。

以交互式对话模型的主张为基础，对国会辩护书所做的修改却引发了一系列争论，比如：应向国会提供何种数据，这类数据应如何整理归类，应以何种基准计算这些数据。而这些分歧，最终都反映在各机构对间接分配支出和行政支出的态度上了。一些机构根据支出目的分配资金，即一部分资金用于行政支出，但不支付检察长的工资，剩余的资金都作为行政费另行支出。然而，它们都将这类支出称为"全部开支"，或是"预算总资金"①。因此，各机构在术语的定义上仍存在差异。此外，各机构还对投入了全部资金的绩效进行了分级，包括战略总目标、战略次目标、绩效总目标等。大部分机构同时采用两级或多级分类②。预算分类标准模棱两可，使得分类方式千差万别。针对政府预算的研究发现，支出预算和绩效预算的界定很模糊，容易产生分歧③。

国会拨款委员会的工作人员不赞成这些修正。大部分员工都支持对预算和绩效信息进行整合，但却不愿放弃用于编制预算和监管的传统信息（如目标类和工作量类信息），同时还要求增加新信息。他们的表现符合本书第4章对民选官员动机的分析。只要绩效信息能提供额外的控制模式，立法者就会接受，但他们不愿采用专门为行政部门设计的管控模式，来代替可靠且值得信赖的立法监督方法。

拨款委员会的工作人员对修改国会辩护书提出了以下异议：

- 管理与预算办公室在提交新版本预算之前并没有与国会议员商议。
- 预算信息和新版本预算书无法满足拨款部门的要求。
- 一些有价值的信息不再一目了然或浅显易懂。
- 新增的绩效信息使国会辩护书过于繁缛和晦涩，无法传阅。

拨款委员会虽然在一些报告中，委托各政府机构去收集用于管理的绩效目标，但仍强调传统信息对编制预算的价值。在一些案例中，拨款小组委员会认为，有必要在拨款报告中明令禁止各机构将预算和绩效信息整合起来的做法（更多案例见表7-1)④。

**表 7-1        国会对管理与预算办公室整合预算和绩效信息的态度**

- 国会众议院拨款委员会要求退伍军人管理局（Veteran's Administration）"不要把以绩效信息为基础的预算文件纳入2005年的预算审核书中，而是将绩效计划单独成文，再递交给拨款委员会"。2006年，退伍军人管理局仍提交了绩效预算，但遭到国会拨款委员会的尖锐批

① 对于如何分配资金，不同机构之间也存在一定的差异。管理与预算办公室在2003财政年（FY03）中指出，机构人员的退休工资也属于机构项目的资金开支范围。然而，国会并不认可这一规定，在其资金分配报告也将这一项开支排除在外，并要求管理与预算办公室终止实施这一规定。

② U. S. Government Accountability Office, *Performance Budgeting：Efforts to Restructure Budgets to Better Align Resources with Performance*.

③ Howard, *The Book of States 1980-1981*, 199.

④ 同②.

评："如果管理局想做无用功，继续提交这种不符合国会要求的预算，那我们别无选择，只能否决，国会只为达标的预算提供拨款。"

● 住房和城市发展部（HUD）被告知，"不要提交战略规划书与相关预算，或者不要将这类文件纳入 2005 年年度预算审核书中，并提交给国会拨款委员会"。

● 由于各政府机构与国会之间缺乏协商，导致各机构在预算中的编制方法与国会的选择存在分歧。国会众议院拨款委员会称，联邦航空局（Federal Aviation Administration）重新编制的预算"存在重叠的预算分类，且以各机构官员对项目主要目标的主观判断为准"。

● 此外，过去一些透明的信息如今已不复存在，如个人费用项目。举个例子，国会众议院拨款委员会在一份报告中提道："尽管很多预算书中的绩效信息量在不断增加，但却常常忽视了对国会拨款委员会来说至关重要的那些信息，如规划预算数据和审核结果数据。"国会拨款委员会还曾提道："各机构应提供关键性预算审核材料，但拨款委员收到的却是大量的叙述文本——阐述各机构的绩效总目标和业绩。"

● 国会众议院拨款委员会要求联邦航空局抛弃 2003 和 2004 财政年度绩效预算版本，改回 2002 财政年度版本，称："委员会在过去两年内不断测试新版本后发现，2003 和 2004 财政年度绩效预算版本都不如之前的版本。"

● 国会众议院拨款委员会也要求惩教署换回 2003 财政年度版本："虽然国会拨款委员会仍对绩效信息感兴趣，但运输部和财政部，以及本条例监管下的所有独立部门，今后都不要将大量的绩效信息纳入各自的预算审核书中，而应像以往一样，提供传统的出资信息。那些与绩效有关的信息，可以单独成文，然后再提交。"无视该要求的部门，请自行担负不良后果，"如果管理与预算办公室或各部门不遵守委员会的这项要求，国会拨款委员会将视作各预算部门不缺资金"。

国会议员常常毫不客气地对各机构的预算人员，甚至管理与预算办公室的工作人员表示不满。管理与预算办公室的一位预算审查员如是评论：

> 大家对国会山（The Hill）的态度参差不齐。态度较好的机构和监管委员会对其表示支持，但它们的影响力有限。拨款小组委员会对此并不感冒，而我所在的委员会则完全反对。他们认为在预算中纳入绩效信息，会带来大量的无用文件。为此，我们专门准备了两本预算书：一本是传统式的，一本是包含绩效信息的。但拨款委员会的工作人员上周末却误将包含绩效信息的预算书拿走了，我们本来是想让他看传统预算书的。当他周一回来的时候，召集了机构的全部人员，言辞激烈地发表了长篇大论，告诉我们这本预算是没有意义的，再也不要给他了。

各政府机构夹在管理与预算办公室和拨款委员会中间左右为难，这两个部门在如何决策资金分配上存在分歧。管理与预算办公室希望预算能为决策部门和拨款部门提供绩效信息以供参考。但拨款委员会的工作人员则希望预算应包含他们熟悉的信息，从而帮助他们获悉过去的资金分配方式，并预测未来的资金分配需求。美国政府问责署的一位工作人员目睹了整个过程，他提道："各机构都不想与拨款委员会进行对抗。还有一些机构抱怨它们不得不准备两份预算：一份绩效预算提交给管理与预算办公室，一份常规预算提交给拨款委员会。"管理与预算办公室建议各机构与拨款委员会进行协商，认为这是预算通过审核的关键。管理与预算办公室的副主管克莱·约翰逊（Clay Johnson）就曾提出这样的建议：

> 各机构应该与各自的拨款部门进行合作，也许这才是预算能通过审核的关键所在。美国国家航空航天局（National Aeronautics and Space Administration,

NASA）就做得非常好……这很大程度上归功于消恩·奥基夫（Sean O'Keefe，美国国家航空航天局原局长）和他的工作人员，他们非常积极主动地与拨款小组委员会进行密切合作，帮助它们进行转变，使小组委员会明白什么是不需顾虑的，什么是需要集中精力来解决的，什么是可以放弃的。我们的责任就是帮助拨款小组委员会做出转变。它们都习惯于按照既定方式看待问题，但突然需要做出转变，如果换成我，也会抵抗的。但是，它们需要帮助，这是我们的职责，也是各机构的职责，去帮助委员会进行转变。但在我看来毫无疑问，从现在起不出两三年，这些拨款小组委员会就会采用绩效预算，并很高兴他们这样做了。[1]

约翰逊乐观地认为，只要双方进行协商便可解决问题；但事实证明，这种预测是站不住脚的。拨款部门根本不希望各机构来咨询如何修改预算书的格式。然而，拨款委员会和管理与预算办公室对这些协商的目标仍持有截然不同的看法。对拨款委员会而言，它们希望各机构明白，过去常用的信息仍然非常重要。而对管理与预算办公室而言，各机构需要帮助拨款委员会理解并接受新的绩效预算方法。在一些案例中，比如在美国国家航空航天局，这些矛盾就可以轻松解决。美国国家航空航天局同意按照拨款委员会的要求更改拨款结构，这在众多机构中是个特例。拨款委员会对预算的要求与管理与预算办公室对预算的要求之间的确存在差异，同时，也无法消除这些差异。

这不只是国会存在的问题。州政府官员们也指出，绩效测评数据库和账户/预算数据库之间的联系不够紧密，是抑制绩效预算编制发展的重要因素之一[2]。既然在重新编写国会辩护书的过程中出现了很多问题，那说明这不只是一个技术性问题。无法在绩效信息类别与预算/统计信息类别间建立有效的联系，是因为各方对两个根本性的问题存在分歧：其一，应该向立法机关提交什么信息？其二，这些信息应该如何编写和计算？

## 7.3　项目分级评估工具的发展

米奇·丹尼尔斯（Mitch Daniels）推动了项目分级评估工具的发展，他是布什执政时期管理与预算办公室的第一任领导。管理与预算办公室的很多工作人员都知道丹尼尔斯本人对项目分级评估工具的重视。一位工作人员称："这位领导当时认为，我们需要告诉民众什么可行，什么不可行。"丹尼尔斯还敦促管理与预算办公室的工作人员使用项目分级评估工具，并将它视为维护公正的评估工具，认为它能够公平严格地评估所有的项目。另一位工作人员也说："丹尼尔斯曾提到，让项目分级评估工具发挥应有的作用，展现出我们正在挑战自己的（共和党）意识形态。他还鼓励管理与预算办公室的工作人员使用这项评估工具。"

管理与预算办公室没有时间为 2002 财政年度预算草案开发项目分级评估工具，

① Johnson，*Testimony before the Subcommittee on Government Efficiency and Financial Management*，38.

② Melkers and Willoughby，"Staying the Course."

但在总统 2003 财政年度预算草案问世时，推出了项目分级评估工具的试验版。管理与预算办公室的工作人员承认，这项成果并不如他们预计的那样尽善尽美："这项定级工具只是对可行性的主观判断，而非以绩效为出发点对预算进行的客观评估。"项目分级评估工具的试验版很快便受到了质疑与挑战，因为它并不是通过系统研究而产生的。

管理与预算办公室早在 2002 年便成立了绩效评估团队，该团队以构建更加系统化的评估工具为目标。评估团队针对所有项目设定了一系列基础性的问题，还确定了回答这些问题的线索[①]。与此同时，该团队还树立了明确的目标，即要在五年内对所有的联邦政府项目进行评估。然而，随着争议性问题的不断出现，项目评估与政策决策间出现了明显的分界线。争论的焦点在于，项目分级评估工具能否询问："联邦政府在项目中发挥了多大作用？"评估团队否决了这个问题，选择询问评估项目能否满足特定要求。丹尼尔斯认为最初的问题"过于主观，因为政治立场不同，得出的答案也会不同"[②]。

管理与预算办公室继续采用项目分级评估工具，同时按照反馈结果对这项工具进行了微调。项目分级评估工具每套有 30 道基础性标准问题，是管理与预算办公室预算审查员与各机构代表协商后确定的可用于检测联邦政府项目的一组问题。这套工具不是对项目进行初期评估，而是对已经完成的相关评估进行分析。项目可被定级为无效、达标、相对有效、完全有效。如果管理与预算办公室认为某项目无法提供足够的信息参与评估，就会单独分类，也就是"结果无意义"。在五年内，管理与预算办公室利用项目分级评估工具对 1015 个项目进行了评估，占联邦预算的近 98%，项目达标率如下：

- 19% 为完全有效；
- 32% 为相对有效；
- 29% 为达标；
- 3% 为无效；
- 17% 为结果无意义。

定级标准以经过反复衡量的问题为准，它们是：项目目的和项目设计（标准比重为 20%）、战略性规划（10%）、项目管理（20%）以及项目结果（50%）[③]。由于联邦政府的项目包含各种类型，管理与预算办公室为此还开发了不同版本的评估工具。联邦政府确立的项目类型包括：联邦政府直接拨款项目、整体补助/公式补助项目、竞争性补助项目、固定资产项目、服务购置项目、研究与发展项目、规范性项目以及信贷项目。附录 B 提供了项目分级评估工具的问题列表，并对不同项目

---

① 评估小组还规定了管理与预算办公室在解决一系列问题时所处的位置，充分发挥其决定性作用，例如，项目分级评估工具的分数与预算有什么联系？项目分级评估工具与《政府绩效与结果法案》之间是什么关系，有什么联系？关于这些问题，评估小组给出的答案参见：http://www.whitehouse.gov/omb/mgmt-gpra/pmac_part_revisions.pdf.

② Daniels, *Program Performance Assessments*, 1.

③ 若管理与预算办公室的审查官认为有必要，就会采取其他的衡量方法，参见：U. S. Office of Management and Budget, *Budget Procedures Memorandum No.* 861, 15.

提供特定的评估问题。各项目的单页评估总结和布什总统的预算提案需要一起递交给国会。这些总结按照项目目的、规划、管理和结果/责任，以分数的形式提供了数值型评估结果。同时，还提供了项目的整体等级评定、一些关键性的项目绩效指标、管理类问题的定性观测值、需要改进的地方、项目预算建议。管理与预算办公室还将各类评估结果呈现在了网站上（www. expectmore. gov）。

改进后的项目分级评估工具具备一定的透明度，也接受外界参与，这对管理与预算办公室来说，是不同寻常的。独立于管理与预算办公室的绩效管理咨询委员会（Performance Management Advisory Council）召集了绩效管理领域的众多专家，对定级工具的发展建言献策。国家公共行政学院还召开了研讨会以获得一些咨询建议。定级工具本身是对公众开放的，故管理与预算办公室还向美国政府问责署以及其他机构征求意见与建议。想查看各项目的具体评估结果，可登录 www. expectmore. gov，上面还提供了预算审查员回答项目分级评估工具各问题时所参考的数据和分析过程。

管理与预算办公室认为项目分级评估工具以证据为准，具备系统性和透明度。米奇·丹尼尔斯承认定级工具无法做到百分百客观，但至少可以使目前的评估过程更加透明，还能"为评估过程中存在的主观问题，提供探讨的可能性"[1]。管理与预算办公室一直努力确保定级工具的准确性，它设计了一系列标准化问题，并对评估员进行培训，发放了长达 92 页的指南，还专门成立了团队，对 10% 的评估报告结果进行了准确性核查。

## 7.4 项目分级评估工具会对预算决策造成影响吗？

虽然每份项目分级评估工具总结均会附带拨款建议额度供国会参考，然而，大部分项目分级评估工具做的评估并不关注资金分配。在一些公开声明中，管理与预算办公室学会了建立严格的绩效预算模型，米奇·丹尼尔斯暗示，这并不是项目分级评估工具的真正用途：

> 管理与预算办公室没有将项目分级评估工具视为编制预算决策的自动化方法。即使某项目得分较低，但并不能说明是应该增加投资，还是减少投资。定级工具可提供建议，帮助项目进行改善。按照评估结果和项目的其他相关信息，可以制定预算和管理决策。[2]

管理与预算办公室的工作人员私下也同意这个观点，认为绩效信息与预算的关系并不紧密，预算还会受到其他因素的影响。事实上，管理与预算办公室的大部分工作人员都认为项目分级评估工具所针对的是管理类问题，而非预算问题。一位工作人员提道："项目分级评估工具主要关注绩效的后续工作，因为改变拨款决策的

---

① Daniels，*Program Performance Assessments*，3.

② 同①4-5.

余地很小。就拨款而言，我们主要争取的是利润，但争取管理更有用一些。我们为各项目编制预算，但对大多数项目而言，这些决策并不中肯。"

以下几个因素限制着项目分级评估工具对拨款决策的影响力：

- 法定支出不具备设定筹款额的自由裁量权。
- 大部分预算项目有很强的政治背景，推行渐进主义。
- 与项目审核相比，政治承诺和政治目标拥有较高的优先权。
- 即使项目分级评估工具干涉了总统的提案，立法者可无视它的影响。

由于存在权力项目，或有些项目有较强的利害关系且拥有立法支持，因此，联邦政府的大部分预算都是机械性的分配。每个项目分摊到的额度有限，且逐渐向渐进主义发展。管理与预算办公室的一位官员称："事实上，每年的预算总额都很高，但较预算项目的庞大数量而言，便显得杯水车薪了。重大项目背后的支持力都相对较强，因此预算很难不向它们拨款。比如农村电气化项目是在罗斯福政府时期启动的，旨在实现农村地区的电气化。尽管这个项目目前已达成目标，但它依然存在。"

考虑到政治因素，管理与预算办公室的工作人员承认，项目分级评估工具的得分并不会影响白宫对某些项目的承诺，也不会影响立法部门启动自身青睐的项目。在一些案例中，它们希望项目分级评估工具的评估结果可以影响拨款委员会对项目绩效的考虑，从而将资金分配给更具成效的项目。在其他一些案例中，政治环境的改变也会对项目分级评估工具的评估结果造成影响。早在 2004 年总统竞选前，很多教育类项目被评定为无意义或者无效，但政府并未削减拨款，项目分级评估工具还提供了改善管理的办法。竞选结束后，总统将节省支出定位为首要目标，所制定的预算议案允许自由开销每年递增 2.1%，但取缔了 18 项教育类项目。项目分级评估工具对这些项目的评估结果并未改变，改变的只是政治环境。

管理与预算办公室的大部分员工认为，项目分级评估工具并不能为预算提供清晰可预测的指示。一些管理有效的项目也可能面临削减预算或被迫终止的厄运，因为它们已经完成了任务，应该被取消；或者民选官员认为这些项目不适合联邦政府；或者它们与其他更高效的项目类似。一位预算审查员称："如果一个项目定级为有效，或者相对有效，就会受到保护。如果你的项目评级较低，可能就得为联邦政府着想，想想办法了。缺乏资金或设计不合理，都会导致项目前途未卜，但这些都是可以解决的。"

项目分级评估工具的评估结果与总统预算的拨款议案关系甚微，不仅管理与预算办公室的工作人员这样认为，我们也可以从数据分析中获得相应的证据，其他量化证据也强烈支持这一观点：在解释某项目为何要增加预算上，项目分级评估工具的评估结果虽然是重要的参考标准，但具备的权威性却有限。美国政府问责署发现，项目分级评估工具的得分与 2004 财政年度增加预算的提案之间存在着重要关联，尽管定级得分只能算作很小的一部分原因[1]。吉尔摩（Gilmour）和刘易斯

---

① U. S. General Accounting Office, *Observations on the Use of OMB's Program Assessment Rating Tool for the Fiscal Year 2004 Budget.*

(Lewis) 证实了项目分级评估工具得分与 2004 财政年度和 2005 财政年度预算增加提案之间存在着正向关系，但这个结论是在控制其他潜在因素（如项目类型、项目期限和政治因素）[1] 的前提下得出的。他们也发现，项目分级评估工具的评估结果能够对总统的预算提案造成影响，但影响力有限。项目分级评估工具的评定结果对 2004 财政年度预算的小型项目有较大的影响力，吉尔摩和刘易斯认为，这是因为这些项目的政治背景不够深厚。这些结果也许还能反映出，管理与预算办公室并不想过度调整项目预算总额这一事实，如果某项目的总预算为 100 万美元，而非 1 亿美元，那么削减 20％就没那么危言耸听了。然而，2005 财政年度预算内的数据并没有复制这个结果。在项目分级评估工具的各种测评类别中，有些类别的数据要比其他数据更能影响预算。其中最重要的是项目目的和项目设计，在 2004 年和 2005 年的预算中，这两项都对预算造成了重大的正向影响。我们可以预料到，在项目分级评估工具的评分中，项目成果的类别可占到 50％的比重，也是绩效改革的重要依据，与预算变化有着重要关系。2004 财政年度预算书中也存在这类数据，但从重要性上来看，不如项目目的和项目设计重要。在 2005 财政年度预算书中，项目成果并不能准确预测预算的变化。

除管理与预算办公室外，在其他各机构里，绩效信息在预算执行过程中的运用也会受到项目分级评估工具的影响。但从联邦政府工作人员提供的调查数据来看，实际情况并非如此。与其他机构的工作人员相比，联邦政府工作人员有更多使用项目分级评估工具的机会，但他们在参考绩效信息分配资金或进行其他决策上，比如制定目标或管理员工上，与其他机构的人员并无太大差异[2]。

总而言之，量化证据显示，被定级为无效或结果无意义的项目，更可能在总统预算议案中被削减经费或停止拨款，但也并非绝对。我对管理与预算办公室的员工进行过采访，这种说法与他们的观点是一致的。他们表示，当政府需要搜索可以削减经费的项目时，自然地，他们会参考项目分级评估工具的数据来选择目标。然而有些项目，尽管绩效水平低，只要背景雄厚，便能避免被削减预算的厄运。这样的例子很多，有些项目，尽管项目分级评估工具的定级很低，但预算却增加了；而有些项目被评定为有效，但预算却削减了。严格的绩效预算模式为：绩效高会得到嘉奖，绩效低会受到惩罚——但并不能对上文提到的预算情况进行解释。即使项目分级评估工具能够影响总统的预算议案，但其影响力也是微弱的，因为这种影响力主要是由项目目的和项目设计营造出来的，而不是项目成果的自然生成。

## 7.5　国会对绩效的探讨

实际上，预算拨款结果并非由总统决定，而是由国会决定的。项目分级评估工

---

① Gilmour and Lewis, "Assessing Performance Budgeting at the OMB."

② Moynihan and Lavertu, "Does Involvement in Performance Reforms Encourage Performance Information Use?"

具的建议书一旦递交给国会，各政府机构对预算决议的影响力就更微弱了。管理与预算办公室的一位预算审查员称："政府如何分析项目，与国会如何拨款，存在着分歧。如果预算建议书没有政治背景，很可能得不到实施。"我们分析国会预算审议意见后发现，项目分级评估工具的使用范围并不广泛，其影响力随着时间的推移正逐渐消散①。造成这种现状的一个原因是，管理与预算办公室中经验较少的审查员需要按照项目分级评估工具的数据进行判断，而国会议员却质疑这种判断的准确性②。海因里希竭尽全力将项目分级评估工具与国会的预算决议联系在一起。她在对 95 项卫生项目和公共服务项目进行审查后发现，项目分级评估工具的得分与预算结果之间没有任何关联③。

改变预算书的格式、建立项目分级评估工具都反映了管理与预算办公室在下一个赌注：预算信息格式的改变，能够引发预算决策结果的改变。从直觉上判断，这是可行的。决策者面对不同类型的信息，会持有不同的态度，至少会以不同的方法去探讨预算决议结果。格洛丽亚·格里兹尔（Gloria Grizzle）对两份国会预算书进行分析，认为从本质上来看，预算书的格式会对立法者就各部门资金需求进行的讨论产生一定的影响④。针对单向预算项目，立法者倾向于讨论控制情况。而预算需求较多的项目，则更集中于讨论管理方面的问题。简而言之，项目提供的信息不同，拨款部门关注的点也会不同。当然，二者之间也存在因果关系倒置的情况，即立法者选择的项目预算格式，与他们对这个机构或预算编制过程的看法保持一致。比如，如果立法者更看重控制力，就会选择单向预算项目。本章在对联邦政府预算编制进行详尽的考察后发现，对习惯于旧式信息的决策者而言，新的预算格式不会对其决策产生太大的影响。

布什总统执政期间，政府一直在努力提升绩效信息的地位，本章以下内容主要考察在此期间，国会对绩效信息的重视程度。为了能够更好地理解绩效信息是如何被审核的，我们可以关注以下两项关键性的立法记录：一项是拨款法案与会议报告，另一项是监督委员会以及相关拨款小组委员会召开的委员会听证会⑤。拨款法案和会议报告是由立法机构的负责人编写的，各政府机构非常有必要了解相关的内容，毕竟编写这些文件的都是拨款部门。听证会欢迎各方谏言，既允许行政部门的官员以及项目的利益相关者提供证言，同时还会征求立法者的意见，也允许他们提

① Frisco and Stalebrink，"Congressional Use of the Program Assessment Rating Tool."

② White，"Playing the Wrong PART."

③ Heinrich，"How Credible is the Evidence and Does it Matter?"

④ Grizzle，"Does Budget Format Really Govern the Actions of Budgetmakers?"

⑤ 委员听证会一词最早出现在艾伦·希克发表的论文中，该论文分析了委员会报告的具体内容。委员会报告是由国会研究服务局负责起草的，该报告内容反映出绩效专业术语使用频率逐渐提高这一现象。但希克删除了分析报告中的专业术语部分，他认为，只要民选官员在谈及绩效管理时知道绩效管理是什么，在运用绩效管理时不出现错误就可以了。除委员会报告的相关内容外，我还分析了与拨款相关的法律（希克认为这是探寻绩效管理影响的最佳之处）。通过对绩效的性质特征、内容、本质进行详细的描述，最终得出的结果与希克一致，即委员会报告可能提及绩效管理的相关概念，但对绩效数据的运用描述得却少之又少。参见：Schick，"Getting Performance Measures to Measure Up."

出尖锐的绩效问题。

我曾对 2004 财政年度预算的这类文件进行过内容分析，其中涉及的领域包括国防、教育、社会保障、国土安全、医疗卫生、公共事业以及交通运输。研究过程相对比较简单——我只查找使用"绩效"一词的内容①。在这些文件中，术语"绩效"一词共出现过 391 次。次数听起来还真不少，但是我们后来意识到，所有文件共有 3 257 页，每页为单倍行距。这意味着，在拨款文件和听证会会议记录中，"绩效"一词几乎每 8 页才出现一次。

绩效一词有时在文中作动词使用（意为履行职责），有时指代的含义与公共项目无关，如果将这类用法去掉，那绩效一词在文中出现的次数则会减少到 353 次。还有两类用法涉及绩效一词，一类是将该术语用于表述与材料有关的标准（比如，仪表着陆系统符合美国联邦航空局的绩效要求），另一类则是用于表述某项目采用了某种性能工具（比如，采用绩效薪酬，绩效保证式合同）。这两类用法都不涉及项目的具体绩效情况，而在很大程度上只是强调了该词可用于以乐观的角度审视某物体的这类语境。一旦将这类用法忽略，绩效一词在文中出现的次数就只剩下 234 次，即每 14 页才出现一次。

那还剩下些什么用法呢？在剩下的语境中，从有效理解管理学意义的绩效出发，我们可以将绩效一词分为四类使用情况。第一类，有关未来绩效的表述，代表对某项目未来可能取得成就的期望，或者是对管理创新的影响力，以增加投资对项目成果影响力的推测，这类绩效表述出现过 57 次。第二类，是对绩效信息使用情况的探讨，使用绩效信息提到过 21 次。大部分出现在拨款法案中，旨在敦促各机构使用绩效信息，尤其是在决议合同或决议授权时要考虑绩效信息的情况下。例如，一份《国会众议院拨款法案》（House Appropriations Bill）力劝某项目"要根据与绩效有关的标准，将项目地点与服务扩展用途考虑进去，使用增加的一部分预算资金，为既有的卫生院提供支持"②。然而，在审核的文件中并没有提及立法者自己使用绩效信息的情况。

也许内容分析中最有趣的发现就是立法者自己没有使用绩效信息（或者，至少是很少提及本身对绩效信息的使用情况），这与他们时刻强调各机构要提供更多与绩效相关的信息，形成了鲜明的对比。第三类是在与项目创立、发展、经费有关的内容中，或与项目实施情况有关的数据中，绩效一词出现了 109 次。在这类情况中，绩效一词主要以法律要求的形式出现在某拨款法案中（73 次）。其中 49 次与教育行业有关，因为政策制定者呼吁这个项目在结束后要开展绩效评估。以下为相关案例：

> 委员会非常希望能够按照《不让一个孩子掉队法案》（No Child Left Behind Act）建立和推行"管理信息与报告统一系统"（Uniform Management Information

---

① 文件中也可能使用了许多"绩效"的同义词，因此这一分析并不全面，并未覆盖所有可能值得探讨的问题，但它提供了一项基本的指标，即是否存在从未提及的问题。由于"绩效"一词与立法机构关系密切，且被广泛使用（例如《政府绩效与结果法案》要求各机构提供绩效报告），所以大家都希望绩效能够就探讨问题的等级提供一套指标体系。

② U. S. Congress. *Departments of Labor, Health and Human Services, and Education, and Related Agencies Appropriation Bill*, 2004, 23.

and Reporting System），这样就可以在各个州内或所有州之间收集绩效信息以及其他的相关信息，并由每个州政府报告给教育部。委员会希望在未来的项目绩效报告和国会意见书中能够审阅这类信息。①

创建绩效信息的强劲需求说明，国会完全有能力和意愿要求各政府机构提供相关的绩效信息，这也解释了为何国会议员对管理与预算办公室努力修正国会意见书表现出种种阻挠。国会并不是反对绩效信息，而是希望有权决定何时、如何创建这类信息。

最后一类是将绩效视为实际成果，审查员可以将此作为评定某项目是否有效的依据。这类表述出现过 47 次，大部分是由行政机构官员（24 次）或项目的利益相关者提出的（16 次），这两类人群通常都是项目的支持者。2003 年 3 月 19 日，空军部长（Secretary of the Airforce）詹姆斯·罗奇（James Roche）曾在国会众议院拨款委员会的国防小组委员会听证会上举过这样一个例子：

> 我非常自豪地宣布，去年我们的预算议案对新技术的投资增加了 5 个百分点。明年如果预算能够通过，我们将投资制造 22 架 FA-22 猛禽战斗机，保持生产率平稳增长。我们正在努力确保这个项目能够通过，这样就能重现 C-17 运输机项目取得的成果，既能降低成本，又能提高信度。委员长先生，您一定还记得 C-17 运输机项目，以及这个项目所经历过的千难万险，但它最终还是存活了下来。如今我们能够在 48 小时内收获一架 C-17 运输机，且立即投入使用，无需任何额外的工作。FA-22 猛禽战斗机项目正在改善，它目前已经达到或者能够超越所有关键性的绩效要求。

当谈论实际成果时，只有 7 个项目的绩效不达标。这类探讨相当抽象，没有任何基准或绩效目标可以参考。相反，这些讨论都提到了提高绩效的总体需求，同时也强调了提高绩效的重要性。用于反映项目成果的量化实际绩效指标只提到过 9 次，或者说整份文件中，每 362 页中才提到一次。

探讨文件中"绩效"一词被提及的次数可以帮助我们了解绩效在文中出现的情况或频率，但无法帮助我们了解是否存在有关绩效的连贯性讨论，这类讨论主要以探讨证据的交替性对话或者至少以合乎逻辑的主张出现。然而，在我们审核的文件中，这类探讨很少出现。绩效一词只是被一带而过，并没有进入深层次的探讨，连苗头都没有。唯一的特例是教育领域，参与听证会的项目相关方就绩效标准的作用展开过多次深入的探讨，并对可以提高教育绩效的因素提出了清晰且有据可循的论断。然而，这只是个特例。尽管文中多次提到绩效，但在正式场合探讨绩效问题的情况仍然较少。

从这些发现中可得出哪些结论？
- 文件中提到绩效一词的次数较少，探讨实际项目绩效问题的更少。
- 对绩效问题展开的探讨层次都较低，且都只是顺便提一下，形式抽象不具体。

① U. S. Congress. *Departments of Labor，Health and Human Services，and Education，and Related Agencies Appropriation Bill*，2004，145.

● 是否使用绩效这个术语，与各机构的利益成正比。立法者更有可能要求项目提供较多的绩效信息，以帮助他们行使监督权。行政机构的官员和项目支持方则更倾向于讨论项目成果，以捍卫取得的成就，关注项目的效益。

## 7.6 什么是项目分级评估工具的党派属性？

阻碍项目分级评估工具推行下去的一项重要因素，是这项工具具有显而易见的党派属性。项目分级评估工具与《政府绩效与结果法案》之间承载着很多相同的绩效管理预设，因此赢得了两党的共同支持。但与《政府绩效与结果法案》不同的是，项目分级评估工具是由布什总统与共和党通过行政程序建立的，这影响着各方对项目分级评估工具的理解和实施。

管理与预算办公室称项目分级评估工具的评估结果并不受各政党政治背景的影响，但却承认资金分配决议会受到影响。国会中的很多民主党人不接受这种情况的存在，因此对项目分级评估工具持怀疑态度。他们将项目分级评估工具视为白宫的障眼法，认为其以管理的中立性为幌子，对传统意义上的自由党项目发起了意识形态上的攻击。然而高水平管理所使用的语言和采纳的标准不断合法化，使这类针对政策的攻击无法引起太大的争议，从而将关注点集中在推行政策的过程上，以避免决策过程中出现冲突[1]。比如，社会福利事业比其他事业的处境更艰难，因为相较而言，其他事业所达成的目标更易令管理与预算办公室的审核员感到满意。但一些批判者也指出，项目分级评估工具并不审核税式支出，尤其不对民主党的传统项目进行审核。

有证据显示，项目分级评估工具的确对没有太多政党背景的项目造成了负面影响。与政治倾向较为保守的机构（与共和党相关）相比，一些由自由党机构（包括民主党）提出的项目所获得的评分都比较低[2]。这些项目具有再分配的特点，因此目标也更加自由，但获得的评分却较低[3]。

还有证据显示，意识形态也是影响项目分级评估工具制定预算的重要因素之一。正如前面提到的，在总统的预算议案中，有迹象表明项目分级评估工具对预算分配会产生重要影响，但这一迹象只出现在由民主党统一管控的项目中[4]。简而言之，自由党的项目面临着较大的绩效预算风险，而保守党的项目则不然。

鉴于这一情况，我们可以假设意识形态上的差异可能会影响各机构对项目分级评估工具所持有的态度。而研究结果显示，与保守党机构中的官员相比，自由党机

---

① 伊夫林·布罗德金发现了理查德·尼克松在福利措施上的一种处理模式。当尼克松政府找不到合法的政策来支持消减福利开支这一举措时，他们则会通过正当的行政手段来削减资金浪费、诈骗以及滥用，从而达到削减福利开支的目的。Brodkin, "Policy Politics."

② Gallo and Lewis, "The Consequences of Presidential Patronage for Federal Agency Performance."

③ Greitens and Joaquin, "Policy Typology and Performance Measurement."

④ Gilmour and Lewis, "Assessing Performance Budgeting at OMB."

构中的联邦政府官员更愿意推行项目分级评估工具①。如果让机构转变态度是项目分级评估工具需要付出的努力，那另一种应该做出的努力则是让官员们在实际操作中使用这些数据。在此不得不再次提到，有迹象表明，政治意识形态的确发挥着重要的作用。据报道，保守党机构中使用这项工具的官员与不使用该工具的人员相比，前者使用绩效信息的水平较高②。然而相反的是，据报道，在自由党机构中，官员们是否使用项目分级评估工具对他们是否使用绩效信息产生不了太大的影响。简而言之，虽然采用项目分级评估工具会提高各机构中保守党官员对绩效信息的使用，但对自由党机构而言却无法产生类似的作用。

白宫无法说服国会中的多数议员去相信项目分级评估工具不具备党派属性。在某种程度上，这是因为项目分级评估工具能够与高度政治化的预算程序融为一体。此外，各党派间的激烈斗争，尤其是白宫中的政治斗争，都强化了党派间的倾向差异，正如民主党对布什总统推出的任何决策都表现出强烈的不信任一样。两党中立法者的关系也剑拔弩张，尤其是参议院与布什总统在管理与预算办公室任命的官员之间的关系。有些人认为米奇·丹尼尔斯不尊重国会的传统特权，其中一个原因是，丹尼尔斯曾在《总统管理议程》中指出："国会一直都是政府的问题所在。很多人发现与其修复（或停止）一个旧项目，不如发起一个新项目。"③ 总统在 2003 年预算议案中也表明过这一观点，即引用了格利佛（Gulliver）被小人国（Lilliputians）五花大绑的卡通漫画，标题是《很多机构被小人国的条条框框束缚了》。

将项目分级评估工具纳入法规形成制度，也许才是国会对这项工具真实态度的写照。185 号决议（H. R. 185）即《项目评估与结果法案》（Program Assessment and Results Act，PARA）是由议员托德·拉塞尔·普拉茨（Representative Todd Russell Platts）于 2004 年和 2005 年提出的，他当时在宾夕法尼亚州担任共和党党员。普拉茨是众议院政府效能与财务管理小组委员会（House Subcommittee on Government Efficiency and Financial Management）的主席，该小组委员会隶属于众议院政府改革委员会（House Committee on Government Reform）。《项目评估与结果法案》称要以《政府绩效与结果法案》为准，旨在为"国会决策者提供信息，并帮助他们有效开展监督，以制定更加明智的授权决策和有据可循的预算决策，为美国人民带来福祉"④。这项法案并没有明确提出要采用项目分级评估工具，但却提出了类似的要求，即每五年对联邦政府的所有项目进行一次评估，由管理与预算办公室拟选标准。

但实际上，这项法案是一项代理投票，关注点在于是否支持项目分级评估工具。而投票结果并不能让项目分级评估工具的拥护者感到欢欣鼓舞，因为国会并没

---

① 参见：Lavertu, Moynihan and Lewis, "Government Reform, Political Ideology, and Administrative Burden." 排除控制因素、个人信仰因素（PART 能够增加预算）以及项目评估次数，保守党与自由党对项目分级评估工具的不同态度，主要基于它们对 PART 投入的成本差异。

② Lavertu and Moynihan, "The Effect of Agency Political Ideology on Reform Implementation."

③ U. S. Office of Management and Budget, *The President's Management Agenda*, 6.

④ U. S. Congress, *The Program Assessment and Results Act*, Section 4.

有为这项法案举行投票。在一场小组委员会会议上，民主党要修复《项目评估与结果法案》的提议遭到反对，而这项法案只进行了党派立场投票。从政治角度来看，《项目评估与结果法案》只是一项政党立法，它反映出各党在态度上对项目分级评估工具存在的分歧。埃多尔弗斯·汤斯（Edolphus Towns）是小组委员会中的民主党成员，他认为："项目分级评估工具的本质是主观的，由于管理与预算办公室的官员长期以来对项目分级评估工具的绩效评估标准是否合理存在分歧，因此这项工具能够提供的有效数据是有限的。"[1]

## 7.7   结论

众多有关项目分级评估工具的研究发现，各机构对行政改革的态度和行动都会受到政治意识形态的影响，即使是政治上保持中立的政府机构也不例外。自由党机构的官员需要投入更多的精力来应对项目分级评估工具开展的评估，但他们的得分却往往更低，与保守党机构的官员相比，项目分级评估工具对他们的预算威胁更大。民主党立法委员对项目分级评估工具的质疑随着对总统的不信任而加深，与此同时，有关项目分级评估工具具备党派性的言论也反映了这一事实。唯一关注项目分级评估工具的立法者是共和党人，他们的目的是反对民主党。由此可见，项目分级评估工具是一个生动的案例，反映出看似中立的绩效管理改革不管怎样都会变成政党相互倾轧的工具，这也阻碍了项目分级评估工具的推行，同时威胁到它长期的生存前景。两党间存在的分歧将导致项目分级评估工具逐渐被淘汰。

本章对文件内容分析后的结果进一步表明，总的来说，并没有多少立法者真正关注绩效信息。需要注意的是，内容分析都是在一年内完成的，由此可以证明关于绩效问题的探讨可以在很多场合开展。布什政府曾以改变绩效立法的本质为目标来改变预算书的形式，开展项目评估，同时，希望绩效信息能够在更大程度上影响预算决策。这是为了检测立法部门对绩效问题的态度，但效果有限，仍存在很多需要改进的地方。因此，国会与州立法部门需要面对挑战，通过立法提高绩效信息的使用[2]。然而，可以说立法部门并没有太多动力去改变绩效信息的使用情况，或是没有太多动机驱使它们去这样做。因此，真正的挑战在于我们应该降低对绩效信息的期望值，不要奢望立法部门会正确地对待绩效信息。

---

[1]  House Subcommittee on Government Efficiency and Financial Management，*Should We PART Ways with GPRA*，5.

[2]  为此，美国审计总署为国会准备了智能查询《政府绩效与结果法案》中绩效信息的指南。U. S. General Accounting Office，*The Results Act*.

# 第 8 章

# 项目分级评估工具与交互式
# 对话模型

本章主要依照研究项目分级评估工具的方法来阐述交互式对话模型。研究的主要目的是核查项目分级评估工具能否建立起以实证为基础的对话。很多项目利益方都认为项目分级评估工具的评估过程不够客观，故不愿认可评估结果。即使不存在这些争议，项目分级评估工具的评估结果与预算之间的关联性仍然比较模糊，我们曾开展实验以研究管理与预算办公室建议书的逻辑性，研究结果也证实了这一点。我们开展的另一项实验则阐明了绩效信息的结构是如何深刻影响这类信息的使用情况的。

## 8.1 基于实证的对话

管理与预算办公室的工作人员认为，发展项目分级评估工具是为了与政府机构的人员建立起以实证为基础的对话，并提供各种与管理、经费、项目设计和项目评估方法有关的建议。以实证为基础的对话，其理念背后的基本原理为：a）通过第三方评定项目初步分数；b）将此分数纳入预算的关键性流程之中，并提示项目利益方对此做出反应。如果他们认可管理与预算办公室所提供的证据，就应该在决策过程中参考这些数据。如果他们不认可这些证据，则应提出理由，指出依据事实而非仅凭一面之词来论证自己的立场。

管理与预算办公室按照以下几种方式将项目分级评估工具视为以实证为基础的对话：

**（1）意见明确的第三方项目评审**：项目分级评估工具旨在处理政府机构报告中出现的不实证据，并筛查掉无用信息。对无法理解或表示怀疑的决策者而言，绩效信息数量庞大，因此，管理与预算办公室需要承担起筛选项目数据和提案的艰辛任务，需要提供相对详细的评估结果，帮助决策者初步判断某个项目能否通过。

**（2）更关注绩效**：项目分级评估工具主要关注两个问题：一个是绩效问题，另一个是项目分级评估工具能否增强政府机构对项目绩效问题的重视程度，至少能够让行政部门在预算准备过程中便开始关注绩效问题。

**（3）证据水平是评估结果的直接证据，而不是说不存在显而易见的失败情况**：即使某项目不能提供绩效信息，也不能武断地认为是证据缺失。如果缺乏信息来论述项目为何能通过审核，或者管理与预算办公室否认评估的有效性，则项目会被定级为结果无意义。这就提高了举证责任，要求项目提供实际证据来证明结果有效。

**（4）提供证据的重担落在了政府机构的肩上**：管理与预算办公室认为自己有责任评估绩效证据，故希望各机构能收集和提交这类信息。这重新引起了各机构对项目评估的兴趣，因为这意味着它们有机会证明某些评估是无效的，有机会推翻无效的定级结果[①]。只要各机构能收集到新证据证明项目绩效达标，就能说服管理与预算办公室对项目进行重新评估。

**（5）全部项目进行再评估**：项目分级评估工具要求每五年重新对所有项目进行一次绩效评估。这对于传统预算方法而言是一场重大的变革，因为就以往经验来看，项目只要提交初步议案后就没有机会进行第二次评估了，除非国会专门要求管理与预算办公室主动进行重新评估。对大多数项目而言，年度预算审核不过是为了检验新增的经费是否用于满足服务需求，是否用于支付服务成本。管理与预算办公室的一位项目审核人员在对比了自身在克林顿政府和布什政府的工作经历后声称："在克林顿时期，我们的全部精力都集中在新项目上，也就是克林顿总统新推出的项目方案，或者是国会新推出的项目方案。其中80％～90％的项目，管理与预算办公室不会进行审批。即使如此，相关机构的政策官员也不会提出疑问。要求管理与预算办公室每五年对项目进行一次复审，促使政府机构和管理与预算办公室进行沟通，这是长久以来不曾关注到的。"

**（6）项目分级评估工具的程序性性质激励政府机构参与进来**：除了需要每五年对所有项目进行一次复审外，当新证据充足时，一些项目还应进行重新审核。然而，即使一些项目并未进行全面复审，也需要接受审核，查看是否遵守了推荐管理规范。尽管各机构和管理与预算办公室并不认同这些推荐管理规范，或者已经采取了行动却没有真正完成任务，但只要评估开始，针对项目的常规性关注就会使政府机构很难将项目分级评估工具抛之脑后。

与《政府绩效与结果法案》以及州绩效信息系统不同的是，项目分级评估工具

---

① U. S. Government Accountability Office, *Program Evaluation*.

需要中央政府自己收集数据，开展密集性工作。其结果便是，项目分级评估工具对管理与预算办公室预算决策的影响越来越大。其中最显著的影响是，项目分级评估工具的评估结果被纳入了总统预算议案中。在管理与预算办公室内部，支持这份预算议案的关键性意见在于主任复审（Director's Review）结果。主任复审于每年十月底开始，各阶段主要关注一个方面，比如教育问题。复审由管理与预算办公室的主任主持，副主任们与高级人员主要负责各领域的审查。白宫政策负责人会频繁受到邀请，参加复审会议。管理与预算办公室的预算审查人员主要负责商讨具体问题并提出解决建议，在这种情况下他们有时也会参考项目分级评估工具得出的评审结果：

> 需要提供预算建议时，我们会参考项目分级评估工具的评估结果；在对项目进行关键性决议时，通常也会参考相关信息，比如是否削减某项目的预算。在复审期间，我们通常只参考总结性评论，并不是所有审核过的项目都会参考项目分级评估工具的评估结果，正如我们在口头讨论中也不会提及所有项目一样，项目分级评估工具不只涉及预算，有时也会探讨如何修复特定的项目。

在主任复审的报告中，也可以查看项目分级评估工具的书面评估报告与总结性评论，但预算审核员还会提供一份长达一页或两页的表格，对某领域所有项目的项目分级评估工具结果进行总结，这里面也包括相关的预算建议。一般而言，该报告不会对项目分级评估工具的每项评估结果进行审查（针对各项目的预算建议也是如此），况且项目分级评估工具的影响力也是有限的，只有在削减预算时才会频繁参考。管理与预算办公室的一位员工对项目分级评估工具是如何影响主任复审过程对话的，如是评价道："还不太清楚为何项目分级评估工具会有那么大的影响，因为还存在很多需要深入探讨的绩效问题。在复审过程中讨论是否应该终止某项目时，如果项目分级评估工具的评估结果显示为无效，则该项目就会被建议终止。"

## 8.2　项目分级评估工具的歧义性

关于交互式对话模型的一项假设是绩效信息容易引起歧义，即不同的人在同一时间对相同的信息会有不同的解读。而项目分级评估工具以绩效信息为参考，难怪会有人认为评估结果模棱两可。项目分级评估工具本身就以绩效信息的形式存在，因为这项工具是按照相同的标准对所有项目进行评估。这部分内容主要对项目分级评估工具容易引起歧义这一方面进行核查。

在管理与预算办公室工作人员眼中，项目分级评估工具是一项系统性的工具，可将预算审核过程中的主观因素减少到最低。还有一些工作人员承认，这项工具只存在一些微不足道的问题，比如：

> 我们并不能够将各机构的项目分级评估工具的得分进行对比，因为审核员来自不同的机构，他们采用的评估方法也不尽相同。有些政府机构并不想与预算审核员作对，但有些机构却毫不介意，哪怕产生冲突，也要确保高分。管理

与预算办公室经常检查评估结果，但每个部门都有各自的关系和文化，多多少少都会影响到评估结果。

管理与预算办公室的预算审核人员也明白存在这样的利害关系，因此针对不同的项目采用了不同的标准，并采用多种方式解读数据。在项目分级评估工具结果复审的过程中，绩效评估专家哈里·哈特利（Harry Hatry）称："无论是项目的目标和设计，还是项目的战略规划和管理，在评估过程中都充斥着主观因素。"[①]比如，如果某项目被定为结果无意义，那评估者应如何评定它的绩效呢？采用结果无意义这一定级分类，本身就意义模糊。而如果绩效信息不足，就会采用这项定级分类。如果管理与预算办公室和政府机构只是不认可某项目的长期和年度绩效评估结果，也会采用这一定级分类[②]。一位预算审核员称，如果某项目看着得分就不会高，但相关机构请求审核部门给予更多时间进行改进，也会用到这一定级分类。政府机构和管理与预算办公室对什么才是"独立且高效的评估"也持有不同的意见[③]。

另外，一些重要问题的措辞也会引起歧义，比如：对任一联邦、州和地方政府，以及私人企业而言，某项目是"过度的"还是"没必要的……多余的或者是重复的"；再或者，某项目的设计是否存在"重大缺陷"，某项目的绩效评估结果能否"真实"反映项目的目标，被认定为"达标"的项目能否完成长期的绩效目标。如果评估结果中充斥着这样模棱两可的术语，就会造成不同的解读[④]。管理与预算办公室的预算审核人员之间对以下术语的含义持有不同的观点，包括"野心勃勃"、"产出"、"结果"以及"取得进展"[⑤]。政府机构的官员抱怨，管理与预算办公室的官员采用不同标准对以结果为导向的评估方式进行定义[⑥]。甚至在采用"是/否"为问答方式的评估题目中，也无法统一标准答案，因为管理与预算办公室的工作人员对答"是"的标准本身意见就不统一[⑦]。审核人员对相同术语有不同的理解，这不仅说明术语本身存在很大歧义，也证实了在评估过程中，即使在采用项目分级评估工具的情况下，审核人员主要依靠的还是自己的主观判断力。

由于评估标准模糊，最后的得分就不得不依靠个人的主观判断了。在政府机构人员的眼中，管理与预算办公室的项目审核员如果对某项目持有怀疑态度，就会降低项目分级评估工具的得分。然而，在管理与预算办公室的工作人员看来，政府机构不仅有意愿，也的确能够与他们进行辩论，并努力将分数提上去。更广泛地说，有些政府机构之所以能够说服管理与预算办公室接受它们的绩效管理方法，部分原

① Hatry, *Comments of the Members of the Performance Advisory Council*, 8.

② U. S. General Accounting Office, *Observations on the Use of OMB's Program Assessment Rating Tool*, 25.

③ 同②24.

④ Brass, *The Bush Administration's Program Assessment Rating Tool*, 21.

⑤ 同②.

⑥ 同②21.

⑦ 同②7.

因在于这些机构拥有较高的威望、较大的政治影响力、较高的专业水平①。这一点也强调了在项目分级评估工具的评估过程中，彼此的沟通和说服力也是很重要的。吉尔摩在采访政府官员的过程中发现，他们并不是通过战略性调整来提升实际绩效水平，来达到项目分级评估工具的评估标准，而是努力找到方法并与审核人员沟通项目现存的价值。简而言之，机构官员更倾向于将项目分级评估工具视为存在争议的试验，而不是一种真正意义上的管理工具②。

## 8.3　项目分级评估工具的主观性

交互式对话模型假设绩效信息并不是中立客观的，而是经过评估后专门选定的，是提交数据部门偏见和维护个人利益的体现。有批评认为，项目分级评估工具不过是管理与预算办公室向绩效管理施加影响的手段。按照有关组织话语的文献阐述，权利与话语之间存在着既相互交融又相互影响的关系。拥有实权、立法权和经费的部门更有机会塑造话语环境，从而维护它们的权威，实现它们的愿景③。另外，信息呈现的方式也会影响信息的传播程度，正如有些文体更易被大众接受、解读和使用，或者是借鉴以往内容的文字从而更容易被运用到话语中去④。如果将这点运用到政府部门，那么采用传统预算格式的中央机构更有可能将绩效信息插入到预算话语之中。管理与预算办公室就是这样开发项目分级评估工具的，尽管它们的做法遭到政府机构工作人员和国会的强烈反对。

管理与预算办公室将项目分级评估工具视为政治中立，因为过去很多人支持绩效管理改革。"怎么会有人提出这么愚蠢的想法？"瓦尔达夫斯基问道⑤。如果坚信绩效管理工具不具备任何政治倾向性，就是对这类工具核心价值的视而不见。项目分级评估工具代表着管理与预算办公室的利益、偏见和观念。评估主要在春夏两季进行，在各机构提交预算申请前就结束了。在管理与预算办公室于秋季进行复审前，将评估结果纳入政府机构的预算申请中。在项目分级评估工具被逐渐纳入预算过程中时，管理与预算办公室将动用最有效的手段，以帮助项目分级评估工具在重要决策中发挥作用。由于有权决定哪些信息是有用且重要的、如何定义项目目的、

①　弗雷德里克森将国家卫生研究院（The National Institutes of Health）以及国家医疗补助与医疗服务中心（The Centers for Medicaid and Medicare Services）两个机构作为研究对象，研究发现，这两个机构的专业地位、声誉（尤其是国家卫生研究院）以及政治影响力（尤其是医疗项目）要求它们实施绩效管理。具体内容参见：Frederickson，*Measuring the Performance of the Hollow State*. 加洛（Gallo）与刘易斯提供了许多系统性的证据来说明同其他任何项目相比，科研项目在评估中得到的分数更高。虽然这些科研项目的结果大都难以量化，但它们有一个共同点，即它们比一般项目拥有更高的专业地位（大部分成员都是博士研究生）。Gallo and Lewis，"The Consequences of Presidential Patronage for Federal Agency Performance."
②　Gilmour，*Implementing OMB's Program Assessment Rating Tool*.
③　Hardy and Philips，"Discourse and Power."
④　Phillips，Lawrence and Hardy，"Discourse and Institutions."
⑤　Wildavsky，"The Political Economy of Efficiency," 292—310，308.

哪些项目可评定为通过或否决，以及能够对项目提高经费提供建议，管理与预算办公室不仅可以参与决策，还对预算结果享有最终解释权。

雷丁指出，联邦政府的很多项目都存在多个目标，甚至有些目标还自相矛盾，但项目分级评估工具却自行假定每个项目都只有一项首要绩效目标①。很显然，如果有权决定项目的首要目标，并将其他目标或备选目标排除，就会影响各方对项目达标的理解。管理与预算办公室的一位官员称："政府机构和管理与预算办公室的工作人员之间，就如何定义项目结果存在很多分歧。"比如，雷丁曾表明，项目分级评估工具能够系统性地排除公平性目标。除非公平性是这个项目的首要目标，否则项目分级评估工具是不会浪费时间去评估相关数据的。甚至对于一些以促进公平为目标的项目来说，评估结果也不会将民族或收入水平问题考虑进去②。

如果项目分级评估工具能够改变各方围绕项目所开展对话的本质，帮助建立政策议程，那么就能够对这项工具所代表的管理与预算办公室以及白宫的权力和影响力进行制约。管理与预算办公室的另一位官员也表达了同样的看法：

> 我也希望相信项目分级评估工具的评估结果是客观的，但绩效管理本身就是一条不归路，很容易受到外界影响，变得政治化……项目分级评估工具起到了守门的作用，是一种框架手段，会对决策过程产生影响，也会影响人们对问题的解读。尽管它是一项"客观"的工具，但还是充斥着主观偏见。

所以，政府机构和项目的利益相关方对项目分级评估工具持质疑态度就不足为奇了。但不同的是，《政府绩效与结果法案》和《GPRA 现代化法案》均鼓励项目利益方参与进来，而设计项目分级评估工具的初衷则是避免第三方的参与。雷丁曾提出不同的见解，他认为这样会限制项目分析，也放弃了核实管理与预算办公室在此过程中是否存在偏见的机会③。管理与预算办公室观察（OMB Watch）是一家政府监督组织，认为项目分级评估工具是管理与预算办公室采纳的一种主观色彩浓厚的评估工具，旨在帮助该部门提升自己的影响力。该组织还向管理与预算办公室提出警告："如果过于依赖项目分级评估工具，不仅会逐渐失去国会的资金支持以及宪法赋予的监管权力，也会逐渐失去将外界利益方的权益融入国会预算和评估进程中的机会。"④

关于何种评估才是有效可靠的，管理与预算办公室和各政府机构间一直存在分歧，它们对应该依靠何种评估方法也存在不同的看法⑤。长期以来，政府机构一直在抱怨：项目评估是不准确的，有些项目的确比其他项目要更难评估，项目修正和项目结果之间存在着严重的滞后。在数据收集和评估过程中，项目分级评估工具给机构工作人员带来了新的交易成本，即使各机构经费紧张，却仍要遵守《缩减文书

---

① Radin, *Challenging the Performance Movement*.
② 同①第 5 章.
③ Radin, *Testimony to the Senate*.
④ Hughes, *Testimony to the Senate*.
⑤ U. S. Government Accountability Office, *Program Evaluation*.

工作法案》（Paperwork Reduction Act）①。

　　政府机构还担心管理与预算办公室会过于关注项目结果。管理与预算办公室按照《政府绩效与结果法案》的规定，认为政府机构有责任实现全国目标，尽管各机构无法完全控制项目结果。各机构更希望评估过程能够将它为此付出的努力和取得的进步参考进去，它们还认为很多项目之所以能与产出完美契合，是因为存在很多外部因素影响了结果。它们不仅试图说服管理与预算办公室相信，这种以产出为导向的评估是无意义的，而且在一些情况下，管理与预算办公室只是误将产出视为了结果②。观念上的差异直指角色的重要性——中央机构需要拿出方案解决政策问题，而普通机构只需对职权范围内的问题负责。讽刺的是，近期公共管理改革不断向管理者施压，要求他们对绩效负责，即使第三方也在不断提供这类服务。公共管理者与第三方（通常为政治上比较活跃的项目利益方）经常无法按照明智的原则缔结契约，而是依赖管理合作以及相应的评估系统发挥作用③。

　　政府机构工作人员也无法认同管理与预算办公室依靠项目分级评估工具来定义项目的做法。因为在它们眼中，项目目的的重要性是不言而喻的。如果政府机构对预算审核员的决议存在不满，可以向管理与预算办公室的政治任命官员上诉，但这样做通常是没用的。虽然项目分级评估工具的评估过程相对透明，但仍然是由管理与预算办公室主导的，且在很大程度上不允许项目的利益相关方和国会参与进来。然而，这并不能阻止政府机构利用项目分级评估工具达到鼓吹项目的目的。政府机构有时能成功地利用项目分级评估工具争取到更多利益，无论是帮项目筹措到经费，还是为评估赢得筹码④。

　　国会与政府机构存在不同观点的一个基本问题在于，管理与预算办公室是如何使用项目分级评估工具对项目进行归类的。管理与预算办公室按照每年制定的决策划分区域、划分等级，这也是预算的一部分。比如，它们可能会针对具体区域，将开销的自由决定部分和强制性部分区分开来，但国会就不会这么做。在其他案例中，与国会和政府机构相比，管理与预算办公室对项目的定义可能会更广泛，它将众议院小组委员会单独负责的经费范围集中了起来。正如瓦尔达夫斯基在很多年前提道的，项目界定充满争议非常重要，"项目又不是在天堂制定的。你对它的命运一无所知，只能去探索。项目无法自然而然地适应这个世界……酝酿项目的方式很多，组织活动的方式也很多"⑤。

　　在使用项目分级评估工具的过程中，管理与预算办公室的预算审核员将自己视

　　① 雷丁也指出，受立法机构的限制，部分机构不能收集管理与预算办公室所要求的相关数据。例如，国会禁止消费者产品安全委员会对部分项目进行成本−效益分析，而成本−效益分析在项目分级评估工具评估结果报告中随处可见。参见：Radin，"*Testimony to the Senate.*"

　　② U. S. Government Accountability Office，*Performance Budgeting*：*PART Focuses Attention on Program Performance*，7−8，37−38.

　　③ 同②第8章；也可参见：Radin，*Challenging the Performance Movement*，chapter seven.

　　④ U. S. Government Accountability Office，*Observations on the Use of OMB's Program Assessment Rating Tool*，16−17.

　　⑤ Wildavsky，"The Political Economy of Efficiency，" 302.

为评估者，而不只是统计者。由于权利范围较大，他们只能强制性地推行需要的标准，以考量与管理和预算有关的问题①。项目分级评估工具提供了另一种方法来总结和分析项目评估信息，使预算审核员分析数据后得出的结论能够被形式化。因此，项目分级评估工具实际上反映的是预算审核员和管理与预算办公室的专业规范性。对管理与预算办公室的支持者来说，那些价值标准都含有政治中立的色彩，确保了政府开支的廉洁高效。而对批评者来说，管理与预算办公室和项目分级评估工具通过一刀切来行使自上而下的控制，降低了公众对以绩效评估为导向的政策分析的关注，这样做是完全以顺从总统的意志为目的的②。项目分级评估工具还增加了管理与预算办公室预算审核员的工作量，但拒绝提供额外的经费。管理与预算办公室的工作人员担心战线会被拉得过长，因此，对奥巴马政府的很多决议都没有采用项目分级评估工具进行评估，其目的是减轻负担。

在克林顿执政期间，项目分级评估工具被认为是管理与预算办公室的"辩护状"，一旦被指责不参与绩效管理，它便以已经落实了项目分级评估工具回怼。管理与预算办公室的一位预算审核员称："国家绩效评估的问题在于——管理与预算办公室并没有真正参与进来，并没有参与到预算过程中来，因此该部门对预算和管理决议的影响力非常有限。而项目分级评估工具向管理与预算办公室授予了更多权力。"管理与预算办公室还批评《政府绩效与结果法案》无法对项目结果进行审核，且获得的信息与项目活动的关联性很低。项目分级评估工具被喻为能够使《政府绩效与结果法案》最终变得有价值的媒介。项目分级评估工具在运用《政府绩效与结果法案》的地方建立起一个框架。以此来看，项目分级评估工具并不是与《政府绩效与结果法案》相悖的，而是在其基础上建立起来的。

但事实上，项目分级评估工具与《政府绩效与结果法案》之间的关系并非如此和谐。美国政府问责署指出，项目分级评估工具与《政府绩效与结果法案》之间也存在矛盾，因为项目分级评估工具是由白宫和管理与预算办公室开发的，其目的是改变过去不得不在《政府绩效与结果法案》框架下判断项目相关方利益的状况③。《政府绩效与结果法案》与近期推出的《GPRA现代化法案》都是为了邀请项目相关方以及国会参与到预算目标的设定中来，但是项目分级评估工具与预算的执行准备阶段关系过于密切，从而使得局外人无法参与进来。由于项目分级评估工具使政府机构经常在未咨询项目核心利益方的情况下，便制定了年度目标，从而导致即使这些核心人员重新提交了目标，该目标也没有机会被采纳④。

管理与预算办公室的审核员经常对《政府绩效与结果法案》的现行评估方法感到不满，因此他们按照项目分级评估工具的建议，优先考虑管理与预算办公室重视

---

① White，"Examining Budgets for Chief Executives"；Martin, Wholey, and Meyers，"The New Equation at the OMB."

② White，"Playing the Wrong PART."

③ U. S. Government Accountability Office，*Observations on the Use of OMB's Program Assessment Rating Tool*，31-32. 更多GPRA与PART之间的对比分析，参见：Radin，*Challenging the Accountability Movement* chapter six.

④ U. S. General Accounting Office，*Performance Budgeting：PART Focuses Attention on Program Performance*，8.

的绩效信息。在分析 2002—2004 财政年度项目分级评估工具总结时，美国政府问责署发现，大部分建议都集中在改善评估的方法上——2002 年占 52%，2003 年和 2004 年分别占到 59% 和 58%[①]。虽然这些建议无法直接提高项目绩效，但可以产生更多有用的绩效信息，从而使管理与预算办公室更容易对项目进行评估，判断它们能否达到项目分级评估工具的标准。多数评估建议都反映出，管理与预算办公室对政府机构目前采用的绩效信息并不满意，故而很多项目被评定为"结果无意义"。但美国政府问责署的研究发现，这些建议大部分是项目分级评估工具在忽视项目缺陷或忽视项目的定级结果时最常提出的结果建议[②]。在这一点上，管理与预算办公室起码与国会是一致的。这两个部门都曾使用绩效管理去要求政府机构在各自的权限范围内尽可能多地提供绩效信息。

到目前为止，国会对项目分级评估工具的态度已经发生了改变，从之前的漠不关心到目前的偶尔敌视[③]。管理与预算办公室的一位官员称："我并不想说这两个部门一点也不在乎项目分级评估工具，但它们的确不怎么在乎。它们掌握着财政权，并沾沾自喜。它们并不想被告知应如何分配经费，因为绩效评估能够提供足够的信息。"国会能够从《政府绩效与结果法案》的要求中获得绩效信息，还能迫使政府机构提供任何它认为必要的项目绩效信息。另外，国会还可以通过很多其他的渠道获取与预算决议有关的绩效信息，包括美国政府问责署的报告、监察长绩效报告、机构请求书、证词，以及诸如布鲁金斯学会（Brookings Institution）、城市学会（Urban Institute）以及美国国家公共行政学会等智库提出的投诉和轶事资料。有人可能希望数量众多的潜在信息能够激发人们对开发评估工具的需求，从而降低绩效信息的复杂性，比如项目分级评估工具。但是，国会对此是排斥的，很大程度上是因为对信息提供者发出的信息存在质疑。无论是州政府还是联邦政府，都对行政部门提供的绩效信息的客观性表现出不信任的态度。管理与预算办公室的一位预算审核员承认："他们也许只是对结果不认可。因为基于同样的信息，他们能够得出不同的结论。"国会工作人员表示，无论是对项目分级评估工具，还是对管理与预算办公室定义项目的方法，或者是对定义绩效时采纳的信息，对项目分级评估工具的实际评估结果，他们都持有怀疑的态度[④]。

即使立法委员会将项目分级评估工具的分析视为有效，但如果他们认为这些分析与他们看重的首要问题或主要利益相关者的利益是互相矛盾的，他们就会忽视评估结果。展示过项目分级评估工具的评估信息后，一位预算审核员回忆起拨款小组

---

① U. S. General Accounting Office, *Performance Budgeting*：*PART Focuses Attention on Program Performance*，8.

② 同①22.

③ 基于对管理与预算办公室和国会工作人员的采访，观察这两者之间的关系已变得充满乐趣。当美国政府问责署说道"项目分级评估工具对国会的权威、资金分配以及监督活动都不会造成太大的影响。另外，我们也不会使用绩效信息，除非能够证明绩效信息的效度与信度，且能够与各利益党派就绩效目标问题达成一致意见"时，我更加认可了自己的看法。参见：U. S. General Accounting Office, *Performance Budgeting*：*PART Focuses Attention on Program Performance*，44.

④ U. S. General Accounting Office, *Performance Budgeting*：*PART Focuses Attention on Program Performance*，8，42—46；White, "Playing the Wrong PART."

委员会人员对他的告诫："你的议案维护的是你们的利益，而我们需要为我们所看重的利益投资。"

管理与预算办公室希望，即使国会并不认可项目分级评估工具的评估结果，也应该迫使行政部门与立法部门就绩效问题展开对话。然而，国会不仅没有被要求和管理与预算办公室进行这样的对话，在很大程度上还拒绝和管理与预算办公室进行合作。虽然管理与预算办公室增加了绩效信息的数量，但到目前为止并没有，可能永远也无法为它们的产品提出强有力的立法要求。顶多是利益集团，或是发现项目分级评估工具有用的机构，会为它带来立法方面的支持①。甚至在共和党同时控制参议院和众议院的情况下，项目分级评估工具也没有得到广泛推广。项目分级评估工具的有限影响力，说明在谈到公共管理改革如何影响决策这个问题时，与党派忠诚度有关的团体角色就显得非常重要了。

即使在国会所推行的项目分级评估工具与联邦政府的绩效管理系统间存在矛盾的情况下，2010年年末，国会还是通过了《GPRA现代化法案》（这部法案将在下一章中进行详细的介绍）。这部法案要求政府机构将国会视为项目设定目标过程中的主要参与方。通过自身的监督和预算职能，国会还拥有针对联邦政府绩效问题开展公共对话的独特权力。尽管如此，国会对是否参与绩效管理的心态仍是矛盾的，这对于努力实施新绩效系统的管理与预算办公室而言，是一轮新的打击。与此同时，国会的一些议员对参考绩效信息进行决策并不感兴趣，对大多数议员而言，他们对此知之甚少，或完全置之不理。对国会而言，目前没有任何强烈的动机促使它们关注绩效信息，如果相关委员会对这类评估方式感兴趣，他们只要让各机构提供绩效信息就足够了。在某种程度上，这可能是因为绩效管理充斥着过多行话，使人们无法快速做出反应，另外，对国会来说，这些信息的价值也是不确定的。国会议员和普通员工过去获得的信息都是经过精心设计的，能够满足他们的需求，因此能引起他们的关注。而面对行政部门提供的绩效数据，情况就大不相同了。当国会工作人员按照指示打开绩效数据网站时，他们通常面对的是详尽的绩效报告，或围绕绩效目标而展开的预算辩护书。由于信息的格式不能满足他们的需求，他们往往选择忽视，有时还会责备政府机构。

## 8.4　交互式对话模型的试点实验

交互式对话模型的前提假设是绩效信息容易产生歧义，如果同一项目由多位管理者进行审核，对于如何定义有价值的绩效信息、同一信息具体代表什么含义，他们都可能持不同的看法。即使他们对项目的绩效表示认可，也可能会对项目的管理

---

① 这一点与政策制定过程中的火灾报警法一致。参见：McCubbins and Schwartz, "Congressional Oversight Overlooked." 管理与预算办公室也通过更为便捷的方式为公民提供了接触项目分级评估工具分析结果的渠道：www.expectmore.gov。

和投资提出不同的意见。

实验者以得州农工大学和威斯康星大学麦迪逊分校的研究生为被试者开展了一系列实验，试图通过实验对这些论断进行验证，进一步阐述交互式对话模型。项目分级评估工具的项目定级体系和管理与预算办公室审核人员提出的预算建议之间存在一定差异，首次实验主要是对这一差异进行阐述。被试者均十分熟悉这一政治程序，但从未直接参与过。这种差异性的存在及其原因支撑着这一观点：面对相同的信息，管理者们能够运用各自的逻辑做出不同的解读。在第二组实验中，我们会向被试者提供有关绩效信息的简短介绍，但每段介绍的编写方式会有微小差异。结果发现，编写方式上的微小差异也会对绩效信息在预算过程中的使用方式产生影响。

## 有关项目分级评估工具的实验

在首次实验中，被试者需要接替众议院某国会拨款委员会分析人员的工作，并对该委员会监管下的 3～5 个项目进行分析，这些项目已由项目分级评估工具进行过评估。被试者按照指示，不仅要对管理与预算办公室项目分级评估工具的评估结果进行审核，还要凭借自身能力成为项目研究专家。他们需要审查政府机构的战略规划、绩效报告、网站、代理商、相应的智库报告、美国政府问责署的报告、报纸、专业性杂志，以及其他相关资源，比如利益相关方的观点等。管理与预算办公室的评估是否"公正且准确"，被试者需要表达各自的观点；是否认可管理与预算办公室提出的项目解决方案，他们也需要表达自己的看法并解释其中的原因，还需要向所在的委员会提出预算建议[1]。之所以能开展这样的实验，完全在于项目分级评估工具的透明度，它使被试者有机会接触到不同分析类别的高级数据，这些数据构成了项目分级评估工具的得分定级体系，构成了管理与预算办公室应对问题时的逻辑过程，这也是这些因素的价值所在。

需要注意的是，实验不是为了复制管理与预算办公室或国会分析师的决议，而是为了检测拥有一般政策分析能力的人能否对项目的绩效信息进行审视，并得出不同却合乎逻辑且无懈可击的评估结果。其他研究主要依靠公共事务领域的研究生对公职人员的行为进行概括总结，尤其是他们在处理信息和进行决策时的行为[2]。这些被试者在政策分析和公共管理方面受过专业培训，其中大部分希望能在公共政策领域一展宏图。他们曾与公共组织合作开展实践项目，还被要求到公共组织中实

①　被试者需要提供一份手写的七页备忘录来解释自己的看法。随后，被试者需要在讲台上表达自己的观点，而讲台下面有模拟的立法委员会，委员会成员会就被试者的看法和意见有针对性地提出问题。在这一环节结束之后，八个被试者为一组，对他们做决定的依据进行更加详细、深入的讨论。在接下来的分析过程中，我将引用被试者的备忘录，或者他们在团体讨论中提出的观点看法。

②　Bretschneider, Straussman and Mullins, "Do Revenue Forecasts Influence Budget Setting?"; Coursey, "Information Credibility and Choosing Policy Alternatives"; Wittmer, "Ethical Sensitivity and Managerial Decisionmaking"; 关于在公共政策与管理领域进行试验的观点看法以及相关评论参见：Bozeman and Scott, "Laboratory Experiments in Public Policy and Management." 另外，在评估心理行为方面进行试验的更多评论参见：Mook, "In Defense of External Invalidity."

习。还有很多人曾在政府工作过，未来还有机会在不同的政府部门担任政策分析员和公共管理者。

35 位被试者分别来自布什公共事务管理学院和拉弗莱特公共事务学院（La Follette School of Public Affairs），他们要对项目分级评估工具三年内评估过的 128 个项目进行审核。项目分级评估工具的数据提供了两个决议点以帮助他们对比管理与预算办公室的评估结果，一是项目分级评估工具的得分定级（得分为 1，结果无效；得分为 2，结果无意义；得分为 3，结果达标；得分为 4，结果相对有效；得分为 5，结果完全有效），二是预算建议①。由于这 128 个项目都进行过评估，因此总共有 256 个决议点可供参考。被试者对其中三项评估决议和两个项目预算决议没有提出任何决策意见②。

在 125 个有效的项目评级决策中，被试者对管理与预算办公室的评估结果表示认可 85 次，表示不认可 40 次。这 40 次不认可中有 5 次对项目的定级比管理与预算办公室制定的最高级还高出了 2 级或 2 级以上，有 30 次是比最高级高出了 1 级，有 2 次是比 1 级还低，还有 3 次是认为应该定为 2 级，或应该远低于管理与预算办公室的定级。而对于实际的预算决议，双方仍存在很多分歧③。在管理与预算办公室对 127 个项目做出的评估结果中，被试者只对其中的 65 项表示赞同。他们都更倾向于提高预算（40 例），而不是削减预算（22 例）。我们对比项目分级评估工具的评估结果和被试者的预算建议后发现，被试者的决策行为和管理与预算办公室官员的行为存在相似之处。对于二者而言，项目分级评估工具的定级结果与建议增加预算的概率成正比，这说明如果项目的执行力被评定得越高，获得高分的概率就越大。如果被试者对管理与预算办公室项目分级评估工具的评分不认可，也就更有可能对资金的分配提出异议。对评估结果的不认同和对预算建议的不认同之间存在着正相关性，其关系数达到了 0.433（$\alpha = 0.001$，双尾检验)④。

通过这个实验，可以得出什么结论呢？首先，评估者们通常不愿意对管理与预算办公室的评估结果提出异议。在接下来的内容中会对评估者提出异议的原因进行讨论，但我们首先应该分析的是他们对评估结果表示认可的原因。被试者指出，管

---

① 这一得分与其他针对项目分级评估工具所做的定量研究结果是一致的，参见：Gilmour and Lewis, "Does Performance Budgeting Working"; Gilmour and Lewis, "Assessing Performance Budgeting at the OMB." 这一得分与机构工作人员的看法也保持一致，结果并不能说明项目等级，正如"评估分数最低的一个项目，远比无效等级更加糟糕"。参见：Hughes, *Testimony to the Senate*, 2006, 10.

② 然而对于其中一项预算建议，评分人员要求提供更多相关的信息，与此同时，评分人员对委员会提交的增加预算这项建议也表示怀疑，而这一建议是管理与预算办公室在现有证据基础上提出来的。在这种情况下，我认为被试者提出的预算建议和管理与预算办公室提出的预算建议存在差异是合乎情理的，尤其是在要求减少资金投入的情况下。

③ 部分原因在于项目分级评估工具的评估范围有限，这就使得评分人员偏离了最初的评估范围，从而产生了较大的差异。如果被试者并未察觉评估结果存在巨大差异，那可能是因为他们的评估范围相同，但还应在管理与预算办公室官员的建议总数上加上或减去一个增量总数（这类情况出现了 28 次）。

④ 为了便于大家理解，我将变量转换为一种简化的差异范围，当被试者对项目的评估分数高于管理与预算办公室的评估分数时，得分为 −1；当被试者的评估分数低于管理与预算办公室的分数时，得分为 1；当两者分数一致时，得分为 0。而与管理与预算办公室相比，当被试者建议提供更多预算时，得分为 −1；当被试者建议提供更少预算时，得分为 1；当两者的预算建议一致时，得分为 0。

理与预算办公室享有数据优势，项目分级评估工具的数据格式具有较强的说服力，这都有利于管理与预算办公室列举出详尽的信息来支持自己的提议。一位被试者称她看到绩效信息与预算建议间存在着紧密的逻辑关联性："项目分级评估工具在分析过程中能够清晰地罗列出所有数据，依照这些数据，能自然而然地得出结论。"毫无疑问的是，项目分级评估工具的评估总结非常有说服力，除非有人对某项目异常感兴趣，并能依照有力的实证提出不同的意见，否则他们不太会对管理与预算办公室的预算建议提出异议。

分析员在实际操作中会遇到政府机构的压力，但任何实验方法都不会将这种压力考虑进去。正如第 5 章提到的，机构的角色很有可能会影响项目分级评估工具的评估结果。政府机构、利益相关方、国会和预算办公室对项目会有各自不同的看法，这也会影响它们对绩效信息的解读。很多被试者认为，如果能够接触到机构官员，他们就更有底气来挑战项目分级评估工具的评估结果。一位曾在联邦政府工作过的被试者称："我没有足够的证据去反驳他们的定级结果，我们只能查看政府公文，而无法与官员们进行面对面的交流。如果你能与负责项目的工作人员进行对话，你就能找到方向去收集更多信息进行佐证，从而支持自己的立场。"

该实验低估了各方存在分歧的可能性，因为政府官员和立法委员会的工作人员无法体会被试者因信息不对称而遭受到的压力，况且他们还会有各自的强烈偏好。我们可以预测到，机构官员、项目利益相关方和委员会的工作人员将居高临下地对项目分级评估工具的评估总结进行模棱两可的解读，他们也更愿意这样做。针对各类公共事务项目，实验在两所截然不同的学校开展，而被试者各自的机构背景（学生来自不同的公共事务学院）是否会对他们的决策结果产生影响，因数据有限，我们无法得出深刻的见解。尽管各学校相关专业的课程类似，进行实验的环境也相同，但由于两所学校存在很大差异，也可能存在不一样的结果。

布什学院的学生略微保守，对政府项目比较苛刻，更倾向于对联邦政府减少拨款。拉弗莱特学院的学生在政治倾向上更加自由，他们更加支持政府的项目。从某种意义上来说，这种差异主要是由地缘性差异造成的——布什学院的学生大部分来自得克萨斯州以及其他南部诸地，拉弗莱特学院的学生主要来自政治上相对自由化的中西部和东北部地区。从某种程度上看，这也是因为个人的选择。有的学校会为前共和党总统举行纪念活动，有的拥有较为保守的学生团体，或处于政治氛围较保守的城市，而政治保守的学生也更倾向于前往这类学校就读。有的学校会为进步运动领袖所取得的成就进行庆祝，政治自由的学生则倾向于去这类学校就读，去政治氛围相对自由的城市求学。机构背景也会对不同的观念产生影响，而同学和教授所建立的标准规范和价值观也会影响学生对适当行为的理解。

实验结果证实了这一假设，即机构背景会影响决策结果。相较于得州农工大学，威斯康星州的学生更有可能因项目分级评估工具的评估结果或预算决议，而和管理与预算办公室的官员持不同意见。威斯康星州的学生不仅更有可能提出异议，他们所提出的意见与得州农工大学学生提出的意见在本质上也是不同的，因为他们更倾向于政治观点的自由。相较于得州农工大学的学生而言，威斯康星州的学生更有可能要求提高管理与预算办公室为项目分级评估工具建议的项目得分，也更支持提高该办公室建议的项目预算[1]。

## 争论的逻辑性

实验的首要目标并不是关注机构的角色差异，而是为了揭示同一信息为何会在各方之间引发争论。这既能帮助我们了解绩效信息是如何被解读和使用的，也能帮助我们了解项目分级评估工具在实际中是如何操作的。美国政府问责署的一份报告显示："管理与预算办公室和政府机构经常在如何评估、如何测评以及如何报告项目结果这类问题上产生分歧。"[2]　表 8 - 1 就被试者对评估分数和拨款决议存在不同意见的原因进行了总结[3]：

表 8 - 1　　　　　　关于绩效信息的争论：对项目分级评估工具表示异议的原因

- 项目的复杂性：项目职能过于复杂，无法进行准确评估；项目结果受外部因素制约。
- 数据问题：基础数据不可靠或缺失关键性目标。
- 不同解读：目前的测评结果是有效的，但解读方法不正确。
- 专家支持我们的观点。
- 惩罚绩效低的项目：如果项目被定为结果无意义，财政控制不良，或无法达成既定目标，则不应再提高预算。
- 支持成功者：如果项目获得非常积极的评估结果，则应该提高预算。
- 公平竞争：项目分级评估工具的评估结果与奖惩应保持一致——其他项目如果获得类似的分数，则应相应地减少/提高预算。
- 进行改善：即使项目的确存在问题，也应该通过改善规划和管理来解决，在此期间不应该削减预算。
- 服务需求：资源、需求和项目执行间的明确关系比绩效信息重要。
- 政治需求：利益相关方和国会的观点比绩效信息重要。

### 项目的复杂性

很多被试者对绩效的评估方法提出质疑。有人抱怨，从本质上来看，项目的功能过于复杂，难以进行准确评估，如果将项目勉强纳入项目分级评估工具进行测评，则很可能被评为无效或结果无意义。一位被试者称："我评估过很多项目，将评估结果量化是非常困难的，这样做会使项目遭受打击，因为从某种程度上来说，结果是无法计量的。此外，很多项目的结果常常不在项目的控制范围之内，这使评估的有效性看起来多少有些不可靠。"比如，就业工作团（Job Corps）项目的评估者发现，项目能否成功很大程度上取决于经济状况。另一个例子为美国国务院

---

[1]　威斯康星州学生代表的虚拟变量与其不同意管理与预算办公室官员评估结果的意愿之间的正相关性为 0.325（显著性为 0.001），与同意管理与预算办公室官员评估结果的意愿之间的正相关性为 0.288（显著性为 0.01）。威斯康星州的学生与提议高于管理与预算办公室官员评估等级的正相关性为 0.321（显著性为 0.001），与提议高于管理与预算办公室提议预算总额的正相关性为 0.381（显著性为 0.001）。

[2]　U. S. General Accounting Office, *Performance Budgeting*：*PART Focuses Attention on Program Performance*, 7.

[3]　更多关于学生如何利用这些理论的例子参见：Moynihan, "What Do We Talk about When We Talk about Performance?"

(State Department) 的公共外交 (Public Diplomacy) 项目，该项目以提升美国的海外形象为目标，但遭到了管理与预算办公室的批评，因为该项目缺乏有效的绩效应对措施，故被评为结果无意义。评估该项目的被试者认为，形成国际公众舆论的因素很多，而国务院大使馆采取的行动可发挥的影响力有限，因此难以得出可靠的结果测评指标。他表示："不能因为项目功能过于复杂，无法对结果进行有效测评，就对项目进行处罚。"

### 数据问题——基础数据不可靠或缺失关键性目标

有些人认为，管理与预算办公室采用的数据并不可信，评估方法也不合适。一位被试者对重新开始规划以促进项目的预算提议提出批评，认为受让人和教育部之间存在不良的绩效报告机制，这才是导致项目被定级为"无效"的原因，而不是项目的实际失败，但也必须承认，各个项目的确需要提供更多的绩效数据。

另一位被试者认为，管理与预算办公室对社会项目开展评估主要是为了避免出现浪费、欺诈和滥用资金的情况，而不是为了确保相应的受惠者可以得到服务。例如，学校早餐 (School Breakfast) 项目的被试者认为，管理与预算办公室过于关注无资格获得援助的孩子数量，而没有关注本应获得却没有得到援助的孩子数量。

还有一些被试者称，有些项目确实取得了显著成果，也达成了既定目的，但管理与预算办公室却将这些项目定为绩效不佳，或无法证实所取得的成果，这样做是不公正的。三人小组支持服务 (TRIO Support Services) 项目为教育类项目，被试者指出，通过研究并与对照组进行比较发现，参与项目的学生中得到硕士学位的比例要高出 9%，而管理与预算办公室却将项目评为"结果无意义"，低估了项目的实际绩效水平。

被试者认为管理与预算办公室有时过于追求复杂的结果测评指标，过于关注狭隘的效率测度，但事实上是，以效益为基准的评估方法不仅直截了当，而且也是最合适的。在审核退伍军人住房贷款项目 (Veteran's Home Loan Program) 的过程中，审核员称："我认为不需要提供额外的结果测评指标，因为该项目是为需要住房的退伍军人提供贷款。很多军人没有项目扶持就没有房屋居住，庞大的人群足以证明该项目存在的必要性。"

### 对绩效信息的不同解读

被试者对绩效数据的解读和管理与预算办公室的解读也存在差异，这一现象说明项目分级评估工具在表达上存在模棱两可的问题。比如，一位被试者认为管理与预算办公室将项目中存在的一般性问题上升为"重大缺陷"是不恰当的。小型企业担保债权项目 (Small Business Surety Bond Program) 的目的是将债券利率提高 10 个百分点，管理与预算办公室却认为目标不够"野心勃勃"，但另一位被试者却不认可，他称："也许它们将目标定为提高 15 个百分点，才能被管理与预算办公室称为野心勃勃。"管理与预算办公室认为工作团项目只是"勉强"达到预期目标，但另一位被试者并不这么认为。这位被试者指出，工作团项目的成果已经相当接近关键性目标了，因为该项目在国家经济情势较差的情况下，帮助毕业生解决了就业问题，使他们能够继续接受教育或参军。

**专家支持我们的观点**

被试者们频繁使用第三方提供的证据来反驳管理与预算办公室的评估结果，从而支持自己的观点。这不仅帮助被试者克服了信息不对称问题，同时也帮助他们利用外界的可靠资源支持了自己的观点。比如，一位学生在审核补充营养救助项目（Commodity Supplemental Food Program）时指出，预算和政策要务中心（Center on Budget and Policy Priorities）的分析显示，管理与预算办公室在分析过程中缺乏关键性证据。管理与预算办公室认为城镇印第安人健康项目（Urban Indian Health Program）是多余的，但另一位被试者却指出，美国政府问责署的报告显示，这部分人群的确存在缺医少药的情况。

**惩罚低绩效项目，支持高绩效项目**

在一些案例中，被试者虽然认可项目分级评估工具的评估结果，但却发现管理与预算办公室并没有按照它们在分析中所参照的逻辑去执行，比如并没有削减未达到绩效目标的项目预算，或者未限制低绩效项目、未完成目标项目的发展。就像基于项目的租金援助（Project-Based Rental Assistance）计划，管理与预算办公室虽然将该项目评为"无效"，但却建议增加投资。被试者认可项目分级评估工具的评估结果，但建议终止该项目，并将钱转拨给住房保障（Housing Voucher）项目——该项目被评定为"相对有效"。项目分级评估工具评估结果对该项目的描述是：个人的自主选择权利较大，成本效益较高，联邦政府干涉较少，更多听命于当地政府的管理。因此，被试者虽然未对项目分级评估工具的结果提出异议，但仍强调应该按照逻辑分析的结果去执行，将无效项目的资金转拨给目的类似却更有效的项目。管理与预算办公室的审核员也曾用相同的逻辑处理过类似的问题。

其他一些被试者认为，在大幅提高预算前，项目应首先能够证明有能力取得相应的成果。一位被试者在对比了多个项目后认为，如果项目被定为"结果无意义"，就不该提高预算，即便需要提高预算，也要相应地削减增加的预算金额。一位被试者解释了其中的逻辑："不顾后果地为项目提高拨款额度，就一定能推动项目创造出有效的绩效吗？如果首要目标是将项目分级评估工具制度化，让它成为有效的评估工具，那面对评估结果并不理想的项目，国会拨款委员会应限制预算。"相关争论认为，在增加预算前，首先要确保充分的财政控制。一位被试者反对为学生补助管理（Student Aid Administration）项目提高预算，并援引美国政府问责署的报告指出，这个项目目前存在欺诈过失问题。

**公平竞争**

项目支持者当然不会出现上述情况——提议削减项目预算。但项目背后的政府机构会对其中的逻辑——绩效、评估和拨款之间存在的连贯性进行利用。在很多情况下，虽然项目的评估结果很乐观，但与其他评分相当或较低的项目相比，增加的预算额度却不高。对所有项目一视同仁的论断实际上呼吁的是一种"相对公平的竞争"，因为长期以来政府机构的项目拥护者习惯于努力维持项目之间预算增加的平衡①。比如，一位被试者明确引用项目分级评估工具的预算模式，要求增加预算，因为在那段财政周期内，她的土壤调查项目（Soil Survey Program）预算只提高了1%，但其他只被定为"相对有效"的项目，预算却提高了8%。

公平竞争原则也适用于项目分级评估工具的评估方式。政府机构认为，管理与预算办公室应对所有项目一视同仁，在一致性和公平竞争的原则下，应对所有项目采用相同的评估标准。当各机构能够找到例证证明管理与预算办公室在评估过程中存在不公正的情况时，这一论断最为有效。比如，一位被试者同时对青年团活动（Youth Activities）和就业工作团项目进行了对比，这两个项目有着很大的相似性——都以弱势青年为扶持对象，但青年团活动的评分却比较低，他认为主要原因是该项目只能对部分潜在的参与者发挥作用。然而，管理与预算办公室并没有对就业工作团项目提出同样的批评，尽管该项目面对的目标人群很大，但实际服务的人数很少。

### 进行改善

项目拥护方只要能够证明它们正在努力提高项目绩效，就可以要求提高评估分数。这里的逻辑在于"请耐心点，我们正在解决问题"。尽管农业部自然资源保护署（Natural Resource Conservation Service）的耕地保护项目（Farmland Protection Program）被评为"结果无意义"，但相关机构表示它们正在制定计划以修复项目存在的问题，管理与预算办公室便因此同意提高该项目预算，对于这一做法，被试者也表示认可。管理与预算办公室因某项目缺乏长期性绩效指标而决定对其进行处罚，但另一位被试者却提出反对意见，因为在他看来，该项目正在努力创建相关指标。该论断在决议预算过程中得出的结论是，为帮助项目进行改善，应该增加预算，削减预算只会导致情况恶化。因此，承认存在问题，并制定管理计划修复问题，成为项目拖延时间或是防止预算被削减的良方。

### 对服务的明确需求

被试者通常会对项目分级评估工具的负面评估提出异议，面对资源、需求和相应服务之间存在明确关系的项目，他们还会要求提高预算。这类论断认为，与刺激项目需求的因素相比，项目的绩效评估指数是次要的，重要的是项目需要资金来完成任务。资金有时是决定某项目能否实现其主要目的的关键，被试者和管理与预算办公室在处理这类非权益性开支时，也会依照同样的逻辑。这也证实了吉尔摩和刘易斯的发现：项目目的和设计方面的得分，主要参考的是项目的重要

---

① Wildavsky and Caiden，*The New Politics of the Budgetary Process*，5th ed.

程度，这也是项目分级评估工具能够对管理与预算办公室的预算建议起到重要影响的唯一原因①。

　　能够真正为值得关注和同情的群体 [比如《退伍军人法案》(G. I. GI Bill)、退伍军人住房贷款项目以及退伍军人安葬补贴 (Veterans Burial Benefits) 项目] 提供帮助才是被试者关注的焦点，也包括打击日益严重的网络犯罪项目，以及可确保审核材料安全无害的项目。对荒地消防管理 (Wildland Fire Management) 项目进行评估的被试者认为，鉴于近期频发火灾，该项目意义非凡。而由于存在维修积压问题，管理与预算办公室对国家森林改善与维护 (National Forest Improvement and Maintenance) 项目提出了批评，还建议削减预算。但被试者认为，积压问题是由项目资金缺乏造成的，建议增加预算。被试者对项目分级评估工具的分析报告进行了逻辑分析，认为减少积压问题是项目完成目标的关键，与资金问题有直接关系，但该项目面对的现实却是资金不足。

### 项目利益相关者和国会的意见

　　被试者很少因政治顾虑而轻视项目分级评估工具的地位。一位被试者曾因政治目的要求为退伍军人政府医疗项目 (Veteran's Administration Medical Program) 增加拨款，他指出，国务卿 (The Secretary) 曾进行游说希望提高预算，而增加拨款也能提高利益相关方的信任。广泛的政治观察发现，项目分级评估工具面临着政治冲突，因为它能够消除创建重复性项目的立法倾向，另外，管理与预算办公室还可利用项目分级评估工具合并或终止重复的项目。很多被试者认为，国会是故意将资金拨给特定群体，而不顾已经存在的很多相似的项目，比如向退伍军人提供住房贷款的项目。管理与预算办公室曾指出该项目与其他的住房项目存在重叠，因此降低了该项目的项目分级评估得分。对该项目进行评估的被试人员称："国会希望项目直指特定群体，而管理与预算办公室应该允许国会表达自己的意愿。项目重复并不是设计上的缺陷，而是政治优先权的反映。"这项简单的观察说明，很多项目的基本目的都是获得奖励或支持特定的政治团体。在国会眼中，能否为这些群体提供资金才是最主要的绩效评估指数。还有一些人认为，管理与预算办公室正利用项目分级评估工具反驳国会的项目设计方法，即"利用评估结果委婉地表达不同意见，而不是直接向国会提出反对"②。

## 研究绩效信息使用情况的实验

　　第二组实验是为了帮助理解如何呈现各类绩效数据，以及在什么条件下呈现这些数据会改变资金的分配。分析过程采用了简版的简介实验方法 (vignette

---

① Gilmour and Lewis，"Does Performance Budgeting Work?"；Gilmour and Lewis，"Assessing Performance Budgeting at the OMB."

② Hughes，*Testimony to the Senate*，2006. 该方法不妥的地方在于，政府部门只是遵照项目设计的规则行事可能受到处罚。

experiment methodology），在控制各种潜在影响并用系统性方法对各种假设的因果关系所造成的影响进行区分的同时，对被试者要应对的情况和面临的选择进行简短介绍。140 名来自威斯康星大学麦迪逊分校的研究生应召参加了这项实验[①]。

每位被试者得到的基本信息都是相同的，并且带有以下文本的简短情境介绍：

> 这项研究将为你提供一系列有关政府部门各个项目的简短介绍。这些案例都是虚构的，尽管在真实项目中有迹可循。在这个情境中，你是一位县预算办公室（County Budget Office）的雇员，主要负责为县长提供一系列年度预算建议书。我们将会为你提供各种信息，包括项目目的总结、按不变价格计算的上一年度预算以及绩效数据等。
>
> 根据所提供的各类信息，请为你所审核的项目制定预算决议，即下一年应如何调整预算金额。没有绝对的"正/误"答案，也无须算出具体总额。然而，县长希望来年的预算总额可提高近 3%，其中有些项目有望大幅提高预算，但有些则可能需要削减预算。

研究随后提供了一系列的简短介绍，并为政府各项目提供了特定的情境。每段介绍都对项目的功能进行了一段描述（详情如下）。所有介绍都包含项目前三年的预算拨款情况，以向被试者提供可参考的预算基准，从而帮助他们制定未来预算计划。各段介绍都以政府部门的实际项目为准，但没有提及各部门的名称。实验要求被试者参考提示信息，为来年预算（美元）提供建议。

针对实验组和控制组，每段介绍还将提供不同的信息[②]。实验组和控制组收到的信息通常是相同的，但实验组有时会额外获得几组绩效数据以及相关的数据描述（比如，项目支持者的评论）。

### 支持

交互式对话模型称，项目支持者不仅在选择和传播绩效信息中发挥着重要作用，而且在解读数据含义的过程中也发挥着重要作用。该研究方法假设人们可以接受不同叙述方式的政策，但这些不同的叙述方式会改变他们对绩效数据的理解。无论实验组还是控制组，都将从下文提供的介绍里获得有关某警察项目拘捕次数的绩效信息，拘捕的次数会随着时间的推移而不断增加。此外，实验组还另外获得了警员的一段言论，他认为犯罪率增加是由经济衰退造成的，故应该为项目增加预算

---

① 该项实验的指导员向各位被试者介绍了此次实验的主要内容。被试者以不记名、自愿的方式参与此次试验，且不得与实验内容有任何关联。实验开始时，教室里的每位被试者将得到一张调查问卷，并在 20 分钟内完成问卷答题（尽管没有明确的时间限制，但平均时间为 20 分钟），完成后将获得 20 美元的奖励。问卷调查的回复率为 72%，其中 16% 的被试者来自社会工程研究领域，28% 的被试者来自商业领域，50% 的被试者来自公共事务领域，6% 的被试者来自其他领域。

② 为防止前面的情境介绍对后面情境介绍的答案产生影响，每段情境介绍的顺序都是随机的。不管被试者选择进入实验组还是控制组，每段情境被介绍的概率也都是等同的（实际上，情境介绍被分到实验组进行回答的概率为 45%～52%）。

（如**黑体**字内容所示）。实验结果说明，当被试者看到这样的评论时，他们会更倾向于为项目增加预算。

县行政司法长官（County Sheriffs Office）主要负责开展各类执法活动，而禁毒特遣队（Narcotics Task Force）只关注非法药物滥用的问题。去年很多媒体对毒品犯罪率上升的情况进行了曝光，并对当地的执法机关提出了批评。**实验组：县行政司法长官承认毒品滥用和相关犯罪问题频发这些事实，但他认为："这类问题往往会随着经济的衰退而加重。这意味着，禁毒特遣队需要更多的钱来解决这类问题。"**

|  | 2007 年 | 2008 年 | 2009 年 |
| --- | --- | --- | --- |
| 禁毒特遣队预算 | 641 000 | 712 000 | 732 000 |
| 拘捕数量 | 78 | 72 | 83 |

### 目标含糊

交互式对话模型提出，模糊的项目目标和绩效指标会降低项目通过预算审核的概率。一些学者对项目目标模糊这个概念进行了深入的研究，认为："如果设定的目标可以代表某组织希望未来所达到的状态，那目标模糊程度就是设定目的时为解读留出的空间大小。"[1] 我们对两种目标模糊性所造成的影响进行了实验。第一组实验针对可评估的模糊性"对目标的解读留有余地，可使外界依照所取得的成就对项目进展进行评估"[2]。我们对结果和产出之间的关系进行了考核，发现项目目标的模糊性越低，项目获得的结果就越显著。在介绍中，我们向被试者详细描述了具有代表性的某医疗项目。控制组获得的信息是关于项目的产出数据——获得资金的客户数量。而实验组没有获得项目的产出数据，但收到了项目的结果数据：项目的预测存款。获得项目结果信息的实验组与只能看到产出信息的控制组相比，建议增加的预算额度要高出很多。

健康服务部（Department of Health Services）提出一项名为"健康检查"的项目，主要为参加医疗补助计划且年龄不足 21 岁的青少年和儿童提供预防性健康检查。健康检查项目包含的范围从头到脚，包括免疫接种、眼科检查、实验室测试、生长发育检查、听力检查、营养健康检查、青少年早孕服务等。项目的目的是防止青少年和儿童患上医疗费昂贵的重疾。

|  | 2007 年 | 2008 年 | 2009 年 |
| --- | --- | --- | --- |
| 健康检查预算 | 232 000 | 244 000 | 269 000 |
| 控制组：就医客户 | 1 232 | 1 401 | 1 325 |
| 实验组：预防性护理的预测存款 | 383 000 | 402 000 | 389 000 |

---

[1]　Chun and Rainey, "Goal Ambiguity and Organizational Performance in U. S. Federal Agencies."

[2]　同[1]533.

第二组实验主要针对项目的目标模糊问题，将模糊定义为"多个目标中选择首要目标的空间"。如不进一步说明，政府项目往往会存在多个目标，以至于很难进行抉择。对于绩效体系而言，多项指标很可能会造成组织绩效结论相互矛盾的情况[1]。首要目标模糊的经典案例是工作培训项目，它的基本目标是将员工安置在各岗位中，并为受训人员找到优质的工作机会。然而我们发现这些目标之间自相矛盾，因为项目优先推荐的往往是高薪职位。为了检测目标模糊性所造成的影响，实验向被试者介绍了这样一个项目。控制组得到的信息是关于就职岗位的，大致反映出积极向上的发展轨迹，还有逐渐增加预算的可能性。实验组也收到了显示类似情况的信息，尽管就业率提升了，但实验组发现相关毕业生的收入水平却降低了。按照相关绩效数据显示，该项目并没有很好地实现另一个目标，因此实验组建议减少项目预算。

　　社会服务部（Department of Social Services）针对长期失业的公民开展了就业培训项目。内容包括开展为期 6 周的课程培训，提高失业人员的各类技能，比如基本的计算机技能，还提供职业规划咨询服务。项目的目标是帮助人们获得工作机会，维持基本生计。

| | 2007 年 | 2008 年 | 2009 年 |
| --- | --- | --- | --- |
| 工作培训资金 | 344 000 | 363 000 | 366 000 |
| 参与为期 6 周或更长时间培训后获得工作机会的比例 | 72% | 74% | 75% |
| 实验组：就业后的平均时薪 | $8.15 | $8.03 | $7.25 |

### 期望落差

　　交互式对话模型认为，个人的观念也会对绩效数据的解读造成影响。一个简单的例子，我们如何定义绩效分数所代表的绩效水平，完全取决于我们之前对高水平绩效的看法。这也被定义为期望落差理论，即如果个人的预期值过高，往往就会对实际的绩效水平感到失望[2]。

　　政府可以通过制定各类绩效目标来调控这些期望值。如果相伴的绩效目标相对适中，人们对实际绩效水平的认可度就会较高；如果相伴的绩效目标过高，那人们对实际的绩效水平也会相应地感到失望；如果人们因目标所产生的期望在现实中无法实现，人们就会降低对项目的支持度，还会要求减少拨款。

　　比如，两位预算官员对某项目的同一份绩效记录进行审核。但是，如果其中一位发现项目所定的目标高于它的实际成就，就会感到失望，并削弱他对该项目的支持。最后一项实验就是对这一假设进行验证，它向两组被试者提供了相同的绩效分数，但却额外为控制组提供了目标数据，并再次提供了就业信息。表格显示，随着预算金额的增加，客户获得就业机会的速度也在提升。实验组还额外收到了目标信息，尽管实际就业人数不断增长，但还是没有达到预设目标，这一差距每年都在增

---

① Chun and Rainey，"Goal Ambiguity and Organizational Performance in U. S. Federal Agencies，" 535.

② Van Ryzin，"Testing the Expectations Disconfirmation Model."

大。两组人员都获得了相同的绩效数据，但实验组额外收到的信息反映了项目的绩效水平并没有达到既定目标。结果就是，实验组越来越不支持为项目提高预算，而没有获得目标信息的控制组反而比较倾向于提高预算。

　　健康服务部的心理卫生部门（Mental Health Section）投资开展就业项目。项目是为了帮助患有精神疾病的人找到志愿者工作或有偿工作。项目合作方包括当地的非营利性机构以及数量有限的营利性机构，它们要为参与项目的人提供就业机会。项目负责人试图按照人员的技能和兴趣提供工作机会，并定期为雇员和雇主召开讨论会，对进展进行评估。

| | | 2007 年 | 2008 年 | 2009 年 |
|---|---|---|---|---|
| 工作安置资金 | | 79 000 | 81 000 | 84 000 |
| 6 个月及以上时间内，获得工作机会的人员数量 | 实验组：目标数量 | 35 | 42 | 50 |
| | 实际数量 | 31 | 33 | 36 |

## 8.5　结论

　　在管理与预算办公室心目中，项目分级评估工具是它与政府机构、国会以及各组织机构间建立起以实证为基础的对话模式的桥梁。在构建项目分级评估工具的过程中，管理与预算办公室利用了它在预算过程中的权威性和核心地位。但证据显示，项目分级评估工具主要在管理与预算办公室内部发挥作用。有两点阻碍了政府机构与国会对项目分级评估工具的使用。首先，在二者眼中，项目分级评估工具是主观的，反映的是管理与预算办公室的观点和偏见。其次，项目分级评估工具有自己的政治倾向，代表的是布什白宫政府的政治喜好。当奥巴马当选总统后，他对项目分级评估工具面对的批评进行了回应，认为它是一种意识形态工具，并决定不再使用。

　　主观性和政治倾向性同样对项目分级评估工具的使用方法造成了恶劣的影响。如果评估结果与各机构的观点相左，或是这些机构的政治倾向比较自由，它们就会抵制采纳项目分级评估工具的评估结果。评估结果的模糊性在实验中已经得到了印证，本章也已对相关实验进行了详细的描述。被试者对项目分级评估工具进行研究后发现，评估者可以利用逻辑证据，根据潜在的数据对得分的影响力得出不同的结论，也可以根据得分对预算决议的影响力得出不同的结论。管理与预算办公室多次使用以上原理解决以下问题，证实了主观论断似是而非的本质，这些问题包括：什么是评估绩效的合理论据、如何将评估结果与预算紧密结合、证实结果合理的重要性、项目需求的相对重要性以及资源与服务交付之间的关联性。然而，无论是管理与预算办公室还是被试者，都没有利用这些原理去做所有决定，这说明，如何使用绩效信息，部分原因在于绩效信息本身，部分原因在于决策者本身，还有一部分在于所做决议的本质。

第二组实验帮助我们解释了其中的原因,结果显示,即使编写绩效信息的方法存在微小差异,也会对绩效数据的使用情况产生重大影响。实验结果证实了交互式对话模型对绩效信息使用方法的描述,认为是否使用绩效信息是依照情况而定的,个人能否利用绩效数据改变预算分配取决于信息的本质以及信息的编写方法。因此实验结果极大地证明了假设的正确性:人们对绩效数据的态度取决于数据的编写情况。因为编写情况能影响决策者对数据的信任,并决定是否根据数据分配资金。

　　如果管理者参与决策过程,还担任特定的角色,代表某些机构的利益,就会有越来越多的人不认可预算结果,这一结论要求我们调整对对话的期望。有些项目功能比较简单,而且目的明确,成本和收益也一目了然,只要能有效避开各种歧义,就能更顺利地通过审核。如果决策条件符合决策者的要求和利益,也会提升项目的通过概率,这一主题将在下一章中进行探讨。然而在大多数情况下,绩效体系应该以影响决策者对项目的讨论为目的,而不是为他们得出结论、做出决议提供便利。交互式对话模型表明,只有当众多管理者参与到决策过程中,争相为复杂的项目评估绩效时,才更有可能开展这样的对话。

# 第 9 章

# 对话惯例与学习论坛

　　虽然在职官员很少使用绩效信息，但绩效管理的拥护者仍然希望管理者们能采用这类数据。从第 5 章的研究可以看出，政府机构管理者的确使用了绩效信息，但却并未依照绩效管理的要求使用。上文已对交互式对话模型进行了介绍，本章将重新对几个州的案例进行回顾，从而再次回到机构管理者如何使用绩效信息这个问题上来①。交互式对话模型显示，相较于其他惯例，政府机构更倾向于采用以目标为导向的学习模式，这是因为机构属性相似的决策者会有相似的目标。在三个州的回顾中，有两个州的管理者通过对话惯例提高组织能力，重塑组织的基本目标。不同方法的绩效管理是由不同的组织特点决定的，这些特点又导向了不同的学习方法。开展组织学习既是为了加强内部管理，如弗吉尼亚州和佛蒙特州的案例所示，也是为了改善组织的外部政策环境，如佛蒙特州的案例所示。本章主要围绕2010 年通过的《GPRA 现代化法案》进行论述，该项法律改革主要为了寻求绩效管理的组织学习方法。然而，要评论这部法案的功过还为时过早，但我们可以研究它为提高组织学习带来的变革。

---

① 本章的部分内容来自：Moynihan，"Goal-Based Learning and the Future of Performance Management."

## 9.1　管理中的交互式对话模型

交互式对话模型的一个基本前提是：绩效信息的发展与使用存在固有的模糊性。它还指出绩效信息存在主观性，如果谋利者要为自身争取利益，这种主观性还会加强。目前的证据显示，由于机构各方存在意见分歧且相互猜忌，要进行卓有成效的对话非常困难。我们几乎没有证据证实，立法机关或在任官员会对组织绩效进行探讨。项目分级评估工具以及绩效预算项目的实际经验表明，在各机构部门中开展建设性对话，审查彼此的绩效水平，难度相当大。在这些情况下，除非是为了谋求利益、维护绩效记录、争取资源，否则政府机构并不愿意参与对话惯例。

在政府机构中开展以寻求解决方案为导向的对话惯例前景较好，我们也希望在这类对话中能看到管理的创新与改善。在政治斗争的压力下，政府机构的组织设计和战略目标通常是各政治派系相互妥协的结果，而各派系对组织的运行持有不同的看法①。然而，政府机构及其成员所具备的一些特质，能够帮助缓解决策过程中出现的政治紧张局面。与别国的单一政治体相比，他们则更加同源。在这种层级结构中，领导者有权直接指挥下级，政府机构及其成员也更有可能达成共同的目标。在治理国家的过程中，与其他管理者相比，他们更关注执行问题，也更青睐于将投入转化为产出和结果的过程，而不是暗箱操作，杜绝外界窥视。最终，组织文化与标准操作程序能够塑造成员的思维和行动。

同时，在一定程度上，这些因素还能避免同一组织内的不同管理者持有相异的观点。反过来，这也杜绝了组织内部出现竞争对手，并对绩效信息进行相互矛盾的解读。但由于存在个人差异和组织政治，各组织机构的内部难免会出现不同的观点②。但对话惯例能突破制度环境，从而避免不同意见的出现。机构间的共同话题和为实现共同目标而进行合作的需求，都加大了开展对话惯例的可能性，并为不同的管理目标指明了方向。

当对话惯例不再承载机构利益的重负，就更有可能帮助成员达成共识，即便无法达成共识，也能促成果断的行动。本章将介绍政府机构通过开展对话，推动组织改革的成功案例。通过对话，这些机构制定了新的战略目标，开展了新的绩效评估。简而言之，通过对话惯例，这些机构促成了组织学习。有关组织学习的文献记录非常丰富，利用这些理论观点和论据，能够深化我们对对话机制如何改善绩效管理的理解③。

---

①　Moe,"The Politics of Bureaucratic Structure."

②　Mahler,"Influences of Organizational Culture in Learning in Public Agencies."

③　阿吉里斯（Argyris）认为对文献的学习可以分为两大类：学习组织构造与组织性学习。学习组织构造主要是强调组织的适应能力，具有积极的行动基础，同时应与咨询人员、组织成员保持密切的联系。而组织性学习正好相反，组织性学习更倾向于学术与理论的学习，主要是对困难和阻碍因素进行学习。这说明学习只有通过组织中的个人才会发生，这主要是因为人的认识局限性以及潜在的合作学习能力。学习组织构造需要进行规范性学习，需要把组织视为具有强大适应能力的英雄主义角色。而组织性学习把"观察到的障碍视为生命中不可避免的现实"。本章试图通过阐述学习文献的这两个方面，指出学习中存在的缺点及改正缺点的可能性。参见：Argyris, *On Organizational Learning*.

　　绩效管理在本质上是以学习理论为基础的。决策者应该借鉴绩效信息，制定出更明智的政策，以改善政府绩效。然而，绩效管理的原则无法解释应如何开展组织学习。有关组织学习的文献可以帮助我们理解交互式对话是如何从以下三个方面培养绩效管理的：

- 确认组织机构可参与的学习类型；
- 确认不同的学习方法；
- 确认论坛具备哪些特点时，对话可培养组织学习。

依照弗吉尼亚州和佛蒙特州的案例证据，我们将依次对这些方面进行研究。

## 9.2　对话惯例的学习类型

　　克里斯·阿吉里斯与唐纳德·舍恩（Donald Schön）的研究有益于组织学习理念的发展，有助于确认组织学习的类型[1]。"单环学习是一种工具性学习，可以提高组织完成任务的效率"，"即便改变行动策略或战略假设，也不会改变理论的核心价值"[2]。在管理过程中，如果政府部门的目标明确，且被广泛接受，则单环学习适用于常规性的重复性操作。绩效管理意味着将目标具体到点，以便测量；也意味着追踪目标的实现情况；还意味着以点为准进行对比，然后就对比结果进行判定，判定它们到底是预设目标，是过往绩效，还是其他组织或同一组织中不同部门的绩效。这些对比能够形成对话，对支撑绩效背后的因素和进程进行分析，对如何改变这些因素和进程进行分析。简而言之，单环学习使组织机构在处理常规性事务时能够提高效率。

　　双环学习就是"随着理论价值标准的变化、战略与假设的变化，来学习这些结果……随着价值标准的改变，战略与假设可能也会出现相应的改变"[3]。当政府机构管理者对任务和关键性政策背后的基本假设进行检测并做出改变时，就会出现双环学习。双环学习更适用于关乎组织生存的复杂性且非程序化的问题，而不涉及组织的短期效益。双环学习是指对项目目标提出质疑，对项目是否值得继续推行、是否在政府部门中推行提出疑问。在绩效管理中，双环学习是指重新关注组织任务、目标和战略的意愿。

　　绩效管理在很大程度上并不关注双环学习的可行性。单环学习似乎是绩效管理原则中唯一推行的学习方法，它建议实践者依照要求践行：技术官僚者会想出办法，在不改变目标初衷的前提下，更高效地实现组织目标[4]。战略规划的决策很少被触及，如果技术官僚者利用决策过程简单陈述已有目标，而不对这类目标提出质

---

[1]　Argyris and Schön, *Organizational Learning*.

[2]　同[1]20.

[3]　同[1]21.

[4]　Barnow, "The Effects of Performance Standards"; Liner et al. , *Making Results-Based State Government Work* , 91—96.

疑，在这种情况下，是否采纳新目标完全取决于民选官员和利益相关方，这就使决策过程很容易被忽略。即使偶尔有人承认绩效信息能够促进双环学习，通常也只在相当狭义的层面出现，比如，政府是否有责任提供某项服务？这项服务由其他非政府部门提供是否更能节省成本？这些问题似乎并未真正脱离单环学习的轨道。

造成这种忽视的原因是什么？在很大程度上，对双环学习的忽视反映出政府部门对决策标准的过多限制，比如，古老的政治/行政二分法就是一种限制。作为一项改革，绩效管理坚持的理念是：由政治中立的管理者寻求最高效的方法，从而实现民选官员设定的目标。绩效管理当然不会向官僚主义者授予决策权，也不允许他们质疑绩效管理所追寻的目标本质①。虽然二分法遭受了重创，但没有改革能在拒绝承认二分法的前提下进行，更无法改善既存的问题。绩效管理改革的广泛成功，部分原因在于人们愿意重申二分法的重要性，并对绩效管理可能会违反这一原则的情况选择视而不见。绩效管理宣称，通过在战略规划阶段设立目标，密切监督产出，能够帮助民选官员重新控制行政人员。如果双环学习可以全面开展，绩效管理约束的是假定省份的民选官员，而不是技术官僚者。

## 9.3　学习的文化方法与结构方法

组织学习方面的文献强调了组织文化对学习的重要性。学习以能够培养认知行为的共同经验、规范和共识为基础②。学习文化的特点包括：较高水平的员工激励与放权、较高的参与度和灵活性③。但利普希茨（Lipshitz）、波珀（Popper）和奥兹（Oz）都对文化学习方法过于抽象这一本质提出了批评④。他们认为通过结构方法［他们称之为组织学习机制（OLM）］可以更好地研究和促进组织学习："制度化的结构程序可以使组织机构系统化地收集、分析、存储、传播和使用与组织效力有关的信息。"⑤ 结构方法认为依靠形式化的规则和程序能够促进组织学习，而文化方法则强调在员工之间建立共同的功能规范。

学习的结构方法吸引着改革者，因为只要获得正式律令，就能改变组织的结构和程序。结构方法也与学习的理性分析理论相辅相成，理性分析理论强调要收集、储存和发布数据⑥。显而易见的是，目前正在开展的绩效管理更类似于结构学习法，而不是文化学习法。通过立法和行政管理律令来制定形式化的规则和程序以开发、收集和发布绩效信息，结构学习法应运而生。在很大程度上，这些律令忽视了

①　Koteen, *Strategic Management in Public and Nonprofit Organizations*.

②　Senge, *The Fifth Discipline*.

③　Argyris and Schön, *Organizational Learning*; Fiol and Lyles, "Organizational Learning."

④　Lipshitz, Popper and Oz, "Building Learning Organizations."

⑤　同④293.

⑥　Mahler, "Influences of Organizational Culture."

组织文化对绩效信息使用情况的影响，但正如第 4 章的研究所揭示的，这些律令对民选官员来说意义重大。因为对他们而言，这些律令正是具体的改革举措，也证实了他们重视以结果为导向的政府。相反的是，文化改革的过程漫长而艰辛，难以准确观察，而且在很大程度上由政府机构管控。

以架构为准并不是组织学习机制与绩效管理共享的唯一特点。这两种方法都认为，信息是改善决策的基础。信息的使用惯例与信息的收集和发布惯例相伴而生。因此，大部分政府绩效管理系统的不足，存在于数据的发布（进展较好）与使用过程之中（终极目的，但进展较差）。

从某种程度上看，信息发布与信息使用的差距在于缺乏审查和解读这些信息的惯例——学习论坛。只要出现绩效信息交流的情况，就会出现对话惯例。而学习论坛是专门针对寻求问题解决方案的对话惯例，管理者据此审查信息，衡量信息的重要性，共同决定这些信息如何影响未来的行动。而组织对定量信息的简单规定几乎不太会引发这类惯例。管理者更愿意花时间与他人打交道，收集口述数据，而不是观察定量数据[1]。

惯例是组织内部调整成员行为的重要杠杆[2]。然而，组织决策者是否开展并参与到惯例中来，用什么方式开展和参与，都源于他们对组织利益的考虑。这使我们又回到了文化这个问题上。如果有信息需要了解，决策者会去学习，但如果组织文化认为数据交流惯例也是恰当的组织行为，决策者也会去学习。因此，忽视文化方面的结构方法并不那么被看好。

还有很多文化与结构相互作用的方法。组织学习方面的文献认为，员工获得的授权较多、参与度较高、自由度较大都有益于开展学习。相反，以惩罚为导向的控制体系则会阻碍学习，导致员工出现防御性反应[3]。集中式结构也会强化过去的行为，使开展新的学习变得困难。一直以来，政府部门都对成员的行为、人力、财政资源和决策过程进行集中的管控。即便引入新的规则和程序以促进学习，也无法消除旧规则对变革的阻碍。人们只有去掉旧习，才能学习新规[4]。第 3 章显示，尽管州政府兴致勃勃地推行战略规划和绩效审查，但解决资金集中管控问题与改进人力资源管理问题的进程还是过于缓慢。

## 9.4　弗吉尼亚州的单环学习

对州政府案例的研究描述了绩效管理存在的问题和开展学习的可能性。正如前文所述，亚拉巴马州的绩效管理进程由于缺乏资金与政治支持而日渐式微，也没有迹象显示绩效管理会带来任何有益的学习。因此，针对亚拉巴马州的案例，我只对

---

① Mintzberg, *The Nature of Managerial Work*.

② Levitt and March, *Organization Theory*.

③ Argyris and Schön, *Organizational Learning*.

④ Hedberg, "How Organizations Learn and Unlearn."

该州无法引导学习的原因进行分析，并将重点放在对弗吉尼亚州和佛蒙特州的案例分析上，这两州的案例特点和结果如表 9 - 1 所示：

表 9 - 1 案例特点和结果

| 案例结果 | 弗吉尼亚州 | 佛蒙特州 |
| --- | --- | --- |
| 单环学习 | 在许多实例和各类组织管理者之间出现。 | 出现的情况很少，没有固定的频率。 |
| 双环学习 | 没有出现。 | 在机构领导层中出现，成功推动了巨大的政策变革。 |
| 对绩效管理的看法 | 作为管理工具，能推动和证实绩效的提高。 | 作为一种"学习隐喻"理解和交流政策选择以及结果。 |
| 学习论坛 | 贯穿整个组织，比如：标杆管理团队；依靠绩效管理要求来推动，但不具备正式的惯例或结构；关注能力的提升和过程的改变。 | 高层管理者不经常使用学习论坛制定重大的战略决策（战略愿景），或据此做出年度纲领性决策。 |
| 文化所扮演的角色 | 将提高绩效与创建以员工为核心、以任务为导向的文化紧密结合。 | 在领导层形成开放的实验文化，挑战员工的制度文化。 |
| 重大挑战 | 进一步将提高以绩效为目标的工作形式化。 | 获得组织成员对新政策目标的支持。 |

资料来源：Moynihan, "Goal-Based Learning and the Future of Performance Management."

绩效管理能否在政府机构间推行单环学习？上述三个州都建立了绩效信息体系，为单环学习提供了必要的数据。三个州的惩戒部门都制定了战略目标和相应的绩效目标，定期汇报实际的绩效水平，然而没有证据显示这些部门定期审核过这些数据，并因之改进其他组织进程，从而将单环学习的成果具体化。这些部门的共同问题在于，无法在绩效数据的目标用户中定期召开学习论坛。

弗吉尼亚州惩教署提供了最具说服力的案例，证实了在什么情况下学习论坛能够引发单环学习。1996 年，众多高级管理者召开了一系列战略规划会议，利用绩效信息吸引了各方对关键性组织问题的关注，为判定和对比其他进程提供了度量标准。开展基准测试的工作人员组建了团队，从其他被视为领导集体的组织机构或各自的工作员工中寻求这些问题的解决方法。这一行动为很多关键性领域带来了变革，对弗吉尼亚州惩教署的管理者而言，这些变革的成功之处主要在于节省成本，提高绩效。

第 5 章详细介绍了弗吉尼亚州惩教署为提高能力而开展学习的众多案例，比如培养新一代组织领袖，加强跨组织沟通，决定发展以员工为核心、以任务为导向的组织文化，提高员工在战略规划决策中的参与度。每当管理者被告诫应重视产出或取得更好的结果时，他们就可能会忽视那些不会立马在绩效测评方面取得成效的改进措施。经验丰富的管理者明白，组织能力与组织绩效紧密相连，只要能解决绩效问题，就能不断提高项目的产出和成果。我们不能忽视这类变化的重要性，因为它们对确保组织拥有长期完成复杂性任务的能力而言至关重要。

绩效管理要求推动了弗吉尼亚州的单环学习，但这些要求是由坚定的组织领导及其他成员共同支持构成的，是为了在组织内部营造以任务为导向的文化氛围。部门领导决定通过开展全新的组织培训项目，将绩效管理与其他技术制度化。管理者在报告中称，通过培训能够在成员间形成改善组织绩效的共识，达成审视现有程序、提升办事效率的意愿，从而重新塑造组织文化。为改变而做出的努力通常不会用成本数据与绩效数据作为严格的衡量基准，但会以新程序的逻辑优势为基础，以创新源泉的经验和信誉为准绳。这125位高级管理者每年都会进行会晤，分享他们在帮助组织完成战略目标时所积累的经验，而机构工作人员每个月也会召开会议，对绩效数据进行讨论。通过非官方的形式，机构工作人员还会抽出时间分享观点，汇报哪些意见经常被用作标准作业程序（SOPs）。

这类学习论坛通过分享创新方法，利用对变革推动者和受众的认识，推动了进程的改变。我们很难将这类认识纳入量化的评估过程中，因为员工一直了然于心的隐含标准会被忽略，比如他们的安全问题。变革推动者在确定所选择的变革方法足够创新前，会对不同的选择进行实验。受众也具备一定的知识库，可以帮助他们检验一项创新方法是否适用于他们的组织环境。

## 9.5　佛蒙特州的双环学习

尽管取得了相对意义上的成功，弗吉尼亚州惩教署的绩效管理并未引入双环学习。1996年实施的首轮战略规划并没有对当时的组织目标和价值观提出挑战。相反，还强化了有关安全和监禁的传统价值导向，同时强调了员工的核心作用。然而在佛蒙特州，绩效管理的主要优势就是开展双环学习，绩效管理对惩教署的基本结果提出了质疑，还试图说服大家接受外部环境作为备选方法。这是如何发生的呢？1991年11月，就在约翰·戈尔斯基（John Gorczyk）成为惩教署一把手后不久，佛蒙特州惩教署便发布了为期20年的计划，为接下来10年内撰写的政策性文件、简报、预算要求和制定的战略规划提出了许多基础性原则。

这些原则就是佛蒙特州惩教署花费10年时间寻求指导思想的成果。戈尔斯基和其他高级管理者也参与过这一探索，这种探索既是佛蒙特州过去政策修订进程的一部分，也是目前主流趋势中主张采用高力度惩戒手段的一部分。20世纪60年代末到20世纪70年代，佛蒙特州惩教署主要关注社区惩戒手段，在最小限度内采用监禁，坚定信任改造。这种社区惩戒方法遭到了尖锐的批评，因为人们认为它忽视了暴力罪犯继续施暴的可能性，从而带来真正的危害，同时，还忽视了公共安全的政治动态。在20世纪80年代和20世纪90年代期间，佛蒙特州惩教署以及全国的立法者为解决公共安全隐患问题，支持加重刑罚，采取更严厉的惩戒手段。惩戒部门的领导承认，纯粹的改造手段是失败的，但惩戒领域的研究和分析结果使他们相信，扩大监禁的范围会对大部分接受惩戒的人群造成不良影响，且将监禁作为现实政策长期实施成本也过高。

1991年的计划制定了一系列原则，既包括改造性的因素，也包括惩罚性的因素，还有一些后来发展为恢复性司法的新思路。恢复性司法为佛蒙特州惩教署带来了一套连贯的哲学理念，这套理念拥有自己的语言、价值观和结果：以受害者为导向，而不是以罪犯为导向。恢复性司法理念并非源自佛蒙特州，20 世纪 80 年代，很多地区都出现过类似的理念①。虽然这些理念吸引着佛蒙特州的管理者，但其自身的学习过程已使他们开始关注司法体系的其他方面，这些方面与恢复性司法运动没有太大关联，主要涉及暴力罪犯的惩戒问题，推行替代量刑问题。依照交互式对话模型，佛蒙特州惩教署利用对现有信息的不同解读，制定了全新的战略目标。目标的制定一部分依靠管理者自身的背景，一部分依靠他们所收集的信息，还有一部分则依靠他们为处理信息所开展的学习论坛。

为寻求不同的理念，佛蒙特州惩教署于 1993 年开展了所谓的"市场调查"，主要关注的是公共利益相关者和个人利益相关者群体。市场调查结果发现，存在与现行惩戒政策、支持他人以及惩戒问题新思考方式指导原则相悖的地方。市场调查还发现，人们希望看到的刑事司法体系是这样的：

- 提高安全性，但不会使个人遭受不必要的惩罚或被剥夺权利；
- 在需要的时候推行改造手段；
- 使罪犯为自己的行为负责，使他们弥补自己造成的损失；
- 弥补受害者和社区；
- 避免把资金浪费在监禁社会危害性低的罪犯事情上；
- 为民众参与刑事司法进程提供更多的机会。

市场调查一部分是为了发掘"客户"需求，一部分是为了更加科学地对投入和产出进行归类。佛蒙特州惩教署开始追踪惩戒领域以及更广泛的刑事司法体系的细节问题，包括犯罪率、量刑以及依照罪行和个人特点对囚犯进行区分。依照调查结果，惩教署要求重整业务，以尽可能地涉及广泛的刑事司法体系。自 20 世纪 90 年代初起，惩教署便开始利用这一理念，开展了一系列创新型刑事司法项目。

认为仅靠战略性规划和绩效评估就能推动双环学习的想法过于简单粗暴。因为还需要其他因素发挥作用，首先就是佛蒙特州惩教署管理层的不可知论主义倾向，他们支持盛行的传统惩戒模式，这一倾向部分缘于很多高级管理者接受的是社会科学教育，而不是刑事司法培训②。领导层对新观点的开放性态度使大家愿意（由于资源有限，也是一种需要）寻求不同的目标和政策。绩效信息不仅推出了新政策，还使佛蒙特州惩教署成功说服他人信任这些政策的合法性。行政长官戈尔斯基更确信这个观点："正是绩效管理使我们能够在很大程度上改变佛蒙特州所提供的惩戒服务的本质。"

---

① Lemley, "Designing Restorative Justice Policy."

② 西蒙 1991 年指出，组织机构自身并不会学习，而组织机构内部的个体则会通过组织来不断地学习，来提高个体自身的能力。因此，只有当组织内部存在积极学习新知识的个体时或者当组织招聘了具有不同知识储备的新成员时，组织性学习才会产生新的进展。而佛蒙特的案例恰好属于后一种情况，组织内部的高级管理人员为组织机构提供了一种学习的氛围和动力。参见：Simon, "Bounded Rationality and Organizational Learning."

## 学习隐喻

佛蒙特州惩教署领导层需要的是能够帮助他们找到问题与问题的解决方案，并最终转化成他们自身说服民众接受这些解决方案的能力。他们采用的是一系列的"隐喻"手段，绩效管理只是其中的一个①。这些隐喻手段为佛蒙特州惩教署的员工和利益相关者提供了一种方法，这种方法能够为他们带来一种可靠的思考角度，能够挑战原本处于惩戒功能主导地位的其他"心理模型"②。隐喻的可靠性源自其背后不容小觑的知识积累或思维/操作方式。采用隐喻更有机会被受众接受，因为受众重视相关的知识体系。但这些见解不能被视为单纯的意识形态或激进观点，因为若不以隐喻的方式表述恢复性司法的理念，这一理念就不容易被广泛推广。

使用隐喻易使各方对现有技术和惩戒的目标提出质疑，同时也使佛蒙特州惩教署将这类技术定为无效，将传统的惩戒结果定为一种无法达到预期目标的意识形态。比如，一份部门分析显示，监禁这种惩戒方式总的来说会降低公共安全性，因为遭到监禁的犯人与接受其他惩戒方式的犯人相比，更有可能再次犯罪，即使在专门控制犯人累犯风险的情况下也是如此③。一位管理者将监禁与前一个改造方法做了对比，"依照他们（前惩教署工作人员）的个人看法而非科学观点可以得出，监禁的惩戒效果并不佳，如果将犯人置于社区接受改造，则会有利于他们的成长和学习"。

绩效管理并不是唯一采用隐喻的领域，商业与科学领域也会和绩效管理一起运用隐喻。当州政府寻求商业运行模式的政府管理方式时，商业隐喻尤其适用于沟通。这种隐喻将刑事司法体系比作市场，该市场对服务的需求不断提高，但所需的资源却没有相应地增加。在对相关"客户"进行识别和采访后，佛蒙特州惩教署作为刑事司法系统的大众与惩戒部门利益相关方认为，这种需求是立法者人为拉动的，无法反映客户的实际需求，也无法确认客户是否愿意买账。市场研究从本质上告诉了立法者们："我们必须和民众进行交流，他们真正需要的和我们给予的其实并不一样。"

我们所采用的各类隐喻都是以实验性分析为基础的，对绩效问题持有共同的逻辑观点、理性思考以及非意识形态的判断。战略愿景——确认了组织的任务、愿景和原则，曾被作为论坛将信息编码成一整套哲学表述。通过这些论坛，参与者可对由知识隐喻转化而来的信息形成更深刻的理解，并将此与组织应如何运转、应追寻什么目标这类问题联系起来。作为一个过程，20 世纪 80 年代和 20 世纪 90 年代期

---

① 不断追寻新知识技能的高级管理人员经常运用"隐喻"一词。他们把"业务"描述为"惩教"，而不再强调把"业务"视为"操作"的隐喻，当然也不会像公共部门那样对一个词进行直译。值得注意的是，利普希茨等人也常用隐喻来描述学习文化的方法。参见：Lipshitz et al.，"Building Learning Organizations."

② Senge，*The Fifth Discipline*.

③ Vermont Department of Corrections，*Corrections in Vermont*，21.

间，政府高级官员经常提及战略愿景，并将此作为激辩的主题。随着时间的推移，人们开始对高水平的战略目标形成共识。辩论的焦点往往围绕着特定的纲领性规划，对战略目标和绩效评估进行汇报，这类辩论每年都会举行，已成为绩效预算要求的一部分。

## 双环学习与决策

　　双环学习如何形成新的政策？为实现新的部门愿景，佛蒙特州惩教署的领导负责制定了一系列新政策，试图将入狱的非暴力罪犯解放出来，接受其他惩戒方式，同时努力说服政治环境实施这些政策。惩戒部门的分析发现，判决的惩罚力度不断增大是刑事司法体系犯罪人数不断增加的主要原因[1]。要解决监狱人满为患的问题，一个选择就是找到方法使罪犯尽快重返社会，或从一开始就将他们从监狱中完全分流出来。佛蒙特州惩教署采取了各种方法来实现这一目标。20 世纪 90 年代初期，缓刑和假释应运而生。1994 年，惩教署成立了以社区为导向的中间型刑罚措施来补充监禁刑罚。与缓刑相比，这些备选惩戒措施更具教导性，效果更好，法定诉讼程序更少，但成本比监禁低。中间量刑选择作为监禁的备选刑罚越来越受青睐，它能控制监狱中的囚犯人数。1994 年到 1999 年期间，接受惩戒的人数由 7 511 上升至 12 386。在此期间，入狱人数相对稳定，从占罪犯总数的 12.3% 下降至 11.6%。接受缓刑的人数也从 77% 下降至 74%。形成这种局面的主要原因是引入了中间判决方法，1999 年接受中间判决的人数占罪犯总人数的 4.8%[2]。

　　除监禁外，由于增加了新旧两类处罚方式，监狱对囚床的需求减少，佛蒙特州惩教署还研发了新技术，开展了新项目，依照罪行程度和累犯的可能性，将接受惩戒的人群进行了分类。佛蒙特州惩教署将此称为"风险管理"方法，将监禁这种最昂贵的刑罚服务留给那些对社会造成巨大威胁的罪犯。这种方法基于的假设是：可依照罪犯的社会危害程度将他们分级，危害程度是将罪行的严重程度与累犯的可能性相乘而来的。刑事司法系统依照罪犯的社会危害程度，对他们的受罚程度提出了符合逻辑的解决办法。

　　风险管理运用的是科学隐喻，被称为"对罪犯能否安全回归社会，在无须政府强制干预的情况下便能成为有用公民的务实判断"[3]。这一判断既结合了风险评估的科学性，也借鉴了惩戒领域的专业经验。风险管理方法还兼具低成本的优势，为削减监狱成本提供途径。惩教署宣称，发展中间制裁方法能防止监狱再增加 1 000 个床位，而这些床位需要每年额外支付 21 500 000 美元[4]。

　　另一项与恢复性司法相辅相成的政策创新是 1994 年引入的社区改造委员会

① Vermont Department of Corrections，*Corrections in Vermont*，21.

② Vermont Department of Corrections，*Facts and Figures FY* 1999，3.

③ 同①18.

④ 同①.

(reparative boards)。该项目主要针对社会危害性较小的罪犯,他们认罪后会被法院判决为非暴力性罪犯,如酒驾(DUIs)、小偷小摸或是扰乱治安等。社区改造委员会的成员由佛蒙特州惩教署任命的社区志愿者组成。成立这样的委员会与佛蒙特州公民参与政府管理的传统息息相关。委员会成员鼓励犯罪人员承担相应的罪责。首先,他们会让犯罪人员描述自己的犯罪经过,然后将犯罪人员与受害人组织起来,频繁地进行会面交流。犯罪人员与委员会成员会签署协议,以决定犯罪人员应向社区和受害者做出的补偿。如果犯罪人员能够履行协议,并获得委员会的认可,就会建议终止缓刑。

佛蒙特州共成立了 67 家社区改造委员会,数百名公民参与其中。与参加该项目的缓刑人员相比,未参与的犯罪人员累犯概率较高,还有一部分在委员会介入之前,便锒铛入狱了。与接受惩戒的庞大人数相比,尽管参与社区改造委员会的人数一直在增加,但占总人数的比例仍然很小。因此,佛蒙特州惩教署需要耗费大量的精力来扩大委员会的规模和影响力,并将委员会视为恢复性司法理念的有形表现。佛蒙特州惩教署的战略规划表示:

> 恢复性司法关注犯罪人员的改造、社区的修复,以及将犯罪人员重新整合,使他们再次成为对社会有益的公民。为此,他们需要承认对犯罪行为负有责任,做出补偿,弥补损失。犯罪人员由社区进行改造,在社区中完成改造,与受害者形成搭档。[1]

社区改造委员会的成功使佛蒙特州惩教署能够推广这些政策。1999 年到 2000 年期间开展的一波市场调查发现,民众支持将所有类型的暴力罪犯都纳入该项目中,尤其是性犯罪者。研究还发现,民众希望能够参与到这些决策过程中,同时也希望传统的政府管理者能够利用他们的专业背景为此提供支持,尤其是执法人员和以社区为导向的社会服务部门。为满足这一要求,佛蒙特州惩教署在主要城镇成立了社区修复中心,在较小的社区开展修复项目,还为志愿者提供培训。这些中心不仅为社区改造委员会提供了场地,还提供了解决矛盾的办法,创办了社区论坛。社区的街坊邻里和政府官员能够齐聚一堂,廓清各自的具体能力和困扰,然后进行合作,提供解决办法。比如,柏林顿(Burlington)中心为志愿者提供了项目,为个人财产遭受侵犯的受害者提供帮助。

## 9.6　绩效管理塑造组织环境

佛蒙特州的案例反映的是组织机构如何成功控制和塑造外部环境。随着犯罪人数的增加,佛蒙特州惩教署不仅获得了额外的资金支持,还重新制定了量刑和释放政策,尽管这些政策与民选官员的意见相左。为维护恢复性司法,佛蒙特州惩教署

---

① Vermont Department of Corrections, *Corrections in Vermont*, 44.

还撰写了一份标准报告，该报告指出惩教署存在犯人超员和对惩戒资源需求过度的问题，该报告也探查了问题的诱因和可以从创新节约入手的优势。为达成目标，佛蒙特州惩教署将最大限度地利用绩效管理的不同方面——民意调查、战略性目标设定、人才培养趋势、绩效数据/目标与图表，确保首要政策逻辑清晰，重视节约成本和务实，以摆脱意识形态的干扰。一位高级官员承认："数据能使我们在立法机关面前树立较强的公信力。一直以来，与缺乏这类数据相比，具备绩效数据会对整个刑事司法体系及其运行产生较大的影响。"这段表述说明，在佛蒙特州惩教署看来，罪犯惩教任重道远，需要认真合理地分析每一个方面，只有依靠事实而非意识形态才能提出积极有效的解决办法。

佛蒙特州惩教署成功说服了州政府的三个部门和民众：惩罚性的惩教方法是错误的，监禁对大多数罪犯而言在很大程度上是浪费资源的，惩教结果会适得其反，而恢复性改造方法有时是可行的，应该推行。这些论断不仅与全国主流刑事司法政策相悖，也与佛蒙特州的主流观点背道而驰。直到最近几年，其他地区的支持者获得成功的案例仍然非常有限，因为民众普遍认为恢复性司法的惩教力度过轻。佛蒙特州惩教署的大部分官员都会避免采纳这类措施，他们都强调为维护公共安全，应该提高暴力犯罪的监禁比例。

佛蒙特州惩教署仍支持社区参与劳教，以缩短公民和司法体系间的距离，这种活动开始于 20 世纪 90 年代，得到了民众的广泛支持。正如其他地区一样，民众并不关注佛蒙特州的犯罪惩教职能，而唯一深切关注这一职能的群体是罪犯及其家人（并不具备任何政治影响力）。通过对民众和特定群体开展调查，同时研究佛蒙特州惩教署如何提高民众对惩教职能的支持，为拉拢支持者打下基础。事实证明，对佛蒙特州本地的居民而言，强调公共安全与社区改造委员会的重要性，广泛开展恢复性司法运动都是行之有效的。佛蒙特州政府于 1994 年到 1999 年期间开展的调查发现，民众支持率从 37％骤增至 44％。此外，佛蒙特州惩教署还从政治合法性较高的利益相关方那里得到了强有力的支持，比如受害者群体、惩教署的切实支持者、社区改造委员会的成员。一位中央机构的官员这样解释：

> 在某种情况下，佛蒙特州惩教署非常具备创新意识。它们更希望成为服务交付型机构，为公众提供优质服务。然后问题就变成了我们到底在向谁提供服务？惩教署是一个向不同客户群体提供服务的机构。其中一个群体是罪犯，而另一个群体自然是受害者，还有一个群体为社区本身，也就是佛蒙特州。当佛蒙特州惩教署开始关注这个问题时，它们便开始思考针对不同群体到底要提供哪种服务，如何提供这些服务才能使各方感到满意？……而当它们开始采取行动，就此问题开展新的对话时，意味着现在必须开始对各方获得的服务进行评估。

佛蒙特州惩教署制定出新的原则和目标后，便着手绩效评估，审视机构已取得的成就。大部分传统惩教手段的绩效评估结果——针对累犯、逃逸、违规——并不乐观，比如，评估结果显示，绩效提高了可能是因为评估的次数减少了。消极结果由于本身的性质便无法获得民众或民选官员的关注，除非向积极的方向发展。民众自然不会因为逃逸率为零而欢欣雀跃，但如果很多犯人越狱，他们当然也就高兴不起来。部门官员相信积极的评估结果能使民众与立法部门相信惩教手段的益处和重要性，比如，能够解决犯人出狱后的再就业问题，帮助犯人重返社会后继续服务社会等问题。

对于各部门而言，民众与利益相关者的支持对它们争取到民选官员的支持而言十分重要。2000 年，立法部门向刑事司法政策增加了改造性司法原则："正是因为本州在政策中纳入了恢复性司法原则，才使刑事司法体系对被指控人员以及被判犯有刑事犯罪者的态度发生了改变。制定这项政策是为了让社区在个人犯错初始便开始介入，这也是一种可根据犯罪危害程度衡量制裁力度的方法。"这一司法进程持续了四年，在此期间还成立了特别立法委员会以决定惩教体系的未来。佛蒙特州惩教署为帮助委员会达成目标提供了有关惩教问题的标准说法，以解释为何恢复性司法理念能够发挥作用。

佛蒙特州的经验表明，无论是民选官员、政治任命官员还是普通官员，开展双环学习都是为了寻求不同的政策解决方案。这是一种政治行为，需要价值判断。将双环学习的成果转化为现实，需要政治技能。而佛蒙特州惩教署的领导层就具备这种技能，他们为指明传统惩教政策的不足之处以及寻求其他方案的必要性，提供了令人信服的论述。他们获得了利益相关方和民众的支持，还扩大了惩教领域的传统支持者群体。

佛蒙特州惩教署的领导层也是幸运的。他们的表述可能非常有说服力，但更幸运的是能够找到愿意倾听意见的民选官员，并且这些官员有意愿改变传统的惩教模式。由于高级官员中存在着改革的坚定支持者，且戈尔斯基于 1991 年到 2001 年期间一直担任佛蒙特州惩教署的署长，佛蒙特州惩教署的领导层因此从中受益。官员的坚定支持为佛蒙特州惩教署带来了独特的视角。这种支持并不多见，更难得的是众人愿意参与到这一重大变革中来。领导层的坚持非常重要，因为要推翻组织的既存目标与主流思想非常困难，况且对组织核心价值的解读通常是由高级管理者发起，然后再传递给组织的其他成员[1]。

## 9.7　学习论坛中的对话

绩效管理体系的设计者需要将对话惯例考虑进去，也只有像开展对话一样认真讨论绩效数据，才能有效收集和传播这些数据。没有学习论坛，绩效管理就是一种指向模糊的结构学习法。作为组织学习机制，尽管绩效管理运用广泛，但效果却不佳。几乎各州都具备类似的绩效数据收集汇报程序，但却无法建立新的例程以确保绩效数据得到认真审核。甚至在弗吉尼亚州，主要的学习论坛也只是战略规划程序

---

[1]　Weick, *Making Sense of the Organization*.

和培训的副产品，而不是组织设计的自觉努力。战略规划是审视过去目标与绩效的良机，但作为学习论坛却存在一些问题。首先，战略规划的首要目的是设立目标，而不是改变决策过程。战略规划会不断淘汰职位较低的管理者（这些管理者决定着决策过程的变革），从而进一步限制单环学习。弗吉尼亚州一方面向机构的战略规划过程注入决策审核因素，另一方面鼓励在地区和制度层面开展较低层次的战略规划，力争在某种程度上克服这一问题。战略规划能否发展成为双环学习论坛？的确可以，但像佛蒙特州这样的成功案例很少。甚至在设立目标的过程中，大部分组织就因或明或暗地挑战组织现存的目标，以至限制了自身的学习潜力，这是一种禁忌，也是一种不恰当的行为。

有关组织学习的文献和案例分析，可以帮助我们理解哪些元素足以将交互式对话转变为管理学习，帮助我们了解论坛的本质是什么、参与者是谁、参与者如何相互联系、绩效信息的作用是什么。这些问题如表 9-2 所示：

表 9-2　　　　　　　　　　学习论坛的元素

- 惯例活动。
- 机构性对话的催化剂与基本法则。
- 可避免防御性反应的非对抗性方法。
- 参与者联合领导。
- 不同组别的组织管理者负责在监督中实现想达到的结果。
- 以围绕如何实现组织目标的对话为核心。
- 识别、审查与杜绝基本假设（尤其是针对双环学习的假设）。
- 利用定量知识定夺成败，所涉及的方面包括目标、目的、结果和类比。
- 利用有关决策的经验知识和工作条件解释成败的原因与创新的可能性。

资料来源：Moynihan, "Goal-Based Learning and the Future of Performance Management."

作为组织惯例而非普通会议，学习论坛更有机会获得成功。这类论坛的主要特点在于将对话转变为学习的载体[1]。管理者通常生活在"精神牢笼"中，因饱受标准与惯例的限制，而无法从不同的角度去审视自己的组织和组织存在的问题[2]。对话使参与者有机会审视自己的思维，通过对不同思维框架进行实验，以新的方式看待旧的问题，缔造新的内涵。对话还使管理者有机会开展"实践"，通过在现实生活中不可行的方法来对决策风格进行实验。在同僚面前许下的诺言更可能被认真对待，通常还具有约束力[3]。

森奇指出，成功的对话应包含以下几个必要方面：暂停假设、为解释和施行对话的基本法则提供协助、成员的积极参与、参与者共同领导以及成员愿意指出组织最迫切需要解决的问题是什么[4]。这些标准与辩论理论和在组织对话标准上提出的建议类似。为推动开展一次关键性讨论，所有参与方都必须主动且愿意讨论自己的

① Levitt and March, "Chester I. Barnard and the Intelligence of Learning."
② Bolman and Deal, *Reframing Organizations*.
③ DeHaven-Smith and Jenne, "Management by Inquiry."
④ Senge, *The Fifth Discipline*.

观点，同时愿意暂时接受他人的假设，与他人进行合作，并对这类假设所得出的相对合理的推断进行评估①。

绩效数据强调组织或决策过程的相对成败，但单靠对话便能帮助识别获得成功的原因，将经验传递下去。弗吉尼亚州与佛蒙特州的被采访者认为，专业自豪感至少是一项能够促进高层次绩效需求的强劲动力。的确如此，研究结果显示，如果个人想要通过自身努力来帮助他人的欲望较高，则他们更有可能采纳绩效数据②。这说明，当参与者认为他们有机会利用自身能力来改善服务、改变人们的生活时，设计学习论坛的需求便会成为激励公共服务动机的机会。

明茨伯格称，改革者希望论坛参与者都能够成为利用各种绩效信息的决策者，而不是由脱离管理现实、开展官方政策评估的中央策划者决定③。对单环学习而言，这意味着较低级别的员工需要监督组织的决策进程；对双环学习而言，这意味着较高级别的官员需要对整个组织及其环境具备深入的了解。卡普兰（Kaplan）与诺顿（Norton）认为，专业技术多元化可提高团队的学习潜力，因此倡议团队招纳跨职能成员，使高级管理者与经营管理者相辅相成，像弗吉尼亚州一样。这是可行的，因为这种做法能够克服官僚主义的传统弊病——"掌握必要信息的人没有决策权，具有决策权的人无法获得必要的信息"④。让较低级别的管理者与高级官员相互协作，让管理知识与权力相互结合，从而改变决策进程。

卡普兰与诺顿还强调要将对话与组织的关键目标相结合。"团队问题的解决过程会对绩效数据进行分析与学习，依据变化的条件与新增的问题来协调战略方案"⑤，从而促进学习。这类分析应全面考量定量数据与定性数据，包括决策进程的变革与预期结果之间的关联性、深入的管理博弈/情境分析、轶事证据、决策进程变革的中期评估、一级绩效同业互查。在弗吉尼亚州与佛蒙特州的案例中，管理者都参考了各类信息，部分为定性数据，部分为经验信息或新的政策意见。同僚间开展对话，可对各类数据提出质疑，进行审查。

大部分组织无法构建学习论坛，因为对学习论坛这一理念并不能真正理解。将时间分配出来共同探讨绩效信息，或是让员工放下手中的工作进行毫无意义的闲谈，看起来都是无比奇怪的想法。学习论坛的特点通常也不为人知。组织机构的多级结构使一些管理者掌握了更多的权利，在组织内形成了不成文的规定，即认为级别较高的官员掌握的知识水平更高，而级别较低的官员应该接受监督，以免怠工卸责。除了新成立或处于危机中的组织外，所有组织都没有理由去质疑它们赖以成立与生存的准则与价值标准。在弗吉尼亚州与佛蒙特州的案例中，机构的信用主要在于其设定的主基调。

① Walton, *Plausible Reasoning in Everyday Conversation*.
② Moynihan, Pandey and Wright, "Prosocial Values and Performance Management Theory."
③ Mintzberg, "The Fall and Rise of Strategic Planning."
④ Crozier, *The Bureaucratic Phenomenon*, 51.
⑤ Kaplan and Norton, *The Balanced Scorecard*, 252.

## 问责制与防御性之间的平衡

有关组织学习的文献显示，绩效数据的对抗使用会导致成员做出防御性应对，而不是开展学习，因此，在同事间形成开放的而非对抗性的方法更有利于对失败开展自上而下的分析①。共同领导不仅能消除成员间的防御反应，还能鼓励大家分享成功的经验。海因里希引用北卡罗来纳州的学习案例，介绍了该州某市政府官员们针对各类服务分享财政与绩效信息的情况。他们汇聚一堂共同探讨何为高效服务、何为低效服务，这些探讨绩效问题的简单过程不仅能够激励员工，还能够提供相应的信息。在参与绩效讨论的城市中，政府成员间没有权利地位差异，他们参与讨论的过程主要为了寻求问题的解决方案，各级官员能够平等参与②。

但如果成员间地位不平等，绩效的完成过程便会遭受自上而下的政治压力，从而鼓励开展学习。自上而下的绩效压力与绩效信息相结合，可以提高组织的绩效水平，使组织不仅能开展管理竞争项目，还能发展绩效管理"统计"方法。纽约警务采用的比较数据系统（CompStat）发展出众多的类似系统，比如巴尔的摩的城市统计系统（CitiStat），以及佛罗里达州布劳沃德县（Broward County）的警务系统（PowerTrac）③。城市统计系统将接近实时的信息置于地图中的各类公共项目绩效之中，并能在城市网站上进行查阅。城市统计系统发起了单环学习，可改善决策过程，降低成本④。城市统计系统绩效信息的质量与复杂性得到广泛关注，但在不开展学习论坛的情况下，这一数据可发挥的作用有限。绩效数据每两周由机构汇报给市长办公室（Mayor's Office）城市统计系统团队，它们将绩效数据绘制成表格进行展示，还纳入事故与活动地图上。机构与局委的领导每两周与市长、副市长以及内阁成员进行一次会面。在会面过程中，他们会就存在的绩效问题、问题诱因以及改善绩效所需的资源与战略进行讨论。

城市统计系统案例表现出了学习论坛的很多特点。各方频繁会面讨论绩效问题，参与者上到高级官员下到执行人员，都依靠量化手段与经验，对影响绩效的变量进行讨论。但城市统计系统与上文提到的相关方法在以下方面存在差异，例如，参与者的不平等地位导致有时采用对抗性方法。这些会议会向施政施压，将施政的责任压在机构领导身上，而非使成员共同参与讨论并寻找改善的途径。

诸如城市统计系统这样自上而下的学习论坛不仅在探索问责机制，也在寻找问题的解决办法。机构官员在应对棘手的问题时，应该拥有相应的解决办法，这说明

① Argyris and Schön, *Organizational Learning*.

② Heinrich, "Measuring Public Sector Performance and Effectiveness."

③ Henderson, "The Baltimore Citistat Program: Performance and Accountability"; DeHaven-Smith and Jenne, "Management by Inquiry."

④ Henderson, "The Baltimore Citistat Program."

在与市长会面的前后而不是在开会期间，机构内部才有开展学习的需求。比如，随着比较数据系统融入组织文化中，较低级别的纽约市警察局（NYPD）开始运用"微型比较数据系统"（mini-Compstats）来考量犯罪的统计数据与战略。比较数据系统项目的一位参与者称："城市统计系统形成了'滴入式'思维过程，因为没人想在重要的场合感到尴尬。"[①] 同样在巴尔的摩，城市统计系统会议发展出自己的"机构统计"会议，为回答各类尖锐问题做准备[②]。但顶级会议主要关注高级管理者，通过深入研究机构的绩效数据和决策过程，在组织或机构内部开展学习。顶级会议与机构学习论坛相比具备三个特别的优势：首先，会议引发了论坛学习，使较低级别会议得出的经验教训得以传播；其次，高级民选官员的参与标志着绩效已成为一项重要问题，能够激励各机构的领导者；最后，主要人员汇聚在一起，可快速完成深刻影响资源、战略和政策的决策任务。

然而，这一过程在很大程度上依赖于高级别政治官员的努力，依赖于他们询问管理问题的意愿。在缺乏政治参与的情况下，诸如城市统计系统这样自上而下的学习论坛不得不苦苦挣扎。此外，从某种程度上看，在问责制的名义下，自上而下的压力会导致成员间形成防御性反应，最终会分散大家对问题解决办法的关注，使机构工作人员对信息系统绕道而行或持怀疑态度[③]。绩效信息无法消除信息的不对称，因为机构员工仍然具备信息优势，他们了解信息是如何进行收集的，以及所收集信息的确切含义。因此要取得成功，对话就必须保持基本的合法性。

如果机构工作人员将学习论坛视为政治责任分配，而不是寻求解决方案，就不会再对其抱有任何幻想。如果对话的基调从寻求解决方案转变为寻求战略优势，则学习论坛会成为各方挑剔绩效信息矛盾的会议。如果高级官员试图利用论坛揭示绩效问题，将预先准备的问题和证据用于羞辱机构员工，系统（PowerTrac）就会陷入挣扎。随着对话权威性的下降，中级官员与较低级别的官员会利用对话共谋如何躲避绩效管理的控制。纽约市的城市统计系统因鼓励机构采用较为"大尺度"的政策（比如，进行种族定性，利用数据操纵文化）而遭受批评[④]。

另一种会导致机构成员间防御性提升的方法，是将绩效评估与预算奖励紧密结合起来。将项目分级评估工具与预算评估紧密相连，会导致各机构采取战略行动，以最大化提高评估分数，而不是参与到学习中来并努力提高绩效。美国政府问责署的工作人员对项目分级评估工具的评估过程进行观察后提出警告："将绩效完全视为工具会带来问题。绩效信息会成为一把枪，指向人们的太阳穴。绩效信息的可信度因此会遭受质疑，引发争论。由于各方利益卷入其中，预算过程风险较高，对于预算决议而言，绩效信息就不再具有参考性了。"

① Chetkovich, *The NYPD Takes on Crime.*
② Behn, "The Varieties of Citistat."
③ DeHaven-Smith and Jenne, "Management by Inquiry," 69.
④ Eterno, "Policing by the Numbers."

## 9.8　学习型政府？《GPRA 现代化法案》

尽管奥巴马政府决定取消项目分级评估工具，但仍在努力改善联邦政府的绩效体系。管理与预算办公室的官员与国会专家，比如美国政府问责署与国会研究服务局都对项目分级评估工具与《政府绩效与结果法案》的缺陷进行了研究。它们认为，部门领导层在绩效上投入的努力以失败告终，部分是因为组织内部缺乏学习氛围，这一问题急需解决。2010 年年末颁布了《GPRA 现代化法案》，该法案试图通过一系列对话来改变绩效管理的实践文化，提高政府对绩效信息的使用程度。

政府机构不仅需要像以前一样制定战略计划、年度绩效计划和绩效报告，如今还必须为机构指定首要目标（2～8 项）。这些目标不仅需要机构领导层在 24 个月内完成，还需要各机构按季度更新进程。这些目标的数量并不多，且各方都可以看到，这有助于鼓励领导层保证完成目标。这项行动还向各机构安排了官方绩效团队，因之加强机构信守承诺的意识。每个机构都必须设置一位首席运营官（COO，实际由机构的副主管担任）来监督机构改善绩效的进展。所有重要目标都有指定的"目标领袖"，主要负责机构负责达成绩效计划所提出的目标。

其他改变主要是为使用绩效信息建立规范，各机构每个季度都必须对首要目标及其他目标的达成情况进行审核。首席运营官负责这些审核，而跨机构的首要目标由管理与预算办公室的主任与（相关）负责人负责审核。管理与预算办公室还应对机构无法达成的目标进行识别，要求机构进行修订。在适当的时候，管理与预算办公室将开展战略目标年度审核（SOAR），以完成审核要求。战略目标年度审核主要集中在大约 300 项"战略目标"（每个机构 10～20 项）上，这些目标是机构的战略分支目标，意在关注机构的战略性取舍。有关《GPRA 现代化法案》的参议院报告将这些变化解释为："该法案旨在提高绩效信息的使用情况，改善绩效与审核结果——各机构虽然收集了大量绩效信息，但却没有利用这些信息改善自身的管理与评估结果。"[①] 这些特定惯例能否取得良好的效果仍有待观察，但至少反映出绩效系统设计者在努力摆脱完全依赖绩效数据产出，但并未明确鼓励绩效数据使用的模式。

## 9.9　结论

各方在未将学习促进因素考虑进去的情况下，对绩效管理改革进行了解读与实施，导致绩效管理改革无法真正帮政府提高效率。作为一种组织学习机制，这些改

---

① U. S. Senate Committee on Homeland Security and Governmental Affairs，*GPRA Modernization Act of* 2010，11-12.

革无法构建学习论坛，使目标用户考虑绩效数据。另外，对改革的高度结构化偏见忽视了领导层的作用，也忽视了适当学习的逻辑原则。只有以结果为导向的改革才能将这些因素考虑进去，才有可能促使以目标为导向的学习发生。否则绩效报告除了强制成员顺从外，别无他用。

好消息在于，如果绩效报告要求能够在比较良好的组织条件下产生作用，就能帮助组织开展学习。在佛蒙特州和弗吉尼亚州，它们的惩教署都享受到了绩效管理的组织资源，包括培训项目与专业人员的支持。两州惩教署的管理者都将绩效管理要求视为进一步深化组织议程的机会。在全州范围内推行绩效管理要求，可为寻求改变的管理者提供帮助。在佛蒙特州和弗吉尼亚州，绩效管理为解读与传播评估结果提供了工具。

两州的案例还说明了组织学习的必要性，各机构既可追求单环学习，也可追求双环学习。在寻求新的可行性与开发旧的确定性之间存在着折中。两种学习都在竞争资源，努力获得各方的关注。而机构的长期效能需要在两种方法间寻求一种平衡。

针对绩效系统设计的批评一直不绝于耳。《GPRA 现代化法案》的设计试图回应这些批评，以从诸如"统计"方法的学习论坛案例中学习经验教训。有关组织学习的文献以及本章描述的案例都说明，只有使员工信任目标，愿意承认存在的问题，对基本假设提出质疑，将自己的才干运用于解决问题与提高绩效的学习文化中，《GPRA 现代化法案》才最有可能取得成功。正在落实的新型学习惯例将成为即将建成的新绩效管理系统文化的关键基调所在。

# 绩效管理的十项反思

　　本书参考的论据主要介于绩效管理的两个传统视角之间。第一个视角认为绩效管理的确是个好主意，具有明显的优势。第二个视角则认为绩效管理不具备任何实际意义，官员在等待下一波改革前，除服从现实外，别无他法。本书提供了一种折中的思路，认为美国现行的绩效管理办法的确存在问题，但仍具备一些优势。一方面，尽管政府努力构建绩效信息体系，但的确还未达到拥护者所期待的水准，也无法变革政府高级官员的决策过程。另一方面，在一些案例中，机构管理者已经找到进行变革的方法。最终，只有在政府反思绩效管理的意义，提出具有现实意义的构想，而非夸大其词的前提下，绩效管理的未来才存有希望；只有在政府关注机构层级中提升绩效的因素，而非关注政府层面的所有体系的前提下，绩效管理的潜力才能得到最大限度的发挥。

　　在本书之前的章节中出现了另一个主题，即政治学与绩效管理的几种互动。本书介绍了与实行绩效管理有关的政治学，第4章详细介绍了象征性价值的重要性，正是这一价值使改革富有意义。第7章阐述了项目分级评估工具这一改革构想是如何成为党派议题，逐渐削弱两党对绩效管理的支持的，但对绩效管理的连贯性与影响力而言，两党的支持却又至关重要。与实施改革有关的政治学也非常重要，因为它会使一些参与者获得更多实权，但却通常以削弱他人的权利为代价。第5章探讨了机构领袖如何追求绩效管理改革，从而帮助组织完成议程。第7章和第8章探讨了管理与预算办公室如何建立新型绩效管理改革模式，这一模式使管理与预算办公室在定义绩效这个问题上大大提升了影响力。关于政治制度的政治学也是本书的议题之一。无论是州政府还是联邦政府，立法机关都拒绝采纳行政部门提供的绩效信息，而更倾向于依赖自身的判断，即使行政部门与该立法机关来自相同的党派。本书还增加了有关项目宣传的政治学，即通过自身的努力，机构工作人员利用绩效信息在所处的政治环境中推广项目，最成功的案例是第9章中介绍的佛蒙特州惩教署。更为重要的是有关绩效信息使用情况的基本政治学。交互式对话模型的提出，在公共领域创建、展示并采用绩效信息的做法，反映了各方参与者的不同价值理念，主要包括党派理念、组织理念、制度理念、意识理念以及其他理念。

通观全书，我采用了不同的理论观点对具体案例进行分析，其中最主要的是交互式对话模型。依据这些研究结果以及公共组织绩效的实证文献、前人对绩效管理的研究，我列举了理论界与实践界对绩效管理所提出的十项反思，如表 10 - 1 所示。

表 10 - 1                          关于绩效管理的十项反思

1. 绩效信息体系并非绩效管理。
2. 绩效管理的象征性动机不一定会招致厄运。
3. 绩效信息并不完全客观。
4. 绩效管理面临的挑战在于如何推动各方使用绩效信息。
5. 改变对绩效管理如何取得成功的期望。
6. 地方机构对绩效信息的运用。
7. 建立起以地方机构为核心的绩效管理体系。
8. 绩效管理是地方机构参与政治变革的工具。
9. 绩效管理对绩效的影响有限。
10. 绩效管理的成功离不开其他组织要素。

# 10.1  绩效信息体系并非绩效管理

只要问问你就会知道，所有政府都在进行绩效管理。要在美国或世界其他地区找到一个声称不采用绩效管理或绩效预算的政府，几乎是不可能的，但各方对绩效管理的理解也都各不相同。作为证明政府开展绩效管理活动的证据，政府官员会指向不同的文件或网站。这些文件通常包含一系列绩效要求，其中一部分来自中央预算办公室的立法部门，它们规定了政府机构应如何提供绩效数据。这些要求会附带产生更多的文件，包括战略规划、绩效计划、绩效报告以及绩效预算，而这些文件也被用作政府开展绩效管理的证据。

这些文件的内容是什么呢？其中一些对政府的透明度进行了考察，值得赞赏。这些文件显示，民选官员非常愿意开展以结果为导向的改革，因为以结果为准就无须提及政府的真正动机或所做承诺的真假程度。这些文件中有关管理问题的线索并不多，我们可以为管理策划出绝佳的方案，但管理最终关乎行动，而非文件。我们可实施正式的控制，以使管理者服从，但这一管控对绩效管理而言并没有太多实际意义。绩效要求可迫使机构提供绩效信息，但却无法强制它们使用这些信息。

仅靠规定无法推动绩效信息的使用，因为使用信息是一种行动，需要创新方法。有血有肉的管理者才是制定创新方案、推动变革、提升绩效的关键所在。这种创新很难产生，至少比遵循立法要求或行政要求要难得多。

我们可以肯定的是，延长制定绩效报告要求的时间，可为建立绩效信息系统、收集大量的绩效信息提供时间。我们掌握的有关绩效信息使用情况的证据，都不太具有说服力，通常只是经验之谈，其中最不靠谱的证据就是民选官员要求使用绩效信息。在本书研究过的三个州中，没有一个州政府，至少在联邦政府层级，有迹象表明民选官员会频繁或系统性地使用绩效信息。这些州有时对绩效信息的态度非常冷漠——亚拉巴马州要求停止在预算中呈现绩效信息，认为这些信息不值一提（有时还抱有敌意）。一些联邦拨款小组委员会也告知管理与预算办公室，在提交的预算报告中降低对绩效信息的倚重。绩效信息系统，在本质上，是绩效管理的标志，并不具备真材实料。我们知道，有用的绩效信息对高绩效管理而言是必要的，但仅有绩效信息也是不够的。

如果机构汇报了绩效信息，却没人使用，还会有人在意汇报吗？只有认为政府绩效水平不足，需要进一步提升的人才会在意——这些人主要是我们中的大多数公民以及民选官员——他们既是受结果导向改革影响的人群，同时也是公共管理者。

## 10.2 绩效管理的象征性动机不一定会招致厄运

绩效管理是一项对政府大有裨益的改革事业，一旦这项事业在中央预算办公室取得胜利，或赢取了民选官员的认可，前景将一片大好。若绩效要求有望加强政府的透明度，使政府以绩效为导向，就没人会反对绩效管理。然而，针对政府改革的支持往往"只有宽度，没有深度"[1]。对政府有益的改革通常没有多少政治利益可得，但在人们心中，民选官员要与政府浪费预算为敌，因此这类改革具有象征性价值。在形式要求的保驾护航下，民选官员都会明确表示，希望赢得以结果为导向的管理战役，并宣布要在打败政府低效这场战争中取得胜利，然后打道回府（至少可维持到适宜周期结束，战争卷土重来）。只要改革未显示出偏袒任何一方，且适时进行调整，避免冒犯关键选区，比如公共服务联盟（相较于报告要求，该机构更注重保护员工的权利），就能获取成功。在已经研究过的州政府中，绩效管理的政治优势一目了然。弗吉尼亚州被视作全国管理水平最佳的州之一，常以绩效管理为豪。在亚拉巴马州，州长错误地认为实施绩效管理就可以说服民众，政府即使在花纳税人钱的时候也是值得信赖的。

如果我们向令人不悦的现实低头，承认实施绩效管理改革只是为了象征性效益，这是否意味着改革设计注定会失败呢？人们很容易这样去设想。绩效管理要求

---

① 艾伦·"斯科蒂"·坎贝尔在讨论支持《1978 年公务员制度改革法案》时做了这一评论。Moynihan, "Protection versus Flexibility."

加重了政府与机构的报告负担，但却未考虑到绩效信息的使用情况，而绩效管理改革的过往充满了失败的战绩。虽然使用绩效信息的动机很容易引发人们的不满，影响我们对改革胜利所抱有的期望。但是，仍然可以设计出一种更有效的改革模式（见表 10-1 第 5 项），绩效管理政治阶层之间的利益平衡，有利于为政府中注重改革模式的管理者提供支持。

绩效管理改革向受到激励的管理者发放了一张通行证，尽管在很大程度上这只是一种说辞，但也有利于改革者寻求组织变革，切实改善绩效水平。机构管理者可将绩效要求带来的报告负担归咎于提出绩效要求的政治参与方或中央预算办公室。外部强制执行有利于克服机构内部针对改革而出现的保守性阻挠。最关键的是，管理者如何利用绩效要求来推动组织内部的变革。比如，第 9 章探讨了弗吉尼亚州惩教署是如何利用战略规划的基本要求将员工团结起来，组建标杆管理团队，思考领导层的未来需求，重塑组织文化并改善沟通的。显然，这些成果并不是伴随绩效要求的产生而来的。亚拉巴马州也出现过类似的改革，尽管也生成了绩效信息，但收效甚微。因此，绩效报告要求并不一定会为实际的绩效管理招致厄运。一些案例显示，绩效报告要求是有益的，但这在很大程度上取决于领导者和组织的其他因素。

## 10.3　绩效信息并不完全客观

本书提出的交互式对话模型认为，绩效信息并不客观，且存在模棱两可的特点，第 8 章依照实验结果对这个问题进行了论述。在一些实验中，参与公共事务项目的研究生对管理与预算办公室项目分级评估工具的分析结果进行了审查，有时还会提出与分析结果相矛盾但符合逻辑的审查结果。其他实验表明，对绩效信息进行重组，会使被试者对如何使用绩效信息提出不同的意见。由于存在个人性格差异，对项目背景的不同理解，且各自所属单位也不尽相同，不同的管理者对相同的绩效信息会持有不同的解读方式。正是因为这些管理者，绩效信息才有机会被筛选、审核并向外界展示。

我们应该抛弃这样的观点，即认为绩效信息是中立的，具备科学性与明确性。相反，我们应该明白，绩效信息代表的是拥护者想要说服大家接受的利益。这一领悟会提示我们要慎思，而不只是接受绩效信息的表面意义，即绩效信息是谁收集的、这一信息是如何评估的、还存在哪些其他的评估方法、绩效背景是什么。然而，这一情况在某种程度上已经出现了，有些州政府要求机构提供绩效信息收集方式的详细记录。在大部分州，绩效信息需要由第三方进行审计。当不同机构的管理者开展对话，并对其他管理者做出的解读提出质疑时，也可能出现这一情况。

甚至在审计人员眼中，委托代理的首要问题也源于绩效信息的创建与传播。代理人可凭自身偏好收集与传播信息，且处于为相关问题提供可信解释的最佳地位。相关问题包括绩效信息的具体含义、绩效信息对未来行动的预示意义，比如"绩效水平低于预期，因为我们在关键领域缺乏员工——增加资源就能解决这一问题"。

在研究过的三个州案例中，绩效信息是从机构部门收集而来的，而佛蒙特州惩教署尤其擅长利用绩效信息开展论述，支持自己的政策偏好。

民选官员对各机构部门提交的绩效信息持怀疑态度已经不足为奇了，他们认为，绩效信息反映的只是机构的利益，而不是对绩效的"真正"解读。比如，在联邦政府，国会与许多机构员工会对项目分级评估工具的使用情况进行重审，因为他们怀疑这些工具只代表管理与预算办公室以及白宫的利益。国会在拨款法案中也表现出一种倾向，即试图将个人偏好作用于绩效评估之中，要求机构收集特定类别的绩效信息。

交互式对话模型认为，绩效信息无法轻松解决政策分歧，尤其是围绕价值观问题的分歧。通常情况下，如果具备有关政策问题的绩效信息，则可轻松拓展绩效信息所涉及的领域，方便各方达成目标。在一些案例中，绩效信息一目了然，可有效证明一方观点的正确性。即使如此，我们可以预见被击败的一方仍会拒绝将绩效评估视为有效或合理的评估手段。

## 10.4　绩效管理面临的挑战在于如何使用绩效信息

虽然各政府已经证实有能力构建绩效信息体系，但真正的挑战在于如何确保决策者使用绩效信息。使用绩效信息意味着，决策者在决策过程中会采纳绩效信息，谈论绩效问题将成为决策对话的一部分，其特点在于决策者能够结合产出与结果，娴熟地描述投入与进程。

绩效信息的使用仍然是绩效管理的首要问题，因为这是绩效管理最困难的地方，也是最重要的地方。这不仅需要个人拓展自己所关注的信息范围，还需要改变自己的行为方式与决策风格。要做到这点难度很大，因为决策模式通常深植于个人与机构之中。在预算过程中，存在不考虑绩效（至少在定量方面）的传统趋势，而依靠渐进主义与政治优先顺序的试探方法制定预算决议。

本书将绩效信息的使用描述为利益相关方之间的一种交互式对话。参与者也许并不赞同彼此的观点，但仍然存在相互学习的可能性。因为对话存在着各种利益冲突，这就增加了绩效信息的模糊性与主观性，降低了各方达成共同意见的可能性。如果牵扯到的利益更少，或分歧较小，则会增加各方对绩效信息含义一致认同的可能性。

在各机构内部，成员对绩效信息持不同观点的可能性相对较小，因为组织成员的背景与目标相同。在这个节点上开展对话最有价值，因为对话会强制成员对其忽视的绩效信息进行思考，并就绩效信息的理解交换意见，学习如何改善绩效以及如何形成连贯的组织战略的新理念。因此，组织内部最有可能开展以目标为导向的学习，如第9章描述的案例所示。

何种因素能够鼓励绩效信息的使用？近几年来，很多研究者都开始提供证据回答这个问题，其中一组变量被归为环境因素。有证据显示，外部利益相关方，如监管部门、政治家、民众或利益群体参与绩效评估，会对绩效信息的使用情况产生影响。利益相关方不仅能鼓励管理者重视绩效信息，还能帮助管理者理解数据，或者识别有价值的指标数值[1]，其中一个重要因素为政治环境。有趣的是，研究显示，竞争与冲突会改善绩效信息的使用情况，而不是限制绩效信息的使用[2]。在这种环境中，是否使用绩效信息可能关乎项目的审批成败，而在竞争激烈的政治辩论中绩效信息可用作关键性的"弹药"。最后一项关乎环境的因素为政治支持度。机构中切实支持绩效信息的管理者更有可能使用绩效信息，他们对以绩效信息为基础建立的实验性学习也持有更加开放的态度，因为他们不担心出现预算削减、处罚或问责等情况，这些情况通常出现在绩效水平低下或是失败迹象明显的案例中[3]。

领导层支持是使用绩效信息的另一项关键性因素。如果管理者与雇员确信高层领导将履行改革承诺，相应地他们也更有可能参与进来或贡献自己仅有的资源[4]。这可能需要高层领导做出象征性承诺，有目的地利用战略性绩效信息。大量研究表明，领导层提供支持的能力同样重要，包括对使用绩效信息所需的专业技能进行投资，对分析数据、生成可用报告所需的技术进行投资[5]。

大量研究发现直指绩效管理体系的设计理念。其中，有关绩效信息使用情况的最为显著的因素为评估系统的复杂程度。这些系统在多样化、有效性与可访问性方面存在差异[6]。评估系统在这些维度的评分越高，信息的使用度也越高。组织若采用了第 9 章所描述的学习论坛形式，则会具备较高的绩效信息使用度[7]。

很多人支持这个观点：创新型组织文化对绩效信息的使用有积极的影响。"创新型"在此意为，组织成员为了向目标用户与群体提供更好的项目与服务，对改革

---

[1] 相关的研究参见：Askim, Johnsen and Christophersen, "Factors behind Organizational Learning from Benchmarking"; Bourdeaux and Chikoto, "Legislative Influences on Performance-Based Budgeting Reform"; De Lancer Julnes and Holzer, "Promoting the Utilization of Performance Measures in Public Organizations"; Moynihan and Ingraham, "Integrative Leadership in the Public Sector"; Moynihan and Hawes, "Responsiveness to Reform Values."

[2] 相关的研究参见：Askim, Johnsen and Christophersen, "Factors behind Organizational Learning from Benchmarking"; Bourdeaux and Chikoto, "Legislative Influences on Performance-Based Budgeting Reform"; Moynihan and Hawes, "Responsiveness to Reform Values."

[3] Moynihan, Pandey and Wright, "Prosocial Values and Performance Management Theory"; Yang and Hsieh, "Managerial Effectiveness of Government Performance Measurement."

[4] 相关的研究参见：Dull, "Results Model Reform Leadership"; Moynihan and Ingraham, "Integrative Leadership in the Public Sector"; Moynihan and Lavertu, "Does involvement in Performance Management Routines Encourage Performance Information Use?"; Yang and Hsieh, "Managerial Effectiveness of Government Performance Measurement."

[5] De Lancer Julnes and Holzer, "Promoting the Utilization of Performance Measures in Public Organizations"; Moynihan and Hawes, "Responsiveness to Reform Values"; Yang and Hsieh, "Managerial Effectiveness of Government Performance Measurement."

[6] De Lancer Julnes and Holzer, "Promoting the Utilization of Performance Measures in Public Organizations"; Kroll and Proeller, "Controlling the control system"; Moynihan and Pandey, "The Big Question for Performance Management."

[7] Moynihan and Landuyt, "How Do Public Organizations Learn?"; Moynihan and Lavertu, "Does Involvement in Performance Management Routines Encourage Performance Information Use?"

与吸取教训持开放的态度①。政府部门确立清晰的目标也能达到相似的效果②，如果组织拥有明确的目标，则更有可能对达成目标所取得的成就进行定期讨论与评估，从而加强组织的绩效信息的重要性。

从个人层面看，员工的个人信念也会对绩效信息的使用产生影响。为支持绩效体系，除了明确支持使用绩效信息外，激励机制也很重要，绩效体系经常与物质激励相辅相成。尽管物质激励手段极其重要，但可能会给员工造成消极影响，而非倡导他们积极使用绩效信息，比如出现数据操纵的情况③。越来越多的证据显示，激发员工的亲社会动机，鼓励他们帮助他人、改变社会，更有可能推动绩效信息的使用④。这是因为使用绩效信息需要管理者的努力（阅读报告、理解数据、推动变革），这些很难坚持，也因此不易实施。若管理者具备较强的亲社会动机，则更有可能自愿担负起这一重任。此外，绩效报告通常还会包含服务与项目对用户的影响力数据，这对关注自身能否通过工作改变社会的管理者而言具有重要的反馈作用。要使绩效指标能够与员工求变的意愿更好地结合，仍需要通过很多实际性工作来设计绩效体系。最后一项个人因素为员工的自由裁量权，自由裁量权越大，绩效信息的使用情况越佳⑤。这其中的道理在于，如果管理者可以独立自主地进行变革，能够决定如何达成既定目标，就会具有更强的动力来使用绩效信息。

## 10.5　改变对绩效管理如何取得成功的期望

我们对绩效管理改革的正确期望如下：绩效信息应在决策过程中被反复使用，而不是由绩效信息直接生成特定类型的决策结果。绩效预算的忠实支持者认为，绩效数据仅为与决策相关的一类信息，而绩效信息与决策结果之间的关系也不该是机械的。决策者可以利用各类基本原理处理绩效信息，但他们不可能一直采纳这些原理。这导致人们形成这样一种观点——绩效信息并不是以系统性的方式使用，因为使用绩效信息存在着冒犯公平竞争意识的风险："为什么我的项目因绩效不佳被削减了预算，而其他绩效水平相当的项目却获得了更多的资金？"这类决策结果被视为具有政治色彩（贬义），如果利用绩效信息不断偏向一方，而打压另一方，或对某类项目进行抨击，绩效信息就会失去公信力。

这类预算决策不应该具备政治色彩。我们希望政府官员与专家可以行使自由裁

① Johansson and Siverbo，"Explaining the Utilization of Relative Performance Evaluation in Local Government"；Moynihan，Pandey and Wright，"Setting the table."

② Moynihan and Landuyt，"How do public organizations learn?"；Moynihan，Pandey and Wright，"Setting the Table."

③ Heinrich and Marschke，"Incentives and their Dynamics in Public Sector Performance Management Systems"；Soss，Fording and Schram，"The Organization of Discipline."

④ Kroll and Vogel，"The PSM Leadership Fit"；Moynihan，Pandey and Wright，"Setting the table."

⑤ Nielsen，"Performance Management，Managerial Authority，and Public Service Performance"；Moynihan and Pandey，"The Big Question for Performance Management."

量权与自由判断。绩效信息的模糊性决定了各方需要开展对话，进行探讨，而不是使绩效信息成为影响决策的唯一因素，贯穿决策过程的始终。绩效与决策间的机械性关联意味着：所有项目都需要通过签署绩效合同才能生效，才能行使相应的权利。无论项目能否达成既定目的，是否与民选官员的政治偏好相符，只要能够持续达成绩效目标，就应不断获得拨款。

在管理中，对于绩效信息如何发挥作用，我们也需要改变自己的期望。把绩效信息使用情况的标准描述为：绩效信息是激励决策过程进行创新的基准，可用以提升技术效率的可测量方面。然而，绩效信息还可用作其他很多用途，从而提高组织能力，最终提高绩效水平，尽管双方间的因果关系并不明确。弗吉尼亚州惩教署与佛蒙特州惩教署的案例就阐明了这一点。如果对绩效管理持教条式期望，并且在此期望下做出判断，那这两个州的惩教署都无法取得如此瞩目的成就。然而，绩效管理帮助佛蒙特州惩教署建立起了完全不同的惩教理念，改善了外部交流环境，还促使弗吉尼亚州惩教署重新考量领导层的规划，进而改善了内部交流环境，并将重点放在培训与改变组织文化本质上。在这些案例中，管理者都认为，变革有益于组织及其项目，尽管很难提出对所取得的成就进行评判的标准。

要判断绩效管理能否推动改革，我们应站在管理者的角度，去寻找意想不到的优势。对研究者而言，这是一项挑战，需要他们认真研究案例，追踪绩效管理的因果效应，考虑环境的影响因素，依靠各参与方的证言开展连贯的论述。

## 10.6　地方机构对绩效信息的运用

本书所介绍的州政府案例表明，弗吉尼亚州与佛蒙特州的惩教机构有使用绩效信息的情况，但在别处还很少发现。对其他行政单位而言，为何地方机构更愿意采用绩效信息，背后存在着基本的逻辑理论。尽管中央预算官与立法者专营特定的职能，且通常拥有相对广泛的监督权利，但可用于思考绩效信息含义的时间与专业技能有限，而围绕绩效进行论述，且依照数据分析结果以确定行动的时间与专业素养更为有限。而地方机构的绩效管理参与者则更专业，他们的背景较为相同，也更愿关注相关的绩效信息并参与学习。

地方机构成员也在很多方面处于危机之中。无论是直接交付，还是通过第三方进行交付，他们都需要交付项目。使用绩效信息开展外部沟通有助于（尽管只在边缘地带）项目免于批评，维护资源。另外，利用绩效信息不仅可以改善绩效水平，提升组织能力，也能够完善机构项目，还能帮助领导层将组织内部存在的差异融合到组织愿景之中，从而达成一致。此外，机构领导层的动机也会受到组织环境的影响。在资源紧缺的亚拉巴马州，领导层主要关注如何控制完成绩效报告要求所需的成本，因为他们认为达成这些要求对提高效能，或提高拨款而言并无太多实际意义。在佛蒙特州与弗吉尼亚州，各机构在领导层议程的驱动下采用相似的绩效要求来推动变革，但这些议程并不了解组织与环境所面临的限制。

在项目分级评估工具的帮助下，管理与预算办公室的预算审核员对机构的绩效信息进行了审核，生成了管理意见书。这在逻辑上似乎是个特例，通常情况下，机构人员才是绩效信息的主要使用者，但我们进一步研究后发现，情况并非一直如此。很多人都对管理与预算办公室带来的庞大工程品头论足，一部分原因在于，我们希望详尽的管理评估应由机构管理者自己开展。管理与预算办公室应该解释，为何要向各机构灌输项目分级评估工具的价值，为何要由各个机构担负起项目分级评估工具落实的大部分工作。其中的原因在于，管理与预算办公室将项目分级评估工具视为一项由中央机构承办的管理活动，但却担心各机构无法依照《政府绩效与结果法案》的要求充分发挥绩效数据的价值。简而言之，在以往的过程中，地方机构的员工才是绩效信息的主要使用者，项目分级评估工具只是一个特例，但如今，所有绩效管理改革的参与方都认为，单靠地方机构员工使用绩效信息是不能接受的。

## 10.7　建立以地方机构为核心的绩效管理体系

三个州在绩效管理方面取得的成就均集中在地方机构层面，其中一部分成就是意料之外的，是在绩效管理成为机构的组织手段，而非只是用于满足要求、消除负担的情况下取得的。机构管理者能够为其各自的机构识别绩效管理的潜在积极意义。另外，地方机构也是达成管理目的、创建学习论坛的最佳地点。机构成员在思考如何开展改革时，也会参考改革的成本-效益比。地方机构倾向于采纳核心绩效管理方法以增加机构利益，而非在全州范围内费时耗力地建立绩效管理体系，却无额外的边际效益可图。以地方机构为核心意味着要在地方机构内部自发开展战略规划与绩效评估，同时，在中央管理机构的监管与鼓励下，使管理者有机会为自己的机构寻求绩效管理的最大利益。

中央机构目前正试图确保地方机构能够服从绩效管理要求，它还从地方机构收集了大量的绩效数据，努力确保这些数据真实可靠，尽管还未出现任何带有实际收益的用途。中央机构的另一个角色是支持地方机构进行变革，改变内部管理系统，并向地方机构提供建议、推广学习、开展某种形式的评审，激励地方机构进行改革。

以地方机构为核心需要将与绩效管理改革无关的架构拆除，因为这类架构缺乏实际价值。以机构为准的模式认为，在形式上要避免招摇卖弄，期望形式较为平实。与认为需要从根本上改变管理方法，雄心勃勃地高喊口号不同的是，以机构为准的模式是围绕政府应如何运行而提供信息。与民选官员以及中央机构相比，积极主动的地方机构管理者能够更好地利用这一手段。具体而言，以地方机构为导向的方法需要具备以下因素：

- 减少在全州范围内建立绩效体系的要求；"依照需求"在全州范围内为决策过程提供绩效信息，而不是生成海量却无人问津的绩效报告。
- 重新定义中央机构的角色，使它们不再要求地方机构必须满足报告要求，而是为具有价值的机构绩效管理体系制定标准，应鼓励地方机构使用这些标准，并进行调整以符合各自的实际需要。

- 鼓励地方机构开展学习论坛。
- 让地方机构的领导设想绩效管理的潜在优势，赋予他们权利以管控绩效信息的使用方法。
- 为绩效管理提供正激励，发现并推广成功案例；广泛认可高品质的地方机构绩效管理体系。
- 通过民选官员与高级官员，鼓励绩效管理，提供行政支持与执政资源。设定新的岗位，以专门负责推广绩效信息的使用，而不是任命现任人员管理绩效报告，这对各个地方机构而言都是一项重要投资。

这些变革的终极目标是使机构具备正向潜力以开展绩效管理，避免出现为服从命令而产生的消极态度。这些改革显然需要对地方机构抱有极大的信任，但由于各方对官僚主义不信任，从而存在很多对立情绪，这些对立情绪是绩效管理背后众多理论思潮的反应。改革还需要精挑细选专业有为人士，让他们定义机构愿景，并努力完成愿景。

绩效管理作为一种政策选择，具备一定的政治前景与政治吸引力，人们开始对绩效管理越来越抱有较高的期待。绩效管理的优势在于，能够接受民选官员可能无法彻底改变传统管控模式的事实。绩效管理还努力节省为达成正向目标而花费的时间与精力，主要节省那些倾注于汇报无明显意义的活动而消耗的时间与精力。这意味着越来越少的地方机构需要制定战略规划与绩效评估，但那些仍坚持汇报的机构可能更有希望实施绩效管理。如果在亚拉巴马州推行以地方机构为核心的方法，那该州的惩教署很有可能需要费一番周折，尝试建立绩效管理体系。唯一的损耗不过是需要花费时间与精力聘请顾问，生成绩效数据并进行汇报。佛蒙特州惩教署与弗吉尼亚州惩教署很可能也采用过相同的方法来推行绩效管理。

以机构为核心的方法也与我们从执行理论中学习到的内涵保持一致，从而出现了理查德·埃尔默尔（Richard Elmore）所谓的"反向映射法"（Backward Mapping）[1]。反向映射法的逻辑在于，委托地方机构的官员思考改革管理的最佳方案，并围绕这些见解设计改革。这与目前主流的正向映射法完全相反，在正向映射法的指导下，对于最受波及的群体，决策者在设计改革方案时很少会考虑到他们的利益。以机构为核心与交互式对话模型的理念相同，两者都认为在不同组织间开展对话惯例能够得出解决方案，而在机构内部开展学习论坛则会促进绩效信息的使用。

## 10.8　绩效管理是地方机构参与政治变革的工具

在一些案例中，地方机构开展学习后会得出这样的结论：机构的基本目标与基

---

[1]　Elmore，"Backward Mapping：Implementation Research and Policy Decisions."

本政策存在问题，佛蒙特州的案例中就出现过上述情况。在长达 20 年的时间里，佛蒙特州惩教署都以战略规划与绩效评估为手段，来开发新的惩教理念，形成新的政策与目标。在私人部门积极开展学习，只要有益于效益，就是明确的积极信号。举个例子，很多公司都会推行"破坏性创造"的艺术。在公共部门，我们却对员工开展双环学习抱有相对谨慎的态度，即使参与双环学习的员工所提出的备选政策效果更佳。在代议制民主中，普遍认为应由民选官员推动明确的政策变化。绩效管理的改革，从来不会因为能够改善官僚作风、提高决策能力而被认可。而恰恰相反，即使存在被认可的地方，也在于他们认为绩效管理原则可使绩效信息成为控制官僚政治的手段。

因此，尽管绩效管理向地方机构提供了政策创新的手段，但这一现实并不容易被接受，不过也有很多方面促成了这一现实。首先，立法者不太会使用绩效信息，因此要在政府内部建立起以证据为准的决策机制，重任便落在了地方机构的员工身上。佛蒙特州提出恢复性司法理念就是为了应对失败的康复性方法与新生的惩罚性方法，这两种方法都不具备有力的证据支持。但是，惩罚性方法具备政治支持，不受惩教署管控就能主导刑事司法政策。其次，各方过于担忧会失去民主控制。地方机构依靠政府为项目提供资金，因此无法无视立法机构的指令。为全面进行项目改革，以实施新目标，它们需要立法部门的支持。为赢得支持，地方机构需要说服立法部门相信自己的新想法存在实实在在的优势。虽然不对旧项目进行严格审核就会遭受指责，但预算审核的关注点仍在新项目。在佛蒙特州，机构员工需要为新的发展理念创造基本要素，如果有证据显示恢复性司法可以显著提高绩效，就能说服立法部门支持恢复性司法项目。员工在开发要素的过程中，通过开展调查、召开会议，并最终合力取得了令人瞩目的惩教成果，也因此获得一批忠实的支持者。整整 20 年的时间，可以说见证了佛蒙特州恢复性司法的演变过程，在一定程度上也见证了立法部门与公共部门就司法问题进行了更有成效的辩论。如果佛蒙特州惩教署仅仅踏上偏向惩戒的司法道路，情况就大不相同了。尽管绩效管理推动了双环学习，也为佛蒙特州惩教署提供了资源，但却并没有剥夺民选官员的决策权。

## 10.9 绩效管理对绩效的影响有限

绩效管理的前提为：绩效信息能够提升决策本质，从而提高绩效水平。这一理论的简单合理性正是它的说服力所在。然而，该理论的经验性证据却无法令人信服。有关绩效管理的大部分研究是围绕最佳实践展开的，比如，找到一家地方机构或政府，正在开展看似创新或成功的项目，然后对项目的创新之处进行汇报。我们可以理解，很多从业者希望了解项目的创新之处，但围绕最佳实践开展的研究主要关注的是项目的本质，而不是具体规范，因此同样的行动能否在别处取得成功，就不得而知了。其他研究运用了各类调查技术，对绩效管理改革的进展进行追踪，努力验证这类改革能否真正改善绩效。其他依照案例所开展的研究，比如本书中所展示的，便试图通过构建二者间可能存在的关联性，从而将改革与绩效联系起来，廓清这些关联性能否真正建立起来。这一工作有益于理论发展，同时，在某种程度上还补充了其他研究所缺乏的实际细节，但正如所有案例研究一样，这种方法不具备普遍性。

在公共管理方面也存在实证类文献，它们试图解读不同机构、项目或政策的绩效，这些研究主要是依靠分析定量数据而非通过认真开展案例调查进行的。最近几年，期刊与书籍都对这类研究做过报道与记载，还在研究会上进行过探讨，很多评论性文章也提到过此类研究。在这些研究中，有一些要素反复出现，这些要素主要与绩效有关，而非绩效管理改革。

对绩效而言，自主权的重要性主要表现在以下两点：首先，地方机构的自主权越高，绩效水平也越高[1]。其次，地方机构若向员工放权，放松管控，也能收获较高的绩效。这二者背后存在的逻辑相同[2]。项目参与者有更多的机会掌握专业知识，从而取得成功；反之，外部监管或监管力度过高，通常会造成很多不必要的限制，虽然这些限制主要是围绕项目目标，但与组织的首要任务关联性不大[3]。自主权使机构能够对任务进行最佳定义，在员工之间形成任务意识[4]。

机构的服务对象才是决定项目能否成功的关键性因素，因为他们的社会人口背景、所处位置、接受服务的意愿以及其他因素，都决定着项目所面临的现实困境[5]。他们还能决定机构及其项目的价值理念，因此他们应被视为拥有社会责任感、值得拥有较高政治支持的群体[6]。服务对象仅因群体规模具备的政治能力、组织因素以及资源因素，便拥有政治影响力。总而言之，只要服务对象拥有强有力的政治支持，就能帮助地方机构获得自主权，获得完成工作所需的资源[7]。但也存在两个特例：一方面，若机构的服务对象来自不同的群体，彼此间的目标相互冲突，就容易导致机构目标失焦；另一方面，如果机构的主要服务对象与机构的目标对立，就会限制机构所获得的资源与自主权，然而很多政府管理机构都存在这样的问题[8]。

诸如自主权与服务对象这类因素，使我们不得不关注政治环境理念。若机构拥

① Knott and Payne，"The Impact of State Governance Structures"；Wilson，*Bureaucracy*；Wolf，"A Case Survey of Bureaucratic Effectiveness in U. S. Cabinet Agencies. "

② Donahue，"The Influence of Management on the Cost of Fire Protection"；Moynihan and Pandey，"Testing How Management Matters. "

③ Borins，*Innovating with Integrity*.

④ 博伊恩（Boyne）指出，实证研究得出的结论与这一观点正好相反。参见：Boyne，"Sources of Public Improvement. "另外，克诺特与佩恩表明，在分权化的组织结构中，绩效测评的结果与机构的实际绩效更为接近，而通过中央机构的集中控制可以进一步反映出中央机构的内在偏好。参见：Knott and Payne，"The Impact of State Governance Structures. "

⑤ Heinrich and Fournier，"Dimensions of Publicness and Performance in Substance Abuse Treatment Programs"；Donahue，"The Influence of Management on the Cost of Fire Protection. "

⑥ Hargrove and Glidewell, eds. , *Impossible Jobs in Public Management*.

⑦ Meier，*Politics and the Bureaucracy*；Rainey and Steinbauer，"Galloping Elephants. "

⑧ Meier，*Politics and the Bureaucracy*.

有较高的政治支持度，则更有可能成为高绩效管理部门，一部分原因在于这些政治支持能够转化为资源与自主权[1]。雷尼（Rainey）与斯坦鲍尔（Steinbauer）认为，高绩效机构"将具备监督权，能够为机构完成任务提供支持，施以援手"[2]。

机构的职能性质决定着一些公务更容易完成。比如，与改造犯人相比，对邮递进行社会安全性检查当然更容易完成。任务的争议性越大，执行就越困难[3]。如果能够对工作人员的行动与结果进行密切的监督，如果行动与结果之间的关系清晰明了，则机构更有可能建立标准化操作程序，以确保高效完成任务[4]。具体职能还能够培养任务设计能力，为员工提供内部报酬与外部奖励，激励他们提高绩效[5]。

资源的可用性通常与高绩效相辅相成，尽管二者间的关系在不断变化。诸如教育项目这样的案例，很难确认是否资源越多，绩效便越高[6]。当资源快速增加时，这一情况更加常见，而管理者对于如何利用资源来改善绩效却常常毫无头绪。几乎在所有的情况下，资源增加都有助于机构增产，但却可能无法提高效率。但如若资源缺乏则会导致项目无力提供基本服务，亚拉巴马州就属于这类状况。博伊恩认为，财务资源所带来的收益是间接的，机构只有购买了可提升绩效的"真正资源"，才有助于达成目的[7]。真正的资源是机构在提供服务时使用的实际资源，对大部分公共服务而言，实际资源指在一线战斗的工作人员。人力资源的可用性、人员的素质，都与组织绩效密切相关[8]。

为政府机构效力的工作人员的信念也影响着绩效。较高的专业精神、强烈的使命感以及强烈的公共服务动机都会带来较高的绩效[9]。希克发现，发达国家与发展中国家的公共部门之间，最大的差异在于工作人员的公共服务意识与廉洁意识，这些意识反过来又决定着公共组织机构进行改革的能力[10]。更广泛地说，组织文化既可能成为阻碍绩效提升的壁垒，又可能成为绩效提升的助手。若组织围绕任务塑造文化，鼓励变革，愿意承担风险，具备企业家精神，则有助于提升绩效[11]。而以效率、有意义/激励性的工作、团队协作和关注公共利益为特征的组织文化，也有益于绩效的提升[12]。

[1]　Moynihan and Pandey, "Testing How Management Matters"; Wolf, "A Case Survey of Bureaucratic Effectiveness."

[2]　Rainey and Steinbauer, "Galloping Elephants," 14.

[3]　Wolf, "A Case Survey of Bureaucratic Effectiveness."

[4]　Wilson, *Bureaucracy*.

[5]　Rainey and Steinbauer, "Galloping Elephants."

[6]　Chubb and Moe, *Politics, Markets, and America's Schools*.

[7]　Boyne, "Sources of Public Improvement."

[8]　Rainey and Steinbauer, "Galloping Elephants"; Donahue, Selden and Ingraham, "Measuring Government Management Capacity."

[9]　同[5].

[10]　Schick, "Why Most Countries Should Not Try New Zealand's Reforms."

[11]　Boyne, "Sources of Public Improvement"; Moynihan and Pandey, "Testing How Management Matters"; Rainey and Steinbauer, "Galloping Elephants"; Wolf, "Why Must We Reinvent the Federal Government?"

[12]　Brewer and Selden, "Why Elephants Gallop"; Brewer, "In the Eye of the Storm."

值得反复强调的另一点是，有力的领导对提升绩效至关重要①。但是，正如文化理念一样，领导力可以通过不同的方式发挥作用。机构领导为提高绩效可自上而下地施压，从而由级别较低的官员负责培养组织效力②。新领导还可以通过鼓励创新、促进变革来提升绩效③。有力的领导还能培养组织的稳定性，使员工能够认真完成任务，建立有效的目标，培养组织、管理利益相关方的能力④。若组织拥有维持稳定的基本措施，则有望提高绩效，解决不断出现的问题，包括资金断流、员工离职、缺乏监管、目标缺失以及无法达成绩效报告要求等。拉里·欧图尔（Larry O'Toole）与肯尼斯·迈耶（Kenneth Meier）围绕稳定性理念设计出组织效率模式，并将重点放在确保职工稳定性的管理行动上⑤。

一般认为，组织结构包含多种要素，包括所有权、资金来源、自主权、规则与限制，以及出现在组织结构图中的实际规划。尽管人们对组织结构的理解各不相同，但一直以来，组织结构都被视作决定组织运营方式与任务执行方式的关键性因素⑥。比如，拉里·欧图尔曾力劝大家：如果了解了网络如何提供服务，就会给机构在结构性问题上带来很大困扰，这些机构都直接或间接地参与该网络⑦。研究发现，服务提供方（公立或私人）的身份与市场竞争的激烈程度都会影响组织绩效，经验性研究也支持这一结论⑧。

表10-2列出的所有因素都是组织绩效的预测性因素，而非组织管理改革的预测性因素。这些因素由定性研究以及比重逐渐增大的定量研究发现。改革背后的政治支持力并不以主要证据的有效性为准。绩效管理及诸多改革方式仍是管理者最常听到的方法，也是最有可能被民选官员所采纳的方法。为什么选择绩效管理，而没有选择表10-2中列出的其他因素？第4章对绩效管理的象征性价值与低成本进行了解读，回答了这一问题。有关机构自主权的争论不绝于耳，自主权意味着民选官员与中央机构会丧失特定的控制权，本书第3章就对他们不甘失去权力进行了论述。其他因素很难获得立法支持（文化、领导力、员工信念以及服务对象与利益相关方的性质），或是因为需要花费较高的成本（资源），或是因为违背了立法行为的本质（稳定性、调和利益相关方间的冲突以及自主权）。

表10-2列出的所有因素都缺乏符号表述，与绩效管理理念相比，很难对这些因素进行解释，也无法解决绩效管理所面临的官僚失灵问题。

---

① Wolf, "A Case Survey of Bureaucratic Effectiveness"; Brewer and Selden, "Why Elephants Gallop"; Brewer, "In the Eye of the Storm." 博伊恩和达亚发现领导层的更替会降低组织绩效，参见：Boyne and Dahya, "Executive Succession and the Performance of Public Organizations."

② Andrews and Moynihan, "Reforms Don't Always Have to Work to Succeed"; Henderson, "The Baltimore Citistat Program."

③ 博林斯定义的其他创新之路，即为政府官员应对危机，中层和一线工作人员解决组织问题。Borins, *Innovating with Integrity*.

④ Rainey and Steinbauer, "Galloping Elephants"; Wilson, *Bureaucracy*.

⑤ Meier and O'Toole, "Public Management and Organizational Performance."

⑥ Lynn, "Public Management."

⑦ O'Toole, "Treating Networks Seriously."

⑧ Boyne, "Sources of Public Improvement."

| 表 10 - 2 | 比绩效管理更为重要的因素 |
|---|---|

1. 自主权
2. 机构的服务对象与利益相关方
3. 政治环境
4. 职能的性质
5. 资源
6. 员工的信念
7. 组织文化
8. 领导层
9. 稳定性
10. 结构

## 10.10　绩效管理的成功离不开其他组织要素

有关绩效问题的实证性文献是否为绩效管理留有余地？有限的证据显示，绩效管理可以带来较高的绩效水平。比如，如果消防员认为他们在绩效评估中能够获得高分，则更有可能在现实中取得较高的绩效[1]。布鲁尔（Brewer）对联邦政府工作人员开展调查发现，绩效管理实务与较高的绩效觉悟相关[2]。很显然，明确的任务目标也有助于提升绩效[3]。丹麦的学区就采用了可能带来较高绩效的绩效评估体系[4]。对英国本地政府开展研究后也发现，这里不仅采用绩效管理，同时还倾向于对当地政府做出较高的绩效评估[5]。

然而，本书所提出的一个关键问题在于，绩效管理本身无法提高绩效，而是依赖于组织要素。表 10 - 2 所列的组织要素对绩效本身而言至关重要，也影响着绩效改革的进程。对绩效信息使用情况的研究以及对绩效问题的研究之间存在着重叠的部分，对二者而言，以下特定变量都具有重要影响——动机、领导力、文化、自主权以及政治支持。绩效管理理念对组织变革的可能性做出了各种含蓄的假设，如果组织要想成功地推动绩效改革，则需要认真考量现存的组织要素。

自主权与绩效管理改革之间存在一种关键性互动。正如第 2 章所示，绩效管理理念假定管理者具备使用绩效信息的自主权，尽管立法者通常不愿赋予机构较高的自主权。组织目标、绩效评估与责任结构之间也需要具备高度的协调性。否则，战略决策与组织的职能活动以及财务之间仍然是分离的[6]。绩效管理能够帮助组织明

---

① Donahue，"The Influence of Management."

② Brewer，"In the Eye of the Storm."

③ Chun and Rainey，"Goal Ambiguity and Organizational Performance in U. S. Federal Agencies"；Moynihan and Pandey，"Testing How Management Matters"；Rainey and Steinbauer，"Galloping Elephants."

④ Nielsen，"Performance Management，Managerial Authority，and Public Service Performance."

⑤ Walker，Damanpour and Devece，"Management Innovation and Organizational Performance."

⑥ Durant，"The Political Economy of Results-Oriented Management in the 'Neoadministrative State.'"

确任务与目标，但只有在不牵扯到利益相关方的竞争性需求与机构的复杂职能时，才更有机会确保机构目标的明确性①。建立以任务为导向的文化有助于组织提高绩效，但改变机构文化要比收集绩效信息更难，这取决于机构如何遵守当前的规范，以及规范是否与绩效相悖。

能否帮助主要活动找到有效的绩效评估方式取决于组织的职能，以及利益相关方就他们关注的问题所施加的压力②。第 5 章阐述了绩效管理改革对领导与资源的依赖程度，其中包括人力资源与能够及时收集与传播有效信息的技术能力。弗吉尼亚州与佛蒙特州惩教署领导层的行动与目标，是这两个州决定绩效管理前途的关键性因素。有关州政府管理者为绩效管理提供支持的研究发现，只有机构领导重视绩效管理的时候，绩效信息才有望被用于指导机构活动。同一研究还发现，行政部门高级决策者只有在认为州长重视绩效管理的情况下，才更有可能使用绩效信息③。

组织稳定性有助于绩效管理，其中的原因与稳定性有助于提升绩效相同：只有在管理人员比较稳定的情况下，才能更好地完成工作任务，逐渐提高绩效水平；只有卸任领导已为机构打下良好的基础，现任领导才能为机构的未来制定出切实可行的计划④。若管理者需要不断应对各种不可预测的突发状况，则不得不草率地做出决策，以至于无法做到深思熟虑。亚拉巴马州就出现了这样的状况，管理者疲于应对不断出现的危机，而这些危机则是由机构长期以来资源不足、无法主动开展行动造成的。

本书的一个切入点在于，绩效管理能够帮助公共部门改善绩效，但到底如何取得成功却无法确定，因为还取决于很多其他的因素。明白了这点，就能对绩效管理所面临的困难抱有更切合实际的认识，并对绩效管理的成功持有适度的期待。

## 10.11　结论

本章的目的并不是指出绩效管理无意义，无法发挥效力。尽管本书大部分章节都对绩效管理提出了批判，但主要目的是告诫大家，应该在什么场合以及如何正确使用绩效信息，才是最有成效的。因此，本章的目的是帮助各方明白，要对绩效管理抱有切合实际的期望。绩效管理学说往往脱离现实，夸大了政治符号的价值，其理论的简单模式还具有欺骗性，从而导致各方无法看到政府管理所面临的现实，也无法了解到最具说服力的实践经历，这一点非常遗憾。政府管理者只有真正了解现实，才能识破其中的夸大成分。只有当他们了解了现实后，很多人才不会采取消极应对管理改革的态度，从而忽视真正的改革精神。学者可以对改革成果进行评估，

① Chun and Rainey, "Goal Ambiguity in U. S. Federal Agencies."
② Jennings and Haist, "Putting Performance Measurement in Context."
③ Moynihan and Ingraham, "Integrative Leadership in the Public Sector."
④ Mintzberg, "The Fall and Rise of Strategic Planning."

但毫无疑问，他们最后会发现，数十年来无法解决的问题依然存在。绩效管理的政治胜利已悄无声息地变了味，已卸任的官员看着新上任的改革者提出和他当年一样的改革承诺。无论是局内人，还是局外人，最终都会将改革视为失败。

　　如果我们对绩效管理抱有更切实际的期望，对实施过程中存在的失败与机遇具有更为清醒的认识，情况就可能不至于此。若只是作为改革符号，绩效管理就不再具有说服力。作为改善管理的实际手段，绩效管理承载着更高的公信力。只要我们能够将成功定义在力所能及的范围内，绩效管理就能够取得更加辉煌的成就。

附录 **A**

# 州政府开展采访的访谈协议

访谈总协议：需要注意的是，本协议可依照被采访者的职位与专长进行调整，以适应谈话过程的循序渐进。

## 一、战略规划

- 您能描述一下开展战略规划的具体过程吗？
  - 探索：如何改善规划过程？
- 参与方有哪些？
  - 探索：他们参与的程度？政府机构或利益相关方如何参与到战略规划的过程中？
    - 如果无人参与？
    - 公众的意见会对战略目标的设定产生影响吗？
- 您能谈谈自己是如何参与战略规划过程的吗？
- 战略目标与您的工作相关吗？
- 战略目标与日常活动相关吗？
- 是否对战略规划投入了很多的时间与资源？
- 谁最看重战略规划？
- 战略目标在惩教署中的传播程度如何？
- 您是否认为自己的大部分同事都了解组织的战略目标？您是否觉得自己的同事重视战略规划？
- 您觉得战略规划的主要效益是什么？
- 战略规划与绩效评估有关联性吗？
- 绩效评估能否为战略规划提供信息，或者设定战略目标是否会参考评估结果呢？

## 二、绩效评估

- 惩教署是否对绩效评估有着高度的认识？
- 您是如何接触到绩效评估的？
- 及时开展最新评估是否易行？
- 绩效评估是否中肯（是否被视为对任务的完成而言非常重要）？
- 您觉得绩效评估的主要益处是什么？
- 绩效评估如何得到提高？
    - 探索：准确性？有效性？关联性？
- 您是否觉得自己有足够的时间来思考绩效评估？
- 组织或政府中是否有群体对评估的使用情况特别感兴趣？
- 为证实是否采用过绩效评估，您是否感到存在压力？这种压力能否鼓励您切实采纳绩效评估？
- 大家是否严肃看待组织目标？
- 收集/追踪评估结果，是否有益于改善绩效？
- 就如何决定绩效评估方法，您能否谈谈自己的参与？
    - 探索：您的参与是否足够？愿意参与更多吗？
- 您是否认为，如果战略规划过程提高对战略目标/绩效评估的重视，战略规划/绩效评估的地位会不相同？
- 您觉得绩效评估能够很好地反映惩教署存在的主要问题吗？
    - 探索：是否存在被忽视的问题？
- 绩效评估的使用情况如何？
    - 探索：您是如何使用评估结果的？能否举个比较近期的例子，讲讲您如何使用绩效评估结果，或者评估结果如何影响决策？
    - 使用评估结果的其他方法呢？具体例子呢？
- 绩效评估如何为以下进程提供帮助：
    - 改善绩效——决策直接关注如何提升政府绩效，如标杆管理、绩效目标、进程重塑？
    - 内部缔约——政府机构的员工与各自的机构间缔结绩效合约？
    - 外部缔约——政府机构与外部服务供应商缔结绩效合约？
    - 鼓励措施/处罚措施？
    - 监督员工？
    - 监督项目绩效？
    - 激励员工？
- 在缺乏绩效评估的情况下，决策结果是否仍然一致？
- 决策过程中最重要的因素有哪些？
- 您是否有采纳绩效结果的诱因？
- 哪些决策是您在不太可能采纳绩效评估结果的情况下做出的？
    - 探索：制定政策的过程如何——绩效评估在此扮演的角色是什么？

- 如果您具备相当程度的决策自主权，是否会重视战略目标或绩效评估？
- 州政府的其他成员是否认为战略规划或绩效评估有用？
    - 探索：谁会认为有用？他们对绩效信息的态度是什么？

### 三、关于组织文化的问题

- 您能否向我描述一下组织的大致环境？当有人让您描述下工作地点时，是否脑海中会浮现出具体的形容词或修辞手法？
- 组织所提供的惩教方式，其背后的整体理念是什么？
- 当您刚开始工作时，发生了什么最难忘的事情让你学会了"如何在这里工作？"
- 您与上司间通常是怎样的互动模式？
    - 探索：您与上司间的互动模式，和他人与您上司间的互动模式一样吗？
- 在您看来，您办公室的同事是如何看待战略规划的？绩效评估呢？开展这些改革的时候，他们的反应是什么？

# 有关项目分级评估工具的问题

## 一、项目的意图与设计

1.1 项目的意图是否明确?

1.2 该项目能否解决具体问题,实现利益,或满足需求?

1.3 该项目的设计方案是否与其他联邦政府、州政府、地方政府或私人机构的项目存在重叠?

1.4 该项目的设计是否存在重大缺陷或削弱项目的效益?

1.5 项目的设计是否具备精准的目标,可使资源能够直接帮助项目达成目的,使目标人群受益?

## 二、战略规划

2.1 该项目是否具备为数不多的特定长期绩效评估,以结果为导向,能有效反映项目的意图?

2.2 针对长期评估,该项目是否具备富于野心的目标与时间表?

2.3 该项目是否具备为数不多的特定年度绩效评估,能够证实项目为达成长期目标而在不断取得进展?

3.4 针对年度评估,该项目是否具备基准线,以及富于野心的目标?

2.5 所有参与方(包括受让方、受让方分支、承包商、费用分摊合伙人以及其他政府合伙人)是否承诺会努力完成项目的年度或长期目标?

2.6 是否定期开展范围适中、质量达标的独立评估,或依照需求,支持项目进行改善,并对项目所存在的问题、利益与需求的有效性与关联性进行评估?

2.7　预算请求是否与项目的年度绩效目标、长期绩效目标存在明确的关联性,项目对资金的需求是否需要在项目预算中完全公开地进行表述?

2.8　项目是否采取了有效措施,修正战略规划中存在的不足?

**依照不同项目类型所提出的与战略规划有关的特定问题**

2.RG1:项目/机构所颁布的所有规程是否都需要满足项目所提出的目标,所有规程是否明确指出为达成目标应如何提供支持?(监督管理)

2.CA1:机构或项目近期是否开展过有意义的可靠分析,对成本、计划、风险以及绩效目标之间的利弊进行权衡,发现其他可行方案,并将运用分析结果指导相应的活动?(固定资产与服务采购)

2.RD1:如果可行的话,项目是否会与(若相关)其他目标相似的项目,就彼此间的潜在优势进行评估与对比?(研究与开发)

2.RD2:在指导预算请求与拨款决议方面,项目是否采用优先级划分?(研究与开发)

**三、项目管理**

3.1　机构是否定期收集适时可靠的绩效信息,包括项目关键合作方的信息,并利用这些信息管理项目、提升绩效?

3.2　联邦政府官员与项目合作方(包括受让方、受让方分支、承包商、成本分摊合伙人以及政府的其他合作伙伴)是否都对成本、计划以及绩效结果负责?

3.3　资金(联邦政府及其合伙人)是否及时划分且用于预期目的,并对用途进行准确汇报?

3.4　项目是否具备相关程序(比如:竞争获取资金/成本对比、信息技术提升、适当的激励),在项目执行过程中开展评估、实现效益、保证成本效率?

3.5　该项目能否与其他相关项目进行协调以开展有效协作?

3.6　该项目是否开展过强有力的财政管理实践?

3.7　该项目是否采取有效措施来解决管理存在的问题?

**依照不同项目类型所提出的与项目管理有关的特定问题**

3.CO1:资金的划分是否有着清晰的竞争过程,是否包含对功过进行有效评估?(竞争性拨款)

3.CO2:项目是否提供监督,使大家对资金受让人所开展的活动具备充分的了解?(竞争性拨款)

3.CO3:项目是否每年定期收集资金受让人的绩效数据,并将相关数据公布于众,发挥应有的作用?(竞争性拨款)

3.BF1:项目是否提供监督,使大家对资金受让人所开展的活动有着充分的了解?(整体补助款/公式转让)

3.BF2:项目是否每年定期收集资金受让人的绩效数据,并将相关数据公布于众,发挥应有的作用?(整体补助款/公式转让)

3.RG1:制定重要规程时,项目是否参考所有相关方的意见(比如:目标群

体，大型与小型企业，州政府、地方政府与部落政府，受益人，普通民众)？(监督管理)

3. RG2：在《行政命令 12866》(Executive Order 12866) 的要求下，项目是否开展了必要的管制影响分析？在《弹性调节法案》(Regulatory Flexibility Act) 与《小型企业执法公平法案》(SBREFA) 的要求下，项目是否对监管自由度进行了足够的分析？在《无财源提供强制责任改革法案》(Unfunded Mandates Reform Act) 的要求下，项目是否对成本效益进行了足够的分析？项目是否依照行政管理与预算办公室的指导方针开展这些分析？(监督管理)

3. RG3：项目是否对当前的管理条例进行过系统性的回顾，以确保所有条例在完成项目目标方面具备一致性？(监督管理)

3. RG4：这些条例是否通过将监管活动的净利益最大化，从而在可行范围内有计划地达成项目目标？(监督管理)

3. CA1：项目管理能否保证明确有针对性的目标、性能/绩效特点、适当可靠的成本以及工期目标？(固定资产与服务采购)

3. CR1：是否定期对项目进行监管，以确保项目保持良好的信用品质，及时托收与支付，完成报告要求？(信用)

3. CR2：项目的信用分析模型能否提供足够可靠、连贯、精确与透明的成本预测与政府风险评估？(信用)

3. RD1：针对研发而非竞争性拨款项目，能否分配资金，利用管理流程，确保项目质量？(研究与开发)

## 四、项目结果/问责制

4.1 在完成长期绩效目标方面，项目是否取得了长足的进展？

4.2 项目（包括项目合作方）是否达成了年度绩效目标？

4.3 项目在完成每年的目标中是否提高了效率，或提升了成本效益？

4.4 与其他具备相似目标的项目（政府、私人部门等的项目）相比，该项目的绩效是否存在优势？

4.5 开展范围适度的优质独立评估，是否意味着项目是有效的，能够达成目标？

**依照不同项目类型所提出的与项目结果有关的特定问题**

4. RG1：达成项目目标（效益）所增加的社会成本是否为最低的？项目能否将净利润最大化？(监督管理)

4. CA1：项目是否在预算成本内达成了既定目标，并建立时间表？(固定资产与服务采购)

以上问题主要来自管理与预算办公室 2006 年的文件《项目分级评估工具的评估指南》，详情可登录：http://www.whitehouse.gov/omb/part/fy2006/2006_guidance_final.pdf。

Ammons, David. "A Proper Mentality for Benchmarking." *Public Administration Review* 59, no. 2 (1999): 105–109.

Ammons, David. "Raising the Performance Bar Locally." *Public Management* 79, no. 9 (1997): 10–16.

Anders, Kathleen. "Performance Measures as Strategic Management Tools: An Alternative View of the Latest Reform." Paper presented at the annual meeting of the Academy of Management Association, Atlanta, August 11–16, 2006.

Andrews, Matthew, and Donald P. Moynihan. "Why Reforms Don't Always Have to Work to Succeed: A Tale of Two Managed Competition Initiatives." *Public Performance and Management Review* 25, no. 3 (2002): 282–297.

Ansoff, H. Igor, Roger Pierre Declerck, and Robert L. Hayes, eds. *From Strategic Planning to Strategic Management*. London: John Wiley, 1976.

Argyris, Chris. *On Organizational Learning*, 2nd ed. Malden, MA: Blackwell Publishers Ltd, 1999.

Argyris, Chris, and Donald Schön. *Organizational Learning: A Theory of Action Perspective*, 2nd ed. Reading, MA: Addison Wesley, 1996.

Aristigueta, Maria Pilar. *Managing for Results in State*

Government. Westport, CT: Connecticut, 1999.

Askim, Jostein, Age Johnsen, and Knut-Andreas Christophersen. "Factors Behind Organizational Learning from Benchmarking: Experiences from Norwegian Municipal Benchmarking Networks." *Journal of Public Administration Research and Theory* 18, no. 2 (2008): 297−320.

Ban, Carolyn. *How Do Public Managers Manage? Bureaucratic Constraints, Organizational Culture and the Potential for Reform*. San Francisco: Jossey-Bass, 1995.

Barnow, Burt S. "The Effects of Performance Standards on State and Local Programs." In *Evaluating Welfare and Training Programs*, edited by Charles F. Manski and Irwin Garfinkel, 277 − 309. Cambridge, Mass.: Harvard University Press, 1999.

Barrett, Katherine, Richard Green, Michele Mariani, and Anya Sostek. "The Way We Tax: A 50 State Report." *Governing*, February 2003. Available at http://www.governing.com/gpp/2003/gp3intro.htm.

Barrett, Katherine, Richard Green, Zach Patton, and J. Michael Keeling, "Grading the States'05: The Year of Living Dangerously." *Governing*, February 2005. Available at http://www.governing.com/gpp/2005/intro.htm.

Barzelay, Michael. "How to Argue about the New Public Management." *International Public Management Journal* 2, no. 2 (1999): 183−217.

Barzelay, Michael. *The New Public Management: Improving Research and Policy Dialogue*. Berkeley: University of California Press, 2001.

Baumgartner, Frank R., and Byran D. Jones. *Agendas and Instability in American Politics*. Chicago: University of Chicago Press, 1993.

Behn, Bob. "The Varieties of Citistat." *Public Administration Review* 66, no. 3 (2006): 332−341.

Berry, Frances S. "Innovation in Public Management: The Adoption of Strategic Planning." *Public Administration Review* 54, no. 4 (1994): 322−330.

Berry, Frances S., Ralph S. Brower, and Geraldo Flowers. "Implementing Performance Accountability in Florida: What Changed, What Mattered and What Resulted?" *Public Productivity and Management Review* 23, no. 3 (2000): 338−358.

Berry, William D., Evan J. Ringquist, Richard C. Fording, and Russell L. Hanson. "Measuring Citizen and Government Ideology in the United States." *American Journal of Political Science* 42, no. 1 (1998): 327−348.

Blalock, Ann B., and Burt S. Barnow. "Is the New Obsession with Performance Management Making the Truth about Social Programs?" In *Quicker, Better, Cheaper?: Managing Performance in American Government*, edited by Dall

Forsythe, 485—517. Albany, NY: The Rockefeller Institute, 2001.

Bolman, Lee G. , and Terrence E. Deal. *Reframing Organizations: Artistry, Choice, and Leadership.* San Francisco, CA: Jossey-Bass, 1991.

Borins, Sanford. *Innovating with Integrity: How Local Heroes Are Transforming American Government.* Washington D. C. : Georgetown University Press, 1998.

Bossidy, Larry and Ram Charan with Charles Burck. *Execution: The Discipline of Getting Things Done.* New York: Crown Business, 2002.

Bouckaert, Geert. "Measurement and Meaningful Management. " *Public Productivity and Management Review* 17, no. 1 (1993): 31—43.

Bourdeaux, Carolyn. "Do Legislatures Matter in Budgetary Reform?" *Public Budgeting & Finance* 26, no. 1 (2006): 126—142.

Bourdeaux, Carolyn. "Legislative Influences on Performance-Based Budgeting Reform. " A Fiscal Research Center Report no. 128. Atlanta: Young School, Georgia State University, 2006. Available at http://frc. gsu. edu/frpreports/report128/Rpt128. pdf.

Bowsher, Charles. "Statement before the Committee on the Budget of the United States Senate on the Grace Commission's Major Proposals to Control Federal Costs. " Washington D. C. : U. S. Government Accountability Office, 1984.

Boyne, George A. "Sources of Public Improvement: A Critical Review and Research Agenda. " *Journal of Public Administration Research and Theory* 13, no. 3 (2003): 367—394.

Boyne, George A. , and Jay Dahya. "Executive Succession and the Performance of Public Organizations. " *Public Administration* 80, no. 1 (2002): 179—200.

Bozeman, Barry, and Patrick Scott. "Laboratory Experiments in Public Policy and Management. " *Journal of Public Administration Research and Theory* 2, no. 3 (1992): 293—313.

Brass, Clinton. "The Bush Administration's Program Assessment Rating Tool. " Washington D. C. : The Congressional Research Service, 2004.

Bretschneider, Stu, Jeffery Straussman and Dan Mullins. "Do Revenue Forecasts Influence Budget Setting? A Small Group Experiment. " *Policy Sciences* 21, no. 2 (1988): 305—325.

Brewer, Gene A. "In the Eye of the Storm: Frontline Supervisors and Federal Agency Performance. " *Journal of Public Administration Research and Theory* 15, no. 4 (2005): 505—527.

Brewer, Gene A. , and Hu Li. "Implementation of Performance Budgeting in the States: The Impact of Management and Organizational Capacity. " Paper presented at the 2005 annual meeting of the American Political Science Association,

Washington D. C. , September 1-4.

Brewer, Gene A. , and Sally C. Selden. "Why Elephants Gallop: Assessing and Predicting Organizational Performance in Federal Agencies. " *Journal of Public Administration Research and Theory* 10, no. 4 (2000): 685-712.

Bridge, Gavin, and Phil McManus. "Sticks and Stones: Environmental Narratives and Discursive Regulation in the Forestry and Mining Sectors. " *Antipode* 31, no. 4 (2000): 10-47.

Bridgman, Todd, and David Barry. "Regulation is Evil: An Application of Narrative Policy Analysis to Regulatory Debate in New Zealand. " *Policy Sciences* 35, no. 2 (2002): 141-161.

Brodkin, Evelyn Z. "Policy Politics: If We Can't Govern, Can We Manage?" *Political Science Quarterly* 102, no. 4 (1987): 571-587.

Brudney, Jeffery L. , Brendan Burke, Chung-Lae Cho, and Deil Wright. "Reassessing the Reform Decade: Conceptualizing And Explaining Administrative Reform Across American State Agencies in the 1990s. " Paper Presented at the Annual Meeting of the American Political Science Association, Marriott, Loews Philadelphia, and the Pennsylvania Convention Center, Philadelphia, PA, August 31-September 3, 2006.

Brudney, Jeffrey L. , F. Ted Hebert, and Deil S. Wright. "Reinventing Government in the American States: Measuring and Explaining Administrative Reform. " *Public Administration Review* 59, no. 1 (1999): 19-30.

Brunnson, Nils. *The Organization of Hypocrisy: Talk, Decisions and Action in Organizations.* New York: John Wiley, 1989.

Burke, Brendan, Chun-lae Cho, Jeffery L. Brudney, and Deil S. Wright. "No 'One Best Way' To Manage Change: Understanding Administrative Reform in Its Managerial, Policy and Political Contexts across the Fifty American States. " Paper Presented at the 8th Public Management Research Conference, University of Southern California, CA, September 29-October 1, 2005.

Callahan, Kathe, Melvin J. Dubnick, and Dorothy Olshfski. "War Narratives: Framing Our Understanding of the War on Terror. " *Public Administration Review* 66 (2006): 544-568.

Camp, Robert C. *Benchmarking: The Search for Industry Best Practices That Lead to Superior Performance.* ASQC Quality Press: Milwaukee, WI, 1989.

Carlin, Tyrone M, and James Guthrie. "Accrual Output Based Budgeting Systems in Australia: The Rhetoric-Reality Gap. " *Public Management Review* 5, no. 2 (2003): 145-162.

Chetkovich, Carol A. *The NYPD Takes on Crime in New York City (B): Compstat,* Kennedy School Case Study, 2000.

Chubb, John E. , and Terry Moe. *Politics, Markets, and America's Schools*. Washington D. C. : The Brookings Institution, 1990.

Chun, Young Han, and Hal Rainey. "Goal Ambiguity and Organizational Performance in U. S. Federal Agencies. " *Journal of Public Administration Research and Theory* 15, no. 4 (2005): 529—557.

Chun, Young Han, and Hal Rainey. "Goal Ambiguity in U. S. Federal Agencies. " *Journal of Public Administration Research and Theory* 15, no. 1 (2005): 1—30.

Coursey, David H. "Information Credibility and Choosing Policy Alternatives: An Experimental Test of Cognitive-Response Theory. " *Journal of Public Administration Research and Theory* 2, no. 3 (1992): 315—331.

Cothran, Dan A. "Entrepreneurial Budgeting: An Emerging Reform?" *Public Administration Review* 53, no. 5 (1993): 445—454.

Crisman, Ronald. "Budgeting and Spending. " In *Vermont State Government Since* 1965, edited by Michael Sherman, 173—186. Burlington: The University of Vermont Press, 1999.

Crozier, Michael. *The Bureaucratic Phenomenon*. Chicago: Chicago University Press, 1964.

Daniels, Mitch. Program Performance Assessments for the FY 2004 Budget, Memorandum for Heads of Executive Departments and Agencies. Available at http://www. whitehouse. gov/omb/budintegration/part_guidance_letter_agencies. doc. , 2002.

DeHaven-Smith, Lance and Kenneth C. Jenne. "Management by Inquiry: A Discursive Accountability System for Large Organizations. " *Public Administration Review* 66, (2006): 64—76.

De Lancer Julnes, Patria, and Marc Holzer. "Promoting the Utilization of Performance Measures in Public Organizations: An Empirical Study of Factors Affecting Adoption and Implementation. " *Public Administration Review* 61, no. 6 (2001): 693—708.

DeLeon, Peter. "The Missing Link Revisited: Contemporary Implementation Research. " *Policy Studies Review* 16, no. 3 (1999): 311—338.

Delli Carpini, Michael. X, and Scott Keeter. *What Americans Know about Politics and Why It Matters*. New Haven, CT: Yale Univ. Press, 1996.

Denhardt, Robert B. "Strategic Planning in State and Local Government. " *State and Local Government Review* 17, no. 1 (1985): 174—179.

Desrosières, Alain. *The Politics of Large Numbers: A History of Statistical Reasoning* Boston: Harvard University Press, 2002.

DeYoung, Karen. "Iraq War's Statistics Prove Fleeting. " Washington Post,

March 19, 2007, A1.

DiIulio, John Jr. *Governing Prisons*. New York: Free Press, 1987.

DiIulio, John Jr. "Managing a Barbed-wire Bureaucracy: The Impossible Job of Corrections Commissioner." In *Impossible Jobs in Public Management*, eds. Edwin C. Hargrove and John C. Glidewell, 49−71. Kansas: University Press of Kansas, 1990.

DiMaggio, Paul J., and Woody W. Powell. "The Iron Cage Revisited: Institutional Isomorphism and Collective Rationality in Organizational Fields." *American Sociological Review* 48, no. 4 (1983): 147−160.

Donahue, Amy K. "The Influence of Management on the Cost of Fire Protection." *Journal of Policy Analysis and Management* 23, no. 1 (2004): 71−92.

Donahue, Amy K., Sally C. Selden, and Patricia W. Ingraham. "Measuring Government Management Capacity: A Comparative Analysis of Human Resources Management Systems." *Journal of Public Administration and Research Theory* 10, no. 2 (2000): 381−411.

Downs, George W., and Patrick D. Larkey. *The Search for Governm Efficiency*. New York: Random House, 1986.

Dull, Matthew. *The Politics of Results: Comprehensive Reform and Institutional Choice*. Dissertation. University of Wisconsin-Madison, 2006.

Dull, Matthew. "Results-model Reform Leadership: Questions of Credible Commitment." *Journal of Public Administration Research & Theory* 19, no. 2, (2009): 255−284.

Durant, Robert. "The Political Economy of Results-Oriented Management in the 'Neoadministrative State': Lessons from the MCDHHS Experience." *American Review of Public Administration* 29, no. 4 (1999): 307−331.

Edelman, Murray. *The Symbolic Uses of Politics*. Chicago: University of Illinois Press, 1964.

Edwards, David, and John Clayton Thomas. "Developing a Municipal Performance-Measurement System: Reflections on the Atlanta Dashboard." *Public Administration Review* 65, no. 3 (2005): 369−376.

Elmore, Richard F. "Backward Mapping: Implementation Research and Policy Decisions." *Political Science Quarterly* 94, no. 4 (1979): 601−616.

Eterno, John A. 2012. Policing by the Numbers. *The New York Times*, June 18, A23.

Feldman, Martha S. *Order Without Design: Information Production and Policy Making*. Stanford, CA: Stanford University Press, 1989.

Fiol, Marlene C., and Marjorie A Lyles. "Organizational Learning." *Academy of Management Review* 10, no. 4 (1985): 803−813.

Firestone, David. "Packed Alabama Jail Draws Ire of Court Again." *The New York Times*, May 1, 2006, A1.

Fischer, Frank, and John Forrester, eds. *The Argumentative Turn in Policy Analysis and Planning*. London: University College Press, 1993.

Flood , Christopher. *Political Myth : A Theoretical Introduction*. New York: Routledge, 1996.

Forrester, John P. , and Guy B. Adams. "Budgetary Reform through Organizational Learning: Toward An Organizational Theory of Budgeting." *Administration and Society* 28, no. 4 (1997): 466−488.

Franklin, Aimee L. "An Examination of Bureaucratic Reactions to Institutional Controls." *Public Performance and Management Review* 24, no. 1 (2000): 8−21.

Frederickson, David G. , and H. George Frederickson. *Measuring the Performance of the Hollow State*. Washington D. C. : Georgetown University Press, 2006.

Frisco, Velda, and Odd J. Stalebrink. "Congressional Use of the Program Assessment Rating Tool." *Public Budgeting and Finance* 28, no. 2 (2008): 1−19.

Gallo, Nick, and David E. Lewis. 2012. "The Consequences of Presidential Patronage for Federal Agency Performance." *Journal of Public Administration Research and Theory*, 22, no. 2 (2012): 195−217.

Gawthrop, Louis C. *Public Sector Management : Systems and Ethics*. Bloomington, IN: Indiana University Press, 1984.

Gilmour, John B. *Implementing OMB's Program Assessment Rating Tool (PART): Meeting the Challenges of Integrating Budget and Performance*. Washington D. C. : IBM Center for the Business of Government, 2006.

Gilmour, John B. , and David E. Lewis. "Does Performance Budgeting Work? An Examination of OMB's PART Scores." Public Administration Review 66, no. 5 (2006): 742−752.

Gilmour, John B. , and David E. Lewis. "Assessing Performance Budgeting at the OMB: The Influence of Politics, Performance, and Program Size." *Journal of Public Administration Research and Theory* 16, no. 2 (2006): 169−186.

Goodsell, Charles T. *The Case for Bureaucracy: A Public Administration Polemic*. New Jersey: Chatham House, 1994.

Gormley, William T. Jr. , and David L. Weimer. *Organizational Report Cards*. Cambridge, Mass. : Harvard University Press, 1999.

Governmental Accounting Standards Board. *State and Local Government Case Studies and the Effects of Using Performance Measures for Budgeting , Managing and Reporting*. Available at http://www. seagov. org/UT, 2000.

Graff, Christopher. "Parties and Politics." In *Vermont State Government Since*

1965, edited by Michael Sherman, 273－296. Burlington: The University of Vermont Press, 1999.

Grant, David, Cynthia Hardy, Cliff Oswick, and Linda Putnam, eds. *The Sage Handbook of Organizational Discourse*. London: Sage Publications, 2004.

Gregory, Robert, and Zsuzsanna Lonti. " 'Never Mind the Quality, Feel the Width': Performance Measurement and Policy Advice in New Zealand Government Departments." Paper presented at A Performing Public Sector: The Second Transatlantic Dialogue, Katholieke Universiteit Leuven, June 1－3, 2006.

Grizzle, Gloria. "Does Budget Format Really Govern the Actions of Budgetmakers?" *Public Budgeting and Finance* 6, no. 1 (1986): 60－70.

Grizzle, Gloria. "Linking Performance to Decisions: What Is the Budgeters Role?" *Public Productivity and Management Review* 41, no. 1 (1987): 33－44.

Gruber, Ameila. "The Big Squeeze." *Government Executive*. Available at http://www.govexec.com/features/0205-01/0205-01s2.htm.

Gruening, Genod. "Origin and Theoretical Basis of New Public Management." *International Public Management Journal* 4, no. 1 (2001): 1－25.

Hardy, Cynthia, and Nelson Philips. "Discourse and Power." In *The Sage Handbook of Organizational Discourse*, edited by David Grant, Cynthia Hardy, Cliff Oswick, Linda Putnam, 299－316. London: Sage Publications, 2004.

Hargrove, Edwin C., and John G. Glidewell, eds. *Impossible Jobs in Public Management*. Kansas: University Press of Kansas, 1990.

Hatry, Harry. *Performance Measurement: Getting Results*. Washington D. C.: The Urban Institute, 1999.

Hedberg, Bo. How Organizations Learn and Unlearn. In *Handbook of Organizational Design*, edited by Paul C. Nystrom and William H. Starbuck, 8－27. London: Oxford University Press, 1981.

Heinrich, Carolyn J. "Do Government Bureaucrats Make Effective Use of Performance Management Information?" *Journal of Public Administration Research and Theory* 9, no. 3 (1999): 363－393.

Heinrich, Carolyn, J. "Organizational Form and Performance: An Empirical Investigation of Nonprofit and For-profit Job-training Service Providers." *Journal of Policy Analysis and Management* 19, no. 2 (2000): 233－261.

Heinrich, Carolyn J. "Measuring Public Sector Performance and Effectiveness." In Handbook of Public Administration, edited by B. Guy Peters and Jon Pierre, 25－37. London: Sage Publications, Ltd., 2003.

Heinrich, Carolyn J. "How Credible Is the Evidence, and Does It Matter? An Analysis of the Program Assessment Rating Tool." *Public Administration Review* 72, no. 1 (2012): 123－134.

Heinrich, Carolyn J. , and Elizabeth Fournier. "Dimensions of Publicness and Performance in Substance Abuse Treatment Programs. " *Journal of Policy Analysis and Management* 23, no. 1 (2004): 49-70.

Heinrich, Carolyn H. , and Gerald R. Marschke. "Incentives and Their Dynamics in Public Sector Performance Management Systems. " *Journal of Policy Analysis and Management* 29, no. 1 (2010): 183-208.

Henderson, Lenneal J. "The Baltimore Citistat Program: Performance and Accountability. " In *Managing for Results* 2005, edited by John Kamensky and Albert Morales, 465-498. Lanham, MD: Rowman and Littlefield, 2005.

Hongren, Charles T. , Gary Sundem, and William O. Stratton. *Introduction to Management Accounting*, 10th ed. London: Prentice-Hall International, 1996.

Hood, Christopher. "Gaming in Targetworld: The Targets Approach to Managing Public Services. " *Public Administration Review* 66, (2006): 515-521.

Hood, Christopher, and Michael Jackson. *Administrative Argument*. Aldershot, Hants: Dartmouth, 1991.

Hood, Christopher, and Michael Jackson. "Key for Locks in Administrative Argument. " *Administration and Society* 25, no. 4 (1994): 467-488.

Hou, Yilin, Sally C. Selden, Patricia W. Ingraham, and Stuart I. Bretschneider. "Decentralization of Human Resource Management: Driving Forces and Implications. " *Review of Public Personnel Administration* 20, no. 4 (2000): 9-23.

Howard, S. Kenneth. "State Budgeting. " In *The Book of States* 1980-1981. Lexington Kentucky: Council of State Governments, 1981.

Hughes, Adam, OMB Watch. *Testimony to the Senate Homeland Security and Government Affairs Subcommittee on Federal Financial Management*, *Government Information*, *and International Security*, June 16, 2006.

Ingraham, Patricia W. "Of Pigs in Pokes and Policy Diffusion: Another Look at Pay-for-Performance. " *Public Administration Review* 53, no. 4 (1993): 348-346.

Ingraham, Patricia W. ed. *In Pursuit of Performance*: *Management Systems in State and Local Government*. Baltimore: Johns Hopkins University Press, 2007.

Ingraham, Patricia W. , Philip G. Joyce, and Amy K. Donahue. *Government Performance*: *Why Management Matters*. Baltimore, MD: Johns Hopkins University Press, 2003.

Ingraham, Patricia W. , and Donald P. , Moynihan. "Beyond Measurement: Managing for Results in State Government. " In *Quicker, Better, Cheaper?*: *Managing Performance in American Government*, edited by Dall Forsythe, 309 - 334. Albany, NY: Rockefeller Institute Press, 2001.

Ingraham, Patricia W. , and Donald P. Moynihan. "Evolving Dimensions of Performance from the CSRA to the Present. " In *The Future of Merit*: *Twenty*

*Years After the Civil Service Reform Act*, edited by James P. Pfiffner and Douglas A. Brooks, 103−126. Washington D. C. : Johns Hopkins University Press, 2000.

Ingraham, Patricia W. , Jessica E. Sowa, and Donald P. Moynihan. "Public Sector Integrative Leadership: Linking Leadership to Performance in Public Organizations. " In *The Art of Governance: Analyzing Management and Administration*, edited by Patricia W. Ingraham and Laurence E. Lynn Jr. , 152 - 170. Washington D. C. : Georgetown University Press, 2005.

Jacobs, Rowena, Maria Goddard, and Peter C. Smith. "Public Services: Are Composite Measures A Robust Reflection of Performance in the Public Sector. " CHE Research Paper 16, Centre for Health Economics: University of York, June 2006.

Jennings, Edward T. Jr. , and Meg Patrick Haist. "Putting Performance Measurement in Context. " In *The Art of Governance: Analyzing Management and Administration*, edited by Patricia W. Ingraham and Laurence E. Lynn Jr. , 173− 194. Washington D. C. : Georgetown University Press, 2005.

Joe Soss, Richard Fording, and Sanford Schram. "The Organization of Discipline: From Performance Management to Perversity and Punishment. " *Journal of Public Administration Research and Theory* 21, no. 2 (2011): 203−232.

Johansson, Tobias, and Sven Siverbo. 2009. Explaining the Utilization of Relative Performance Evaluation in Local Government: A Multi-theoretical Study Using Data from Sweden. *Financial Accountability & Management* 25, no. 2 (2009): 197−224.

Johnson, Clay. Testimony before the *Subcommittee on Government Efficiency and Financial Management of the Committee on Government Reform. The President's Management Agenda: Are Agencies Getting to Green?* 108th *Congress*, 2nd *session*, *Feb.* 11, 2004, *serial no.* 108−155. Washington D. C. : Government Printing Office, 2004.

Joyce, Philip J. *Linking Performance and Budgeting: Opportunities in the Federal Budgeting Process.* Washington D. C. : IBM Center of the Business of Government, 2003.

Joyce, Philip G. , and Susan S. Tompkins. "Using Performance Information for Budgeting: Clarifying the Framework and Investigating Recent State Experience. " In *Meeting the Challenges of Performance-oriented Government*, edited by Kathryn Newcomer, Cheryl Broom Jennings, and Allen Lomax, 61−96. Washington D. C. : American Society for Public Administration, 2002.

Julnes, Patria de Lancer, and Marc Holzer. "Promoting the Utilization of Performance Measures in Public Organizations: An Empirical Study of Factors Affecting Adoption and Implementation. " *Public Administration Review* 61, no. 6 (2001): 693−708.

Kaplan, Robert S. , and David P. Norton. *The Balanced Scorecard: Translating Strategy into Action*. Boston, Mass. : Harvard Business School Press, 1996.

Katz, Daniel, and Robert L. Kahn. *The Social Psychology of Organizations*. New York: Wiley, 1966.

Keating, Michael, and Malcolm Holmes. "Australia's Budgetary and Financial Management Reforms. " *Governance* 3, no. 2 (1990): 168–185.

Kellough, J. Edward, and Haoran Lu. "The Paradox of Merit Pay in the Public Sector: Persistence of A Problematic Procedure. " *Review of Public Personnel Administration* 13, no. 2 (1993): 45–64.

Kellough, Ed, and Sally C. Selden. "The Reinvention of Public Personnel Administration: An Analysis of the Diffusion of Personnel Management Reforms in the States. " *Public Administration Review* 63, no. 2 (2003): 165–176.

Key, V. O. "The Lack of A Budgetary Theory. " *American Political Science Review* 34, no. 6 (1940): 1137–1144.

Kingdon, John. *Agenda, Alternatives and Public Policies*. Boston: Little, Brown & Company, 1984.

Koteen, Jack. *Strategic Management in Public and Nonprofit Organizations: Thinking and Acting Strategically on Public Concerns*. New York: Praeger, 1989.

Knott, Jack H. , and A. Abigail Payne. "The Impact of State Governance Structures on Management and Performance of Public Organizations: A Study of Higher Education Institutions. " *Journal of Policy Analysis and Management* 23, no. 1 (2004): 13–30.

Kroll, Alex, and Isabella Proeller. "Controlling the Control System: Performance Information in the German Childcare Administration. " *International Journal of Public Sector Management*, 26, no. 1 (2013): 74–85.

Kroll, A. , and Vogel Dominik. "The PSM-leadership Fit: A Model of Performance Information Use. " Forthcoming in *Public Administration* (2013), DOI: 10. 1111/padm. 12014.

Lauth, Thomas P. "Zero-based Budgeting in Georgia State Government: Myth and Reality. " *Public Administration Review* 38, no. 5 (1978): 420–430.

Lauth, Thomas P. 1987. "Budgeting and Productivity in State Government: Not Integrated But Friendly. " *Public Productivity and Management Review* 41, no. 2 (1987): 21–32.

Lavertu, Stéphane, and Donald P. Moynihan. "The Effect of Agency Political Ideology on Reform Implementation: Performance Management in the Bush Administration. " *Journal of Public Administration Research and Theory* (2012), DOI: 10. 1093/jopart/mus026.

Lemley, Eileen C. "Designing Restorative Justice Policy: An Analytical Perspective." *Criminal Justice Policy Review* 12, no. 1 (2001): 43-65.

Levitt, Barbara, and James G. March. "Chester I. Barnard and the Intelligence of Learning." In *Organization Theory: From Chester Barnard to the Present and Beyond*, edited by Oliver E. Williamson, 11-37. New York: Oxford University Press, 1988.

Liner, Blaine, Harry Hatry, Elisa Vinson, Ryan Allen, Pat Dusenbery, Scott Byrant, and Ron Snell. *Making Results-Based State Government Work*. Washington D. C.: The Urban Institute, 2001.

Lipshitz, Raanan, Micha Popper, and Sasson Oz. "Building Learning Organizations: The Design and Implementation of Organizational Learning Mechanisms." *Journal of Applied Behavioral Science* 32, no. 3 (1996): 292-305.

Lynn, Laurence E., Jr. "Public Management." In *Handbook of Public Administration*, edited by Jon Pierre and B. Guy Peters, 14-24. Thousand Oaks: Sage Publications, 2003.

Macintosh, Norman B. *Management Accounting and Control Systems: An Organizational and Behavioral Approach*. Chichester: Wiley, 1994.

Mahler, Julianne. "Influences of Organizational Culture in Learning in Public Agencies." *Journal of Public Administration Research and Theory* 7, no. 4 (1997): 519-540.

Majone, Giandomenico. *Evidence, Argument and Persuasion in the Policy Process*. New Haven: Yale University Press, 1989.

March, James G. "Ambiguity and Accounting: The Elusive Link between Information and Decision Making." *Accounting, Organizations and Society* 12, no. 2 (1987): 153-168.

March, James G. *The Pursuit of Organizational Intelligence*. Malden, MA: Blackwell Publishers, 1999.

March, James G., and Johan P. Olsen. *Ambiguity and Choice in Organizations*. Bergen: Universitetsforlaget, 1976.

March, James G., and Johan P. Olsen. "Organizing Political Life: What Administrative Reform Tells Us About Government." *American Political Science Review* 77, no. 2 (1983): 281-296.

March, James G., and Johan. P. Olsen. *Rediscovering Institutions*. New York: Free Press, 1989.

Martin, Bernard H., Joseph T. Wholey, and Roy T. Meyers. "The New Equation at the OMB: M+B=RMO." *Public Budgeting and Finance* 15, no. 4 (1995): 86-96.

Martin, David L. *Alabama's State & Local Governments*, 3rd ed. Tuscaloosa: University of Alabama Press, 1994.

Mazmanian, Daniel A., and Paul A. Sabatier. *Implementation and Public Policy*. New York: University Press of America, 1989.

McCubbins, Mathew D., and Thomas Schwartz. "Congressional Oversight Overlooked: Police Patrol versus Fire Alarms." *American Journal of Political Science* 28, no. 1 (1984): 165−179.

Meier, Kenneth J. *Politics and the Bureaucracy: Policymaking in the Fourth Branch of Government*, 4th ed. Fort Worth: Harcourt, 2000.

Meier, Kenneth J., and Laurence J. O'Toole Jr. "Public Management and Organizational Performance: The Impact of Managerial Quality." *Journal of Policy Analysis and Management* 21, no. 4 (2002): 543−629.

Melkers, Julia E., and Katherine G. Willoughby. "The State of the States: Performance-Based Budgeting Requirements in 47 out of 50." *Public Administration Review* 58, no. 1 (1998): 66−73.

Melkers, Julia E., and Katherine G. Willoughby. "Budgeters' Views of State Performance-Budgeting Systems: Distinctions across Branches." *Public Administration Review* 61, no. 1 (2001): 54−64.

Melkers, Julia E., and Katherine G. Willoughby. *Staying the Course: The Use of Performance Measurement in State Government*. Washington D. C.: IBM Center for the Business of Government, 2004.

Melkers, Julia, and Katherine Willoughby. "Models of Performance-Measurement Use in Local Governments: Understanding Budgeting, Communication, and Lasting Effects." *Public Administration Review* 65, (2005): 180−190.

Miller, Gerald J., Jack Rabin, and W. Bartley Hilldreth. "Strategy, Values and Productivity." *Public Productivity and Management Review* 43, no. 3 (1987): 81−96.

Mintzberg, Henry. *The Nature of Managerial Work*. New York: Harpercollins, 1975.

Mintzberg, Henry. "The Pitfalls of Strategic Planning." *California Management Review* 36, no. 1 (1993): 32−48.

Mintzberg, Henry. "The Fall and Rise of Strategic Planning." *Harvard Business Review* 72, no. 1 (1994): 107−114.

Moe, Terry. "The New Economics of Organization." *American Journal of Political Science* 28 (1984): 739−777.

Moe, Terry. "The Politics of Bureaucratic Structure." In *Can the Government Govern?*, edited by John E. Chubb and Paul E. Peterson, 267−329. Washington D. C.: Brookings Institution, 1989.

Moodey, Bradley. "Alabama's Dysfunctional State Government." In *A Century of Controversy: Constitutional Reform in Alabama*, edited by Bailey Thompson.

Tuscaloosa: University of Alabama Press, 2002.

Mook, Douglas G. "In Defense of External Invalidity." *American Psychologist* 38, no. 4 (1983): 379–387.

Moore, Mark H. *Creating Public Value: Strategic Management in Government*. Cambridge, MA.: Harvard University Press, 1995.

Mosher, Frederick M. *Democracy and the Public Service*, 2nd ed. New York: Oxford University Press, 1982.

Moynihan, Donald P. "Public Management Policy Change in the United States 1993—2001." *International Public Management Journal* 6, no. 3 (2003): 371–394.

Moynihan, Donald P. "Protection versus Flexibility: The Civil Service Reform Act, Competing Administrative Doctrines and the Roots of Contemporary Public Management Debate." *Journal of Policy History* 16, no. 1 (2004): 1–35.

Moynihan, Donald P. "Goal-Based Learning and the Future of Performance Management." *Public Administration Review* 65, no. 2 (2005): 203–216.

Moynihan, Donald P. "Homeland Security and the U. S. Public Management Policy Agenda." *Governance: An International Journal of Policy, Administration and Institutions* 18, no. 2 (2005): 171–196.

Moynihan, Donald P. "Why and How Do State Governments Adopt and Implement 'Managing for Results' Reforms." *Journal of Public Administration Research and Theory* 15, no. 2 (2005): 219–243.

Moynihan, Donald P. "Managing for Results in State Government: Evaluating A Decade of Reform." *Public Administration Review* 66, no. 1 (2006): 78–90.

Moynihan, Donald P. "What Do We Talk About When We Talk About Performance?: Dialogue Theory and Performance Budgeting." *Journal of Public Administration Research and Theory* 16, no. 2 (2006): 151–168.

Moynihan, Donald P. , and Daniel Hawes. "Responsiveness to Reform Values: The Influence of the Environment on Performance Information Use." *Public Administration Review* 72, no. s1 (2012): 95–105.

Moynihan, Donald P. , and Noel Landuyt. 2009. "How Do Ppublic Organizations Learn? Bridging Cultural and Structural Perspectives." *Public Administration Review* 69, no. 6 (2009): 1097–1105.

Moynihan, Donald P. , and Patricia W. Ingraham. "Integrative Leadership in the Public Sector." *Administration & Society* 36, no. 4 (2004): 427–453.

Moynihan, Donald P. , and Sanjay K. Pandey. "Testing How Management Matters in An Era of Government by Performance Management." *Journal of Public Administration Research and Theory* 15, no. 3 (2005): 421–439.

Moynihan, Donald P. , and Sanjay K. Pandey. "The Big Question for Performance Management: Why Do Managers Use Performance Information?" *Journal of*

*Public Administration Research and Theory* 20, no. 4 (2010): 849-866.

Moynihan, Donald P., and Stephane Lavertu. Does Involvement in Performance Reforms Encourage Performance Information Use? Evaluating GPRA and PART. *Public Administration Review* 72, *no.* 4 (2012): 592-602.

Moynihan, Donald P., Sanjay Pandey, and Bradley E. Wright. "Prosocial Values and Performance Management Theory: Linking Perceived Social Impact and Performance Information Use." *Governance* 25, no. 3 (2012): 463-483.

Moynihan, Donald P., Sanjay Pandey, and Bradley E. Wright. "Setting the Table: How Transformational Leadership Fosters Performance Information Use." *Journal of Public Administration Research and Theory* 22, no. 1 (2012): 143-164.

Nathan, Richard. "Presidential Address: '*Complexifying*' Government Oversight in America's Government." *Journal of Policy Analysis and Management* 4, no. 2 (2005): 207-215.

Nickerson, Raymond. "Confirmation Bias: A Ubiquitous Phenomenon in Many Guises." *Review of General Psychology* 2, no. 2 (1998): 175-220.

Nielsen, Poul A. Learning from Performance Feedback: Performance Information, Aspiration Levels, and Managerial Priorities. *Public Administration* (2013), DOI: 10. 1111/padm. 12050.

Nielsen, Poul A. Performance Management, Managerial Authority, and Public Service Performance. *Journal of Public Administration Research and Theory* (2013), DOI: 10. 1093/jopart/mut025.

Nyhan, Ronald C., and Herbert A. Marlowe, Jr. "Performance Measurement in the Public Sector: Challenges and Opportunities." *Public Productivity and Management Review* 18, no. 4 (1995): 333-348.

Office of Program Policy Analysis and Government Accountability (State of Florida). *A Report on Performance-Based Program Budgeting in Context: History and Comparison*. Tallahassee, FL: OPPAGA Report Production, 1997.

Osborne, David E. and Ted Gaebler. *Reinventing Government: How the Entrepreneurial Government Is Transforming the Public Sector*. New York: Plume, 1992.

O' Toole, Laurence J., Jr. "Research on Policy Implementation: Assessment and Prospects." *Journal of Public Administration Research and Theory* 10, no. 2 (2000): 263-288.

O' Toole, Laurence J., Jr. "Treating Networks Seriously: Practical and Research-Based Agendas in Public Administration." *Public Administration Review* 57, no. 1 (1997): 45-52.

Overman, E. Sam, and Kathy J. Boyd. "Best Practice Research and Postbureaucratic Reform," *Journal of Public Administration Research and Theory* 4, no. 1 (1994): 67−83.

Peelo, Moira, and Keith Soothill. "The Place of Public Narratives in Reproducing Social Order." *Theoretical Criminology* 4, no. 2 (2000): 131−148.

Perry, John. "Corrections." In *Vermont State Government Since* 1965, edited by Michael Sherman, 273 − 296. Burlington: The University of Vermont Press, 1999.

Phillips, Nelson, Thomas B. Lawrence, and Cynthia Hardy. "Discourse and Institutions." *Academy of Management Review* 29, no. 4 (2004): 635−652.

Poister, Theodore H., and Gregory D. Streib. "Strategic Management in the Public Sector." *Public Productivity and Management* 22, no. 3 (1999): 308−325.

Poister, Theodore H., and Gregory Streib. "Elements of Strategic Planning and Management in Municipal Government: Status after Two Decades." *Public Administration Review* 65, no. 1 (2005): 45−56.

Pressman, Jeffery L., and Aaron A. Wildavksy. *Implementation.* Berkeley: University of California Press, 1973.

Radin, Beryl A. "The Government Performance and Results Act (GPRA): Hydra-Headed Monster or Flexible Management Tool?" *Public Administration Review* 58, no. 4 (1998): 307−317.

Radin, Beryl A. "The Government Performance and Results Act and the Tradition of Federal Management Reform: Square Pegs in Round Holes." *Journal of Public Administration and Research Theory* 10, no. 1 (2000): 111−135.

Radin, Beryl A. *The Accountable Juggler: The Art of Leadership in A Federal Agency.* Washington D. C.: CQ Press, 2006.

Radin, Beryl A. *Challenging the Performance Movement: Accountability, Complexity and Democratic Values.* Washington D. C.: Georgetown University Press, 2006.

Radin, Beryl A. *Testimony to the Senate Homeland Security and Government Affairs Subcommittee on Federal Financial Management, Government Information, and International Security,* June 14, 2005.

Rainey, Hal G., and Paula Steinbauer. "Galloping Elephants: Developing Element of A Theory of Effective Government Organizations." *Journal of Public Administration Research and Theory* 9, no. 1 (1999): 1−32.

Roe, Emery. *Narrative Policy Analysis: Theory and Practice.* Durham, NC: Duke University Press, 1994.

Romzek, Barbara, and Melvin Dubnick. "Accountability in the Public Sector: Lessons from the Challenger Disaster." *Public Administration Review* 47, no. 3 (1987): 227−238.

Rosenbloom, David H. *Building A Legislative-Centered Public Administration: Congress and the Administrative State* 1946−1999. Tuscaloosa: University of

Alabama Press, 2002.

Roy, Calude, and Francine Seguin. "The Institutionalization of Efficiency-Oriented Approaches for Public Service Improvement." *Public Productivity and Mana-gement Review* 23, no. 4 (2000): 449-468.

Rubin, Irene S., and Joanne Kelly. "Budget and Accounting Reforms." In *The Oxford Handbook of Public Management*, edited by Ewan Ferlie, Laurence E. Lynn Jr. and Christopher Pollitt, 563 - 590. Oxford: Oxford University Press, 2005.

Sala, Brian R., John T. Scott, and James F. Spriggs II. The Cold War on Ice: Constructivism and the Politics of Olympic Figure Skating Judging. *Perspectives on Politics* 5, no. 1 (2007): 17-29.

Schick, Allen. "The Road to PBB: The Stages of Budget Reform." *Public Administration Review* 26, no. 4 (1966): 243-258.

Schick, Allen. *A Contemporary Approach to Public Expenditure Management*. Washington D. C.: The World Bank, 1998.

Schick, Allen. "Why Most Countries Should Not Try New Zealand's Reforms." *The World Bank Research Observer* 13, no. 1 (1998): 123-131.

Schick, Allen. "Getting Performance Measures to Measure Up." In *Quicker, Better, Cheaper: Managing Performance in American Government*, edited by Dall Forsythe, 39-60. Albany, New York: Rockefeller Institute, 2002.

Schick, Allen. "Opportunity, Strategy, and Tactics in Reforming Public Management." *OECD Journal of Budgeting* 2, no. 3 (2002): 7-35.

Schick, Allen. "The Performing State: Reflections on An Idea Whose Time Has Come, But Whose Implementation Has Not." *OECD Journal of Budgeting* 3, no. 2 (2003): 71-103.

Scott, William G. "Organization Theory: An Overview and An Appraisal." *Academy of Management Journal* 4, no. 1 (1961): 7-26.

Selden, Sally C., Patricia W. Ingraham, and Willow Jacobson. "Human Resources Practices in State Government: Findings from A National Survey." *Public Administration Review* 61, no. 5 (2001): 598-607.

Senge, Peter. *The Fifth Discipline*. New York: Doubleday, 1990.

Seong, Si Kyung. *Adoption of Innovation: Event History Analysis on State Legislation of Performance Budgeting in the* 1990s. Paper presented at the Annual Meeting of the American Political Science Association Hilton Chicago and the Palmer House Hilton, September 1-4, 2004.

Shtull, Penny. *Assessment of the Vermont Department of Corrections Vision, Mission, and Values, and Principles* 1998 *Revision*. Report to the Vermont Department of Corrections, 1999.

Siegelman, Lee. *ACHIEVE: Achieving Accountability for Alabama*. Montogomery, AL: Government Printing Press, 2000.

Simon, Herbert A. *Administrative Behavior: A Study of Decisionmaking Processes in Administrative Organizations* 5th ed. New York, NY: Macmillian Company, 1997.

Simon, Herbert A. "Bounded Rationality and Organizational Learning." *Organization Science* 1, no. 2 (1991): 125—134.

Simons, Robert. *Levers of Control: How Managers Use Innovative Control Systems to Drive Strategic Renewal*. Boston, MA: Harvard Business School Press, 1995.

Snell, Ron, and Jennifer Grooters. *Governing-for-Results: Legislation in the States. A Report to the Urban Institute*. Washington D. C. : The Urban Institute, 2000.

Stewart, J. D. "The Role of Information in Public Accountability." In *Issues in Public Sector Accounting*, edited by Anthony Hopwood and Cyril Tompkins, 13—34. Oxford: Philip Allan, 1984.

Stone, Deborah. *Policy Paradox: The Art of Political Decisionmaking*. New York: W. W. Norton and Company, 1997.

Talbot, Colin. "Executive Agencies: Have They Improved Management in Government." *Public Money and Management* 24, no. 2 (2004): 104—112.

Talbot, Colin. "Performance Management." In *The Oxford Handbook of Public Management*, edited by Ewan Ferlie, Laurence E. Lynn Jr. and Christopher Pollitt, 491—517. Oxford: Oxford University Press, 2005.

Tat-Kei Ho, Alfred. "Accounting for the Value of Performance Measurement from the Perspective of Midwestern Mayors." *Journal of Public Administration Research and Theory* 16, no. 2 (2006): 217—237.

Thomas, James D. , and William H. Stewart, *Alabama Government and Politics*. Lincoln: University of Nebraska Press, 1992.

Thompson, Fred. "Mission-Driven, Results-Oriented Budgeting: Fiscal Administration and the New Public Management." *Public Budgeting and Finance* 14, no. 3 (1994): 90—105.

Thurmaier, Kurt, and Katherine Willoughby. *Policy and Politics in State Budgeting*. New York: ME Sharpe, 2001.

Toft, Graham S. "Synoptic (One Best Way) Approaches to Strategic Management." In *Handbook of Strategic Management*, edited by Jack Rabin, Gerald J. Miller, W. Bartley Hildreth, 3—34. New York: Marcel Dekker Inc, 1989.

Toulmin, Stephen. *The Uses of Argument*. London: Cambridge University Press, 1958.

U. S. Congress. *Departments of Labor, Health and Human Services, And Education, And Related Agencies Appropriation Bill*, 2004, Report 108 – 88. Available at http://frwebgate. access. gpo. gov/cgi-in/getdoc. cgi? dbname＝108_ cong_reports&docid＝f:hr188. 108. pdf.

U. S. Congress. *The Program Assessment and Results Act*, H. R. 105, 2005. Available at http://frwebgate. access. gpo. gov/cgi-bin/getdoc. cgi? dbname＝109_ cong_bills&docid＝f:h185ih. txt. pdf.

U. S. Congress. House. Subcommittee on Government Efficiency and Financial Management. *Should We PART Ways with GPRA: A Look at Performance Budgeting and Program Review*. (February 4, 2004. Serial no. 108 – 144). Washington D. C.: Government Printing Office, 2004.

U. S. General Accounting Office. *NPR's Savings: Claimed Agency Savings Cannot Be All Attributed to the NPR*. Washington D. C.: GAO, 1999.

U. S. General Accounting Office. *Observations on the Use of OMB's Program Assessment Rating Tool for the Fiscal Year 2004 Budget*. Washington D. C.: GAO, 2004.

U. S. General Accounting Office. *Performance Budgeting: OMB's Program Assessment Rating Tool Presents Opportunities and Challenges for Budget and Performance Integration*. Washington D. C.: GAO, 2004.

U. S. Government Accountability Office. *Performance Budgeting: Efforts to Restructure Budgets to Better Align Resources with Performance*. Washington D. C.: GAO, 2005.

U. S. Government Accountability Office. *Performance Budgeting: States' Experiences Can Inform Federal Efforts*. Washington D. C.: GAO, 2005.

U. S. Government Accountability Office. *Performance Budgeting: PART Focuses Attention on Program Performance, but More Can Be Done to Engage Congress*. Washington D. C.: GAO, 2005.

U. S. Government Accountability Office. *Program Evaluation: OMB's PART Reviews Increased Agencies' Attention to Improving Evidence of Program Results*. Washington D. C.: GAO, 2005.

U. S. Office of Management and Budget. *The President's Management Agenda*. Washington D. C.: Government Printing Office, 2001.

U. S. Office of Management and Budget. *Analytical Perspectives, Budget of the United States Government*. Washington D. C.: Government Printing Office, 2002.

U. S. Office of Management and Budget. "Budget Procedures Memorandum no. 861." Washington D. C.: Office of Management and Budget, 2003. Available at http://www. whitehouse. gov/omb/budget/fy2005/pdf/bpm861. pdf.

U. S. Office of Management and Budget. *Major Savings and Reforms in the*

*President's* 2006 *Budget.* Washington D. C. : Government Printing Office, 2005.

U. S. Senate Committee on Homeland Security and Governmental Affairs. *GPRA Modernization Act of* 2010. Washington D. C. : U. S. Government Printing Office, 2010.

VanLandingham, Gary, Martha Wellman, and Matthew Andrews. "Useful, But Not a Panacea: Performance-Based Program Budgeting in Florida." *International Journal of Public Administration* 28, no. 3 (2005): 233-254.

Van Ryzin, Gregg. "Testing the Expectancy Disconfirmation Model of Citizen Satisfaction with Local Government." *Journal of Public Administration Research and Theory* 16, no. 4 (2006): 599-611.

Van Thiel, Sandra, and Frances Leeuw. "The Performance Paradox in the Public Sector." *Public Performance and Management Review* 25, no. 3 (2006): 267-281.

Vermont Department of Corrections. *Corrections in Vermont: A Five-Year Plan-Making Vermont Safe for the* 21$^{st}$ *Century.* Montpelier, VT: Vermont Department of Corrections, 2000.

Vermont Department of Corrections. *Facts and Figures FY* 1999. Montpelier, VT: Vermont Department of Corrections, 2000.

Virginia Department of Planning and Budget. *Virginia's Handbook on Planning and Performance for State Agencies and Institutions.* Richmond, VA: Virginia Department of Planning and Budgeting, 1998.

Wang, Xiaohu. "Performance Measurement in Budgeting: A Study of County Governments." *Public Budgeting and Finance* 20 (2000): 102-118.

Walker, David. 21$^{st}$ *Century Challenges: Performance Budgeting Could Help to Promote Necessary Reexamination.* Washington D. C. : GAO, 2005.

Walker, Richard, Fabriborz Damanpour and Carlos Devece. "Management Innovation and Organizational Performance: The Mediating Effect of Performance Management." *Journal of Public Administration Research and Theory* 21, no. 1 (2011): 367-386.

Walton, Douglas. *Plausible Reasoning in Everyday Conversation.* Albany, NY: SUNY Press, 1992.

Walton, Douglas. *One-Sided Arguments: A Dialectal Analysis of Bias.* Albany: SUNY Press, 1999.

Weick, Karl. *Making Sense of the Organization.* Oxford: Blackwell, 2001.

White, Barry. "Examining Budgets for Chief Executives." In *Handbook of Government Budgeting*, edited by Roy Meyers, 462-484. San Francisco: Jossey-Bass, 1999.

White, Joseph. "Playing the Wrong PART: The Program Assessment Rating

Tool and the Functions of the President's Budget. " *Public Administration Review* 72, no. 1 (2012): 112-121.

Wildavsky, Aaron A. "The Political Economy of Efficiency: Cost-Benefit Analysis, System Analysis, and Program Budgeting. " *Public Administration Review* 26 (1968): 292-310.

Wildavsky, Aaron A. "If Planning Is Everything, Maybe It's Nothing. " *Policy Sciences* 26, no. 4 (1973): 127-153.

Wildavsky, Aaron A. *Budgeting: A Comparative Theory of Budgeting Processes*. Boston: Little Brown and Company, 1975.

Wildavsky, Aaron A. *Speaking Truth to Power: The Art and Craft of Policy Analysis*. Boston: Little Brown and Company, 1979.

Wildavsky, Aaron A. , and Naomi Caiden. *The New Politics of the Budgetary Process*, 5th ed. New York: Longman, 2003.

Williams, Daniel W. "Measuring Government in the Early Twentieth Century. " *Public Administration Review* 60, no. 6 (2000): 522-534.

Wilson, James Q. *Bureaucracy: What Government Agencies Do and Why They Do It* 2nd ed. New York, NY: Basic Books, Inc, 2000.

Wittmer, Dennis. "Ethical Sensitivity and Managerial Decisionmaking: An Experiment," *Journal of Public Administration Research and Theory* 2, no. 4 (1992): 443-462.

Wolf, Patrick J. "A Case Survey of Bureaucratic Effectiveness in U. S. Cabinet Agencies: Preliminary Results. " *Journal of Public Administration Research and Theory* 3, no. 2 (1993): 161-181.

Wolf, Patrick J. "Why Must We Reinvent the Federal Government? Putting Historical Developmental Claims to the Test. " *Journal of Public Administration Research and Theory* 7, no. 3 (1997): 353-388.

Wye, Chris. "Performance Management for Career Executives: A 'Start Where You Are, Use What You Have Guide'. " In *Managing for Results* 2005, edited by John Kamensky and Albert Morales, 17-82. Lanham, MD: Rowman and Littlefield, 2005.

Yang, Kaifeng, and Jun Hsieh. "Managerial Effectiveness of Government Performance Measurement: Testing A Middle-range Model. " *Public Administration Review* 67, no. 5 (2007): 861-879.

Yin, Robert K. *Case Study Research: Design and Methods* 2nd ed. Thousand Oaks: Sage Publications, 1994.

# 译后记

　　由于本人一直从事政府绩效管理的教学与科研工作，在工作的推进中，为了查找国外相关文献，曾经检索了大量资料。在这些资料中，唐纳德·P. 莫伊尼汗教授的相关成果是最多的，其中又以本书的影响最大。早在 2013 年国庆时，本人就曾经与莫伊尼汗教授专门交流过翻译此书的事情，后来中国人民大学出版社政治与公共管理出版分社副社长朱海燕女士大力推动了此事的进展。海燕女士曾经专门与本书英文版版权的所有方乔治城大学出版社（Georgetown University Press）洽谈了中文翻译事项，经过多次协商，才谈妥了版权转让协议，最终促成了本书的翻译。可以说，本书的中文版能够有机会推出，全靠海燕女士过硬的著作权谈判技巧与地道且灵巧的英语能力。

　　在翻译合同签订之后，本人与莫伊尼汗教授交流过不下二十次，最终确定了翻译的基调和风格，然后开始了翻译工作。实际上，本人也一直有一个小型的翻译与编译团队，除了本人因为痴长几岁自居组长之外，团队成员还有中视前卫影视传媒有限公司的孟陶小姐和成都市城市管理与科学研究院的杨娟小姐，她们一个是香港大学毕业的英语高材生，一个是内地培养的英语硕士，按照"认证逻辑"，都具有证明英文水平的各类证书。我们首先对本书的英文版进行了通读，先了解了原版的总体逻辑与总体理论贡献，然后开始分工翻译。之所以这样做，是担心一开始就分工会造成翻译中的盲人摸象问题，使前后术语表达割裂，文风差距过大。后来证明这种担心确实并非多余，即使先通读后翻译，前后不一致之处也频频出现，我们花了很大精力来矫正这些低级错误。

在推进翻译的过程中，我们曾经广泛参阅了中国人民大学出版社出版的各种译著，从中汲取了养分，这些著作就是本书翻译的指路明灯，谢谢这些指路明灯的照映！在本书的翻译中，南开大学周恩来政府管理学院的朱光磊、孙涛、沈亚平、常健、金冬日等教授给予了各种充满善意与智慧的帮助，感谢你们！同时，南开大学中国政府与政策联合研究中心的张志红、宋林霖、吴晓林、周望、陈超等教授也为本书的翻译提供了智力与美食支持，特别感谢这些好朋友！值得强调的是，本书是在南开大学中国政府与政策联合研究中心设立由本人负责的"南开大学中国政府绩效管理研究中心"以来，南开大学中国政府绩效管理研究中心正式出版的第一部译作，这要特别感谢南开大学中国政府与政策联合研究中心主任朱光磊教授的策划与帮助。

在翻译本书的过程中，海燕女士多次为我们提供帮助，隔三差五提醒我们跟上进度；编辑焦娇女士曾经认真校对了每一句话、每一个字词，并帮我们审阅了每句话的原始出处，使得译稿在严谨性上有了巨大的提升；编辑贺志红女士再次审阅了译稿，发现了许多我们做梦都不认为会存在的一些"美丽的错误"，如标点符号、某个美国政府部门的名称，甚至连某个名字是男人还是女人都能分清楚，这让我们再次认识了中国人民大学出版社编辑的严谨和学术水平的高超，也警醒了我们在今后的翻译与科研中要更加严肃谨慎，要具备从针尖上发现珍珠的能力。在此特别感谢这"三朵金花"的帮助，你们工作强度如暴雨狂风，待人态度如三月春风。你们使我们更加意识到，原来身心可以同时很美，颜值与智慧可以并存，严谨与宽容可以共融，以后我要教育我家娃像三位美丽的姐姐多多学习。

我们要特别感谢中国人民大学出版社刘晶编审，虽然我们还没有见过她，但我从考研就读了大量她策划出版的书籍，正是因为这些书我才有幸进入公共管理学科，谋得了一个饭碗，跳出了每天推销中央空调却频遭白眼的火坑。尤其是，您给予我们这个翻译机会，使我们能够将一个美国好朋友影响颇大的作品翻译到中国，为我国政府的改革和进步助力。真诚地谢谢您！

我们还要强调，由于翻译团队水平所限，特别是由于本人水平所限，本译著还存在着一系列问题，这些错漏并非莫伊尼汗教授所致。另外，需要强调的是，我们的错漏是缘于水平而非态度问题，我们以后一定会继续提升自己，以便将来翻译出更好的作品。值得一提的是，我们在检索资料的时候发现，除了莫伊尼汗教授的著作之外，杨开锋教授的英文著作影响也非常大，这或许是未来本团队将展开的翻译工作。

我本人要特别感谢我的团队成员。对孟陶小姐来说，除了每天要处理中视前卫影视传媒有限公司繁杂的事务，还要抽出时间翻译本书、校对本书，实在是辛苦您了！对杨娟小姐来说，除了每天要在成都市各种社区展开调研，还需要督促高校老师推进所承担的研究院课题，在此之余还要展开翻译工作，您辛苦了！

最后，本人也要感谢教育部社科重大招标项目"基本公共服务均等化实施效度与实现程度研究"（编号：18JZD047）与国家发改委社会发展重大政策、形势 2020 年委托研究项目"'十三五'基本公共服务均等化规划实施情况总结评估"，这两个项目为本书的顺利译成起到了重要的支撑作用。

以上只是本人对本次翻译工作的一点总结，聊充作后记。

**尚虎平**

2020 年 4 月 5 日

# 人大版公共管理类翻译（影印）图书

## 公共行政与公共管理经典译丛

| 书名 | 著译者 | 定价 |
|---|---|---|
| 公共管理名著精华："公共行政与公共管理经典译丛"导读 | 吴爱明　刘晶　主编 | 49.80 元 |
| 公共管理导论（第四版） | ［澳］欧文·E. 休斯　著<br>张成福　马子博　等　译 | 48.00 元 |
| 政治学（第三版） | ［英］安德鲁·海伍德　著<br>张立鹏　译 | 49.80 元 |
| 公共政策分析导论（第四版） | ［美］威廉·N. 邓恩　著<br>谢明　等　译 | 49.00 元 |
| 公共政策制定（第五版） | ［美］詹姆斯·E. 安德森　著<br>谢明　等　译 | 46.00 元 |
| 公共行政学：管理、政治和法律的途径（第五版） | ［美］戴维·H. 罗森布鲁姆　等　著<br>张成福　等　译校 | 58.00 元 |
| 比较公共行政（第六版） | ［美］费勒尔·海迪　著<br>刘俊生　译校 | 49.80 元 |
| 公共部门人力资源管理：系统与战略（第六版） | ［美］唐纳德·E. 克林纳　等　著<br>孙柏瑛　等　译 | 58.00 元 |
| 公共部门人力资源管理（第二版） | ［美］埃文·M. 伯曼　等　著<br>萧鸣政　等　译 | 49.00 元 |
| 行政伦理学：实现行政责任的途径（第五版） | ［美］特里·L. 库珀　著<br>张秀琴　译　音正权　校 | 35.00 元 |
| 民治政府：美国政府与政治（第23版·中国版） | ［美］戴维·B 马格莱比　等　著<br>吴爱明　等　编译 | 58.00 元 |
| 比较政府与政治导论（第五版） | ［英］罗德·黑格　马丁·哈罗普　著<br>张小劲　等　译 | 48.00 元 |
| 公共组织理论（第五版） | ［美］罗伯特·B. 登哈特　著<br>扶松茂　丁力　译　竺乾威　校 | 32.00 元 |
| 公共组织行为学 | ［美］罗伯特·B. 登哈特　等　著<br>赵丽江　译 | 49.80 元 |
| 组织领导学（第七版） | ［美］加里·尤克尔　著<br>丰俊功　译 | 78.00 元 |
| 公共关系：职业与实践（第四版） | ［美］奥蒂斯·巴斯金　等　著<br>孔祥军　等　译　郭惠民　审校 | 68.00 元 |
| 公用事业管理：面对21世纪的挑战 | ［美］戴维·E. 麦克纳博　著<br>常健　等　译 | 39.00 元 |
| 公共预算中的政治：收入与支出，借贷与平衡（第四版） | ［美］爱伦·鲁宾　著<br>叶娟丽　马骏　等　译 | 39.00 元 |
| 公共行政学新论：行政过程的政治（第二版） | ［美］詹姆斯·W. 费斯勒　等　著<br>陈振明　等　译校 | 58.00 元 |
| 公共部门战略管理 | ［美］保罗·C. 纳特　等　著<br>陈振明　等　译校 | 49.00 元 |
| 公共行政与公共事务（第十版·中文修订版） | ［美］尼古拉斯·亨利　著<br>孙迎春　译 | 68.00 元 |
| 案例教学指南 | ［美］小劳伦斯·E. 林恩　著<br>郄少健　等　译　张成福　等　校 | 39.00 元 |
| 公共管理中的应用统计学（第五版） | ［美］肯尼思·J. 迈耶　等　著<br>李静萍　等　译 | 49.00 元 |
| 现代城市规划（第五版） | ［美］约翰·M. 利维　著<br>张景秋　等　译 | 39.00 元 |
| 非营利组织管理 | ［美］詹姆斯·P. 盖拉特　著<br>邓国胜　等　译 | 38.00 元 |

| 书名 | 著译者 | 定价 |
|---|---|---|
| 公共财政管理：分析与应用（第九版） | ［美］约翰·L.米克塞尔 著<br>苟燕楠 马蔡琛 译 | 138.00 元 |
| 公共行政学：概念与案例（第七版） | ［美］理查德·J.斯蒂尔曼二世 编著<br>竺乾威 等 译 | 75.00 元 |
| 公共管理研究方法（第五版） | ［美］伊丽莎白森·奥沙利文 等 著<br>王国勤 等 译 | 79.00 元 |
| 公共管理中的量化方法：技术与应用（第三版） | ［美］苏珊·韦尔奇 等 著<br>郝大海 等 译 | 39.00 元 |
| 公共部门绩效评估 | ［美］西奥多·H.波伊斯特 著<br>肖鸣政 等 译 | 45.00 元 |
| 公共管理的技巧（第九版） | ［美］乔治·伯克利 等 著<br>丁煌 主译 | 59.00 元 |
| 领导学：理论与实践（第五版） | ［美］彼得·G.诺斯豪斯 著<br>吴爱明 陈建明 陈晓明 译 | 48.00 元 |
| 领导学（亚洲版） | ［新加坡］林志颂 等 著<br>顾朋兰 等 译 丁进锋 校译 | 59.80 元 |
| 领导学：个人发展与职场成功（第二版） | ［美］克利夫·里科特斯 著<br>戴卫东 等 译 姜雪 校译 | 69.00 元 |
| 二十一世纪的公共行政：挑战与改革 | ［美］菲利普·J.库珀 等 著<br>王巧玲 李文钊 译 毛寿龙 校 | 45.00 元 |
| 行政学（新版） | ［日］西尾胜 著<br>毛桂荣 等 译 | 35.00 元 |
| 比较公共行政导论：官僚政治视角（第六版） | ［美］B.盖伊·彼得斯 著<br>聂露 李姿姿 译 | 49.80 元 |
| 理解公共政策（第十二版） | ［美］托马斯·R.戴伊 著<br>谢明 译 | 45.00 元 |
| 公共政策导论（第三版） | ［美］小约瑟夫·斯图尔特 等 著<br>韩红 译 | 35.00 元 |
| 公共政策分析：理论与实践（第四版） | ［美］戴维·L.韦默 等 著<br>刘伟 译校 | 68.00 元 |
| 公共政策分析案例（第二版） | ［美］乔治·M.格斯 保罗·G.法纳姆 著<br>王军霞 贾洪波 译 王军霞 校 | 59.00 元 |
| 公共危机与应急管理概论 | ［美］迈克尔·K.林德尔 等 著<br>王宏伟 译 | 59.00 元 |
| 公共行政导论（第六版） | ［美］杰伊·M.沙夫里茨 等 著<br>刘俊生 等 译 | 65.00 元 |
| 城市管理学：美国视角（第六版·中文修订版） | ［美］戴维·R.摩根 等 著<br>杨宏山 陈建国 译 杨宏山 校 | 56.00 元 |
| 公共经济学：政府在国家经济中的作用 | ［美］林德尔·G.霍尔库姆 著<br>顾建光 译 | 69.80 元 |
| 公共部门管理（第八版） | ［美］格罗弗·斯塔林 著<br>常健 等 译 常健 校 | 75.00 元 |
| 公共行政学经典（第七版·中国版） | ［美］杰伊·M.沙夫里茨 等 主编<br>刘俊生 译校 | 148.00 元 |
| 理解治理：政策网络、治理、反思与问责 | ［英］R.A.W.罗兹 著<br>丁煌 丁方达 译 丁煌 校 | 待出 |
| 政治、经济与福利 | ［美］罗伯特·A.达尔 等 著<br>蓝志勇 等 译 | 待出 |
| 新公共服务：服务，而不是掌舵（第三版） | ［美］珍妮特·V.登哈特 罗伯特·B.登哈特 著<br>丁煌 译 方兴 丁煌 校 | 39.00 元 |
| 议程、备选方案与公共政策（第二版·中文修订版） | ［美］约翰·W.金登 著<br>丁煌 方兴 译 丁煌 校 | 49.00 元 |

| 书名 | 著译者 | 定价 |
|---|---|---|
| 政策分析八步法（第三版） | [美] 尤金·巴达克 著<br>谢明 等 译 谢明 等 校 | 48.00元 |
| 新公共行政 | [美] H. 乔治·弗雷德里克森<br>丁煌 方兴 译 丁煌 校 | 23.00元 |
| 公共行政的精神（中文修订版） | [美] H. 乔治·弗雷德里克森 著<br>张成福 等 译 张成福 校 | 48.00元 |
| 官僚制内幕（中文修订版） | [美] 安东尼·唐斯 著<br>郭小聪 等 译 | 49.80元 |
| 民营化与公私部门的伙伴关系（中文修订版） | [美] E.S. 萨瓦斯 | 59.00元 |
| 行政伦理学手册（第二版） | [美] 特里·L. 库珀 主编<br>熊节春 译 | 待出 |
| 政府绩效管理：创建政府改革的持续动力机制 | [美] 唐纳德·P. 莫伊尼汗 著<br>尚虎平 杨娟 孟陶 译 孟陶 校 | 69.00元 |
| 后现代公共行政：话语指向（中文修订版） | [美] 查尔斯·J. 福克斯 等 著<br>楚艳红 等 译 吴琼 校 | 38.00元 |
| 公共行政的合法性：一种话语分析（中文修订版） | [美] O.C. 麦克斯怀特 著<br>吴琼 译 | 45.00元 |
| 公共行政的语言：官僚制、现代性和后现代性（中文修订版） | [美] 戴维·约翰·法默尔 著<br>吴琼 译 | 56.00元 |
| 领导学 | [美] 詹姆斯·麦格雷戈·伯恩斯 著<br>常健 孙海云 等 译 常健 校 | 69.00元 |
| 官僚经验：后现代主义的挑战（第五版） | [美] 拉尔夫·P. 赫梅尔 著<br>韩红 译 | 39.00元 |
| 制度分析：理论与争议（第二版） | [韩] 河连燮 著<br>李秀峰 柴宝勇 译 | 48.00元 |
| 公共服务中的情绪劳动 | [美] 玛丽·E. 盖伊 等 著<br>周文霞 等 译 | 38.00元 |
| 预算过程中的新政治（第五版） | [美] 阿伦·威尔达夫斯基 等 著<br>苟燕楠 译 | 58.00元 |
| 公共行政中的价值观与美德：比较研究视角 | [荷] 米歇尔·S. 德·弗里斯 等 主编<br>熊婴 耿小平 等 译 | 58.00元 |
| 公共决策中的公民参与 | [美] 约翰·克莱顿·托马斯 著<br>孙柏瑛 等 译 | 28.00元 |
| 再造政府 | [美] 戴维·奥斯本 等 著<br>谭功荣 等 译 | 45.00元 |
| 构建虚拟政府：信息技术与制度创新 | [美] 简·E. 芳汀 著<br>邵国松 译 | 32.00元 |
| 突破官僚制：政府管理的新愿景 | [美] 麦克尔·巴泽雷 著<br>孔宪遂 等 译 | 25.00元 |
| 政府未来的治理模式（中文修订版） | [美] B. 盖伊·彼得斯 著<br>吴爱明 等 译 张成福 校 | 38.00元 |
| 无缝隙政府：公共部门再造指南（中文修订版） | [美] 拉塞尔·M. 林登 著<br>汪大海 等 译 | 48.00元 |
| 公民治理：引领21世纪的美国社区（中文修订版） | [美] 理查德·C. 博克斯 著<br>孙柏瑛 等 译 | 38.00元 |
| 持续创新：打造自发创新的政府和非营利组织 | [美] 保罗·C. 莱特 著<br>张秀琴 译 音正权 校 | 28.00元 |
| 政府改革手册：战略与工具 | [美] 戴维·奥斯本 等 著<br>谭功荣 等 译 | 59.00元 |

| 书名 | 著译者 | 定价 |
| --- | --- | --- |
| 公共部门的社会问责：理念探讨及模式分析 | 世界银行专家组　著<br>宋涛　译校 | 28.00 元 |
| 公私合作伙伴关系：基础设施供给和项目融资的全球革命 | [英] 达霖·格里姆赛　等　著<br>济邦咨询公司　译 | 29.80 元 |
| 非政府组织问责：政治、原则与创新 | [美] 丽莎·乔丹　等　主编<br>康晓光　等　译　冯利　校 | 32.00 元 |
| 市场与国家之间的发展政策：公民社会组织的可能性与界限 | [德] 康保锐　著<br>隋学礼　译校 | 49.80 元 |
| 建设更好的政府：建立监控与评估系统 | [澳] 凯思·麦基　著<br>丁煌　译　方兴　校 | 30.00 元 |
| 新有效公共管理者：在变革的政府中追求成功（第二版） | [美] 史蒂文·科恩　等　著<br>王巧玲　等　译　张成福　校 | 28.00 元 |
| 驾御变革的浪潮：开发动荡时代的管理潜能 | [加] 加里斯·摩根　著<br>孙晓莉　译　刘霞　校 | 22.00 元 |
| 自上而下的政策制定 | [美] 托马斯·R. 戴伊　著<br>鞠方安　等　译 | 23.00 元 |
| 政府全面质量管理：实践指南 | [美] 史蒂文·科恩　等　著<br>孔宪遂　等　译 | 25.00 元 |
| 公共部门标杆管理：突破政府绩效的瓶颈 | [美] 帕特里夏·基利　等　著<br>张定淮　译校 | 28.00 元 |
| 创建高绩效政府组织：公共管理实用指南 | [美] 马克·G. 波波维奇　主编<br>孔宪遂　等　译　耿洪敏　校 | 23.00 元 |
| 职业优势：公共服务中的技能三角 | [美] 詹姆斯·S. 鲍曼　等　著<br>张秀琴　译　音正权　校 | 19.00 元 |
| 全球筹款手册：NGO 及社区组织资源动员指南（第二版） | [美] 米歇尔·诺顿　著<br>张秀琴　等　译　音正权　校 | 39.80 元 |

## 公共政策经典译丛

| 书名 | 著译者 | 定价 |
| --- | --- | --- |
| 公共政策评估 | [美] 弗兰克·费希尔　著<br>吴爱明　等　译 | 38.00 元 |
| 公共政策工具——对公共管理工具的评价 | [美] B. 盖伊·彼得斯　等　编<br>顾建光　译 | 29.80 元 |
| 第四代评估 | [美] 埃贡·G. 古贝　等　著<br>秦霖　等　译　杨爱华　校 | 39.00 元 |
| 政策规划与评估方法 | [加] 梁鹤年　著<br>丁进锋　译 | 39.80 元 |

## 当代西方公共行政学思想经典译丛

| 书名 | 编译者 | 定价 |
| --- | --- | --- |
| 公共行政学中的批判理论 | 戴黍　牛美丽　等　编译 | 29.00 元 |
| 公民参与 | 王巍　牛美丽　编译 | 45.00 元 |
| 公共行政学百年争论 | 颜昌武　马骏　编译 | 49.80 元 |
| 公共行政学中的伦理话语 | 罗蔚　周霞　编译 | 45.00 元 |

# 公共管理英文版著作

| 书名 | 作者 | 定价 |
| --- | --- | --- |
| 公共管理导论（第四版） | ［澳］Owen E. Hughes<br>（欧文·E. 休斯） 著 | 45.00 元 |
| 理解公共政策（第十二版） | ［美］Thomas R. Dye<br>（托马斯·R. 戴伊） 著 | 34.00 元 |
| 公共行政学经典（第五版） | ［美］Jay M. Shafritz<br>（杰伊·M. 莎夫里茨）等 编 | 59.80 元 |
| 组织理论经典（第五版） | ［美］Jay M. Shafritz<br>（杰伊·M. 莎夫里茨）等 编 | 46.00 元 |
| 公共政策导论（第三版） | ［美］Joseph Stewart, Jr.<br>（小约瑟夫·斯图尔特）等 著 | 35.00 元 |
| 公共部门管理（第九版·中国学生版） | ［美］Grover Starling<br>（格罗弗·斯塔林） 著 | 59.80 元 |
| 政治学（第三版） | ［英］Andrew Heywood<br>（安德鲁·海伍德） 著 | 35.00 元 |
| 公共行政导论（第五版） | ［美］Jay M. Shafritz<br>（杰伊·M. 莎夫里茨）等 著 | 58.00 元 |
| 公共组织理论（第五版） | ［美］Robert B. Denhardt<br>（罗伯特·B. 登哈特） 著 | 32.00 元 |
| 公共政策分析导论（第四版） | ［美］William N. Dunn<br>（威廉·N. 邓恩） 著 | 45.00 元 |
| 公共部门人力资源管理：系统与战略（第六版） | ［美］Donald E. Klingner<br>（唐纳德·E. 克林纳）等 著 | 48.00 元 |
| 公共行政与公共事务（第十版） | ［美］Nicholas Henry<br>（尼古拉斯·亨利） 著 | 39.00 元 |
| 公共行政学：管理、政治和法律的途径（第七版） | ［美］David H. Rosenbloom<br>（戴维·H. 罗森布鲁姆）等 著 | 68.00 元 |
| 公共经济学：政府在国家经济中的作用 | ［美］Randall G. Holcombe<br>（林德尔·G. 霍尔库姆） 著 | 62.00 元 |
| 领导学：理论与实践（第六版） | ［美］Peter G. Northouse<br>（彼得·G. 诺斯豪斯） 著 | 45.00 元 |

**更多图书信息，请登录 www.crup.com.cn 查询，或联系中国人民大学出版社政治与公共管理出版分社获取**
地址：北京市海淀区中关村大街甲 59 号文化大厦 1202 室　邮编：100872
电话：010－82502724　　　　　　　　　　　　　　传真：010－62514775
E-mail：ggglcbfs@vip.163.com　　　　　　　　　网站：http://www.crup.com.cn

**图书在版编目（CIP）数据**

政府绩效管理：创建政府改革的持续动力机制/（美）唐纳德·P. 莫伊尼汗著；尚虎平，杨娟，孟陶译. --北京：中国人民大学出版社，2020.6
（公共行政与公共管理经典译丛）
"十三五"国家重点出版物出版规划项目
ISBN 978-7-300-28077-6

Ⅰ.①政… Ⅱ.①唐…②尚…③杨…④孟… Ⅲ.①国家行政机关-行政管理-研究 Ⅳ.①D035

中国版本图书馆 CIP 数据核字（2020）第 069262 号

公共行政与公共管理经典译丛
"十三五"国家重点出版物出版规划项目

政府绩效管理

创建政府改革的持续动力机制

［美］唐纳德·P. 莫伊尼汗（Donald P. Moynihan） 著
尚虎平 杨娟 孟陶 译
孟陶 校
Zhengfu Jixiao Guanli

| | | | | |
|---|---|---|---|---|
| **出版发行** | 中国人民大学出版社 | | | |
| **社 址** | 北京中关村大街 31 号 | | **邮政编码** | 100080 |
| **电 话** | 010 - 62511242（总编室） | | | 010 - 62511770（质管部） |
| | 010 - 82501766（邮购部） | | | 010 - 62514148（门市部） |
| | 010 - 62515195（发行公司） | | | 010 - 62515275（盗版举报） |
| **网 址** | http://www.crup.com.cn | | | |
| **经 销** | 新华书店 | | | |
| **印 刷** | 天津中印联印务有限公司 | | | |
| **规 格** | 185 mm×260 mm 16 开本 | | **版 次** | 2020 年 6 月第 1 版 |
| **印 张** | 13.75 插页 2 | | **印 次** | 2020 年 6 月第 1 次印刷 |
| **字 数** | 288 000 | | **定 价** | 69.00 元 |